Frédéric Lenormand
Das Palais der Kurtisanen
Neue Ermittlungen von Richter Di
Episode 3
Kuebler Verlag

DER AUTOR

Frédéric Lenormand wurde am 5. September 1964 in Paris geboren. Er spricht neben seiner Muttersprache Französisch auch Russisch, Englisch und Italienisch und ist ein überaus aktiver Romanschriftsteller, allerdings hierzulande wenig bekannt.

Weil sein Großvater ein bekannter Sammler japanischer Kunstwerke ist, fühlte er sich bereits seit seiner Kindheit zur Kultur fernöstlicher Länder hingezogen. Nach einem Sprachenstipendium im Jahr 1982 setzte er seine Ausbildung am Institut für Politische Studien und später an der Sorbonne fort.

In Madrid erschienen 1988 seine ersten fünf Romane, von denen ihm gleich der erste (*Le songe d'Ursule* – „Ursulas Traum") den „Del Duca"-Preis für junge Romanschriftsteller einbrachte. In den 1990er Jahren wurden seine Werke mit weiteren Preisen ausgezeichnet, darunter war auch der François-Mauriac-Preis der „Académie française".

Schwerpunkt seines literarischen Schaffens wurden historische Romane, darunter sind auch die beiden Serien *Voltaire mène l'enquête* (Voltaire leitet die Ermittlung) und *Les nouvelles enquêtes du juge Ti* (Neue Ermittlungen des Richters Di).

DAS BUCH

Di Jen-dsiä erhält kurzfristig Besuch von seinem Kollegen und Freund Lo, der ihn dazu überredet, ein Freudenhaus in Puyang aufzusuchen, dem Verwaltungssitz des streng konfuzianischen Richters. Als dort eine Leiche ohne Kopf gefunden wird, sieht sich Di unversehens in einen makabren Mordfall verwickelt. Die Ermittlungen im Herzen des Rotlichtmilieus zwingen Di, dieses Viertel – sehr zum Leidwesen seiner Gattinnen – regelmäßig aufzusuchen. Dabei nehmen sich seine drei beleidigten Gemahlinnen fest vor, sich zu emanzipieren …

Auf den Spuren einer alten und fürchterlichen Rache führt uns Frédéric Lenormand in die Unterwelt des farbenfrohen kaiserlichen Chinas. Die Auflösung dieses spannenden Kriminalfalls dürfte selbst abgebrühte Krimileser überraschen.

FRÉDÉRIC LENORMAND

DAS PALAIS DER KURTISANEN

Neue Ermittlungen des Richters Di

Episode 3

Aus dem Französischen übersetzt von Gerd Frank

Weitere Informationen: www.kueblerverlag.de

Impressum

Deutsche Erstveröffentlichung

Französischer Originaltitel:
Le Palais des courtisanes de Frédéric Lenormand

Übertragung aus dem Französischen von Gerd Frank.
Herausgeber der Reihe: Gerd Frank
Lektorat: Anabelle Assaf – Rotkel Textwerkstatt
Bildmaterial © Andreeva Svetlana
Druck: BOOKPRESS.EU
ISBN 978-3-86346-030-3

Die Handlung spielt im Jahre 668.

Richter Di ist achtunddreißig Jahre alt und Bezirksvorsteher von Puyang am Großen Kaiserkanal, der China von Norden nach Süden durchquert.

Wichtigste Personen

Frau Yu, Besitzerin eines Freudenhauses
Rote Päonie, Kurtisane
Kamelie, schwangere Prostituierte
Blasser Lotus, Prostituierte und Vertraute
Pfirsichblüte, junge Prostituierte
Frau Sui, Freundin der Gemahlinnen von Richter Di
Frau Lia, Stadtstreicherin und Alkoholikerin
Wang Gu-li und Wang To-ma, Reeder auf dem absteigenden Ast
Wang Ji, Halbbruder der Wangs
Zhao Ding, Majordomus der Brüder Wang
Hsueh Xan, Hauptmann der Gerichtsbüttel
Souen Tsi, Erster Schreiber von Richter Di
Cheng Mi-tsung, früherer Ehemann von Fräulein *Kamelie*

I

Richter Di bereitet sich auf den Empfang eines hohen Gasts vor und lässt sich zu mehr hinreißen, als ihm lieb ist.

Di und seine Gemahlinnen waren im Begriff zu überprüfen, ob alles perfekt war, um Richter Lo gebührend zu empfangen, der auf dem Weg zur Präfektur bei ihnen Zwischenstopp machen wollte. Lo war zu einer Versammlung hoher Beamter und Gelehrter gerufen worden, die zurzeit beim Präfekten stattfand. Di verband mit seinem alten Freund die Erinnerung an gemeinsame Lehrjahre für das Amt des Bezirksvorstehers im Verwaltungsdienst der Metropole.

„Lo ist ein besonders sensibler Mensch, der mit einem exzellenten und sicheren Geschmack gesegnet ist. Ich möchte deshalb, dass jedes Detail absolut seinen Erwartungen entspricht“, verlangte Di.

Seine Zweite Dame versicherte ihm, dass sein Kollege von Empfang und Betreuung entzückt sein werde. Sie hatte sich persönlich um die Ausstattung des Gästezimmers gekümmert und es mit einigen Blumensträußen ausgesuchter Eleganz dekoriert. Seine Erste Dame hatte darauf geachtet, dass sich in den Regalen eine Auswahl signierter Gedichtsammlungen der berühmtesten Autoren befand. Und seine Dritte Dame hatte die Kinder zum Schlafen in den anderen Flügel des Gebäudes geschickt, damit ihr Geschrei die Ruhe des Gelehrten nicht störte, der unter ihrem Dach die Nacht verbringen sollte. Als die Equipage des Besuchers angekündigt wurde, zogen sich die drei Frauen, nachdem sie ihrem Gatten einen angenehmen Abend gewünscht hatten, zurück – mit der gebotenen

Höflichkeit. „Mein Haus ist wirklich von den Göttern gesegnet“, sagte sich der Richter und lächelte zufrieden. Alles erschien ihm in diesem Augenblick vorbildlich: Er hatte verständnisvolle, bereitwillig mitarbeitende und hilfreiche Gattinnen, diskrete und folgsame Sprösslinge und einen treuen Freund, dessen Anwesenheit sicherlich höchst unterhaltsam sein würde. Zweifellos würden sie stundenlang in Erinnerungen an ihre Jugendjahre schwelgen, begleitet von köstlichen Speisen und den edelsten Weinen, die der Küchenmeister zu bieten hatte.

Di trat auf die Veranda seines Empfangszimmers hinaus. Auf beiden Seiten des Hofes waren Laternen angezündet worden, um der einbrechenden Dämmerung entgegenzuwirken. Eine kleine elegante Kutsche mit Vorhängen kam gerade zum Stehen. Die Diener beeilten sich, das Trittbrett auszuklappen, um dem einzigen Fahrgast einen bequemen Ausstieg zu ermöglichen. Ein kleiner Mann mit prallem Bauch stieg vorsichtig aus dem Gefährt und begab sich geradewegs zum Richter. Ein joviales Lächeln erhellte sein Gesicht, das ein dünner Backenbart zierte, obgleich eine tiefe Unmutsfalte augenscheinlich seine Stirn zeichnete.

„Ach, mein lieber, großer Bruder!“, rief Lo und breitete die Arme aus, um seinen alten Freund zu begrüßen, den er ohne zu zögern auf beide Wangen küsste. „Was für ein Vergnügen, sich an die Schulter eines Freundes lehnen zu können, wo doch die Welt um mich herum geradezu zusammenbricht! Ich bin sehr glücklich darüber, dass ich diesen Abend mit Ihnen verbringen darf! Wir sehen uns ja viel zu selten. Unsere Treffen sind für mich immer eine Quelle der inneren Bereicherung. Man genießt bei Ihnen solche Ruhe, die für den Glückseligkeit suchenden Geist geradezu erfrischend ist!“

Nach dem Austausch der üblichen Höflichkeitsfloskeln begleitete ihn Di ins Innere des Yamens,* wo die Hausdiener damit beschäftigt waren, die Fackeln anzuzünden. „Ach“,

* Gerichtsgebäude

rief der Reisende, „dies ist ein Haus, das Wohlbefinden und Frieden ausstrahlt! Bei mir zu Hause ist es mir nicht vergönnt, eine solche Harmonie zu genießen. Sie wissen gar nicht, was Sie für ein Glück haben, Di, denn Sie führen ein ruhiges Leben, das frei von sentimentalen Überraschungen ist, mit einem Wort – ein völlig gleichmäßiges Leben!“

Di dankte ihm für diese innigen Worte. Lo schien ihm heute außergewöhnlich überschwänglich, damit überspielte er wohl etwas. Der Richter verließ sich auf seinen Instinkt als Ermittler, angeregt durch das auffällige Verhalten seines Freundes, das gewisse Erinnerungen hervorrief. „Eine ungeschickte Person hat Ihrem zerbrechlichen Herzen Schmerz bereitet, nicht wahr?“, fragte er.

Los Gesichtszüge verzerrten sich auf einmal, und er lehnte sich an besagte freundschaftliche Schulter: „Frauen sind grausam“, stöhnte der beleibte Mann, während seine feuchten Augen drohten, dicke Tränen direkt auf das schöne seidene Gewand Dis zu vergießen.

Letzterer vernahm ein Kichern hinter einem Vorhang. Er überließ den Besucher seinem Selbstmitleid und entdeckte, dass seine drei Gemahlinnen den Neuankömmling durch einen Schlitz im Türvorhang beobachteten. Er wusste nicht, ob es ihn mehr irritierte, dass man hinter ihm her spionierte oder festzustellen, dass sie sich erlaubten, über das Leid ihres Gastes zu spotten. Di trat in den Alkoven und runzelte die Stirn.

„Der edle Richter Lo ist ein Gelehrter von großer Welterfahrung, ein zartbesaiteter Mensch, den nichts und niemand kränken darf“, raunte er.

Dis Dritte Dame reichte ihm ein Tablett, auf dem einige Fläschchen mit Spirituosen und kleine Trinkschalen aus feinem Porzellan standen.

„Hier ist etwas, was ihn wieder aufmuntern wird, denke ich“, sagte sie. „Versuchen Sie, ihm klarzumachen, dass nicht alle Frauen grausame Hexen sind. Anständige Damen geben sich dieser Art von Zeitvertreib nicht hin, und ihr exklusiver

Umgang ermöglicht es ihnen, Fehltritte zu vermeiden. Der Kummer der Männer wird in erster Linie durch ihre eigenen Schwächen hervorgerufen."

Ihr Gatte nahm das Tablett und kehrte zu seinem Besucher zurück, der sich mit der Rückseite seiner langen, bestickten Ärmel die Augen rieb. Bestrebt, das Gespräch auf weniger schmerzhafte Themen zu lenken, fragte ihn Di nach seiner Reise zur Präfektur. Lo ließ wieder von der Handvoll salziger Mandeln ab, die er eben ergriffen hatte, und machte die Geste des Politikers, der überwältigt war von Aufgaben, die man aufgrund ihrer Bedeutung nicht einfach an weniger erfahrene Untergebene delegieren konnte.

„Oh, es handelt sich um eine recht langwierige Konferenz, die dennoch von großem strategischem Interesse für unsere Gegend ist. Der Präfekt hat mich aufgefordert, mit meinem Wissen die Emissäre der Regierung über die politische Situation unserer Region aufzuklären. Was soll man machen! Man muss seinen Pflichten nachkommen, nicht wahr? Ich bin mir sicher, dass auch Sie eines Tages gebeten werden, Vorschläge zur Art und Weise kriminologischer Ermittlungen zu machen. Wie es aussieht, haben Sie sich auf diesem Gebiet einen Namen gemacht."

Di nickte vage. Er hatte zum Glück seinerseits bereits Auskünfte eingeholt. Einer seiner Angestellten hatte ihm verraten, dass der Präfekt einige Beamte auf der Durchreise aus der Großstadt empfangen hatte – alte Freunde – und Lo war eingeladen worden, diese dank seiner dichterischen Begabung, seines großen Humors und in seiner Eigenschaft als unersättlicher Gast, zu unterhalten. Di warf einen kritischen Blick auf den dicken, schlaffen Lebemann vor sich, der den strategischen Experten für Lokalpolitik spielte. In welchem Zustand würde er selbst diese *Arbeitssitzungen* wohl verlassen, bei denen mit Sicherheit mehr Wein floss als ernsthafte Vorschläge gemacht wurden? Zweifellos weniger erschöpft von geistiger Anstrengung als von der Maßlosigkeit.

Während Di es unterlassen hatte, seine Schale ein zweites Mal zu füllen, bediente sich Lo ausgiebig. Er schüttete das alkoholische Getränk in sich hinein wie reines Wasser.

„Sie haben also“, erwiderte der Herr des Hauses, dem es immer noch lieber war, die verletzten Gefühlen seines Gastes zur Sprache zu bringen als zuzuhören, wie dieser sich weiter über seine eingebildete Wichtigkeit ausließ, „erst vor Kurzem die Unbeständigkeit des schönen Geschlechts beklagen müssen?“

Lo hielt ihm einen kleinen Vortrag über die Feinfühligkeit der Damen und die gefährlichen Klippen, die ein Mann von Geschmack umschiffen müsse, um ihre Reize genießen zu können. Di horchte auf: *Die Damen*, von denen Lo sprach, gehörten – wie er vermutete – nicht der besseren Gesellschaft an. Dann trat eine belastende Stille ein.

„Gehen wir ins Bordell!“, rief plötzlich der hervorragende Gelehrte und Liebhaber der schönen Dinge.

Di schrak zusammen.

„Ich hatte es vergessen“, sagte er seufzend. „Ich hatte vergessen, dass man immer auf Sie zählen kann, um unsere Sorgen auf ein Niveau großer literarischer Reinheit zu heben.“

Die Erinnerung an ihr früheres Leben als junge Assessoren am Gerichtshof der Metropole stand plötzlich überdeutlich vor seinen Augen: Es waren kurioserweise vor allem die Nächte mit Trinkgelagen, gefolgt von migränegeplagten Morgenstunden, die ihm dabei einfielen – statt der Sitzungen voller anspruchsvoller poetischer Wortgefechte, mit denen er gern die Erinnerung an seine Lehrjahre ausschmückte.

„Man muss sich auch mal fallen lassen, um später in himmlische Sphären aufsteigen zu können“, fügte Lo hinzu und leerte dabei eine dritte Schale Reiswein, wahrscheinlich in der Absicht, sich für das, was folgen sollte, in Form zu bringen. Di überlegte schnell, wie er sich dieser lästigen Pflicht entziehen konnte. Folgte er seinem Freund in die Spelunken seiner schönen Stadt, so konnten sie sich dabei zwar vorzüglich amüsieren, doch gab es eine moralische und intellektuelle Lässigkeit, die ihn abstieß. Di war von Kopf bis Fuß streng konfuzianisch. Der Verlust seines vollen Bewusstseins aufgrund von unmäßigem Alkoholkonsum und dem Umgang mit leichten Frauen vertrug sich nicht mit seinen Vorstellungen von Ethik.

„Ich würde Sie gern zufriedenstellen", antwortete er daher im Ton eines Händlers, der bedauert, dass er das gewünschte Modell nicht mehr in seinem Laden hat, „aber ich fürchte, dass mein bescheidener Bezirk über kein Etablissement verfügt, das Ihren Wünschen entsprechen könnte. Ich meine, jedenfalls über keines, das Ihrer Person würdig wäre."

Lo beugte sich vor, um ihm einen liebevollen Klaps auf den Rücken zu verpassen. „Los, gehen wir, Di, Adressen werde ich Ihnen nennen. Muss ich Ihnen Tipps für Ihren Beruf als Richter geben, der alles kennen und sich in jeder Situation zu helfen wissen muss? Auf jede Frage gibt es eine Antwort, jede Auskunft erfordert einen Informanten."

Je mehr Lo ihn mit der entgegengesetzten Haltung zu seinem Ideal von Enthaltsamkeit lockte, umso mehr hatte Di den Eindruck, dass man es mit seinen gastgeberischen Pflichten auf die Spitze trieb.

„Ich sehe schon", sagte er, „die Frauen haben Ihnen Leid zugefügt und Sie haben die Absicht, sich zu revanchieren."

„Bisher hat sich noch keine über mich beklagt", begehrte der Besucher auf.

„Sie hatten doch immer mit wahren Professionellen zu tun, nicht wahr?", vermutete sein Kamerad aus der Zeit der Jugendsünden.

Sie begaben sich zu den Sänften. Als sie an dem Vorhang des Alkovens vorbeikamen, konnte Di es sich nicht verkneifen, einen Augenblick lang den Schlitz zu beobachten. Das Auge, das er flüchtig sah, schien ihn mit einem missbilligenden Blick zu erdolchen. Er ließ den Reisenden schon einmal in den Hof vorgehen und begab sich noch einmal in den angrenzenden Nebenraum des Empfangszimmers.

Seine Frauen hatten absolut verstanden, welchen Ort die beiden Männer aufsuchen wollten. Wie zu erwarten war, machte sich die Erste Dame zur Sprecherin ihrer gemeinsamen Bitterkeit.

„Ein feinsinniger Dichter ist das, sagten Sie? Ein Ästhet? Sie haben untertrieben! Seine Talente begeistern uns! Erzählen Sie uns doch noch etwas über seine exklusive Liebe zur Kunst!"

Di hatte das Bedürfnis, sich zu entschuldigen: „Was wollen Sie? Ich muss meinem Gast gegenüber großzügig sein, wenn er Aufmunterung braucht, und bin verpflichtet, ihn zu begleiten, wo immer er hin will. Das ist Bestandteil meiner Pflichten als Gastgeber. Wie könnte ich ihm einen seiner Wünsche abschlagen, ohne mein Gesicht zu verlieren?"

An ihrer Mimik erkannte er, dass man seine Entschuldigungen lediglich als scheinheiligen Vorwand auffasste.

„Wohingegen Sie so natürlich Ihr Gesicht wahren!", erwiderte die Dritte Dame. „Sie ziehen es vor, uns zu demütigen, statt einen Fremden zu beleidigen."

„Ja, ja", fügte die Zweite Dame hinzu. „Gehen Sie und amüsieren Sie sich in den Armen frivoler Frauen, während wir uns um Ihr Haus und Ihre Kinder kümmern."

Sie hatten leichtes Spiel, indem sie ihre Rollen als Hausfrauen und Mütter hervorhoben, da er ihnen ganz sicher nichts vorwerfen konnte. Ein Reflex verletzten Stolzes erwachte in ihm. Warum sollte er sich eigentlich nicht das Recht nehmen, eines der erstklassigen Etablissements aufzusuchen, wenn er Lust dazu verspürte? Wollten seine Gemahlinnen etwa alle Aspekte seines Intimlebens bestimmen? War es im Übrigen nicht seine Aufgabe, die verschiedensten Unternehmen seines Bezirks kennenzulernen, gleichgültig, um welchen Tätigkeitsbereich es sich handelte?

„Geben Sie sich wenigstens Mühe, uns keine minderwertige Konkubine nach Hause zu bringen, das ist das Einzige, worum wir Sie bitten“, sagte die Dritte Dame.

„Auch wenn Sie das Gefühl haben, dass Sie immer noch nicht von genügend Frauen umgeben sind“, ergänzte die Erste Dame, die ohnehin keine geringe Mühe hatte, die Anwesenheit zweier Nebenfrauen zu akzeptieren.

Damit zogen sie sich wie ein dreifaches Bildnis familiärer Tugend zurück, dessen Tempelpforte vor der Nase eines Gottlosen zugeschlagen wurde. Di fühlte sich eher aus seinem Haus verjagt als euphorisch, dass er sich nun ins Abenteuer stürzte. Er hatte immer weniger Lust, sich im Namen seiner einstigen studentischen Verbindungen in schlechte Gesellschaft zu begeben.

Im Hof war Lo gerade dabei, einem der Sänftenträger etwas ins Ohr zu flüstern. Der Mann befragte seine Kollegen, kehrte dann zurück und bedeutete dem Bezirksvorsteher, dass sein Wunsch erfüllt werden sollte. Bevor die Männer die Sänfte bestiegen, trug Di Sorge dafür, dass alle Hinweisschilder entfernt wurden, die seine Tätigkeit für das Gericht anzeigten, und untersagte, dass man die Beleuchtung anzündete. In ihrer getarnten Sänfte schlichen sie bei erloschenen Laternen bald darauf wie Diebe durch die Straßen – in Richtung des Weidenviertels.

II

Richter Di entdeckt einen Ort unerwarteter Freuden und entgeht wie durch ein Wunder einem unangenehmen Übergriff.

Die Sänftenträger brachten sie wie vereinbart in das Gewirr der niedrigen Häuser, die man entlang des Flusses gebaut hatte. Das Gebiet verdankte seinen Namen den Weiden, die in der Nähe des Wassers wuchsen und somit die symbolträchtige Bezeichnung für Orte sinnlicher Genüsse lieferten. Sie gingen an einer langen Mauer entlang bis zu einem Portal, vor dem ein Mann saß, der sich sogleich erhob, als er ihre Sänfte erblickte. Der Mann sperrte das Tor weit auf, und die Sänfte gelangte in den Innenbereich. Als er hörte, wie die Flügel des Tores wieder geschlossen wurden, zog Di den Vorhang beiseite. Er sah, dass sie sich auf einer prunkvollen Allee befanden, deren Laub Besucher, die bis hierher vorgedrungen waren, vor neugierigen Blicken schützte, selbst dann wenn das Tor weit offen stand.

Auf diese Weise war Diskretion für diejenigen garantiert, die wünschten, dass man ihre Anwesenheit vertraulich behandelte, auch wenn die Schande, diese Art Ort aufzusuchen, eine sehr geringe war. Es ging eher darum, eventuell besorgte Studenten zu beruhigen, dass ihre Eltern nichts davon erfuhren, wie die Sprösslinge den Unterhalt verwendeten, der eigentlich für die Vorbereitung von Prüfungen bestimmt war, oder Familienvätern beizustehen, die bestrebt waren, in der Öffentlichkeit den leichter zu tragenden Ruf frommer Enthaltsamkeit zu bewahren.

Die Besuche im Weidenviertel durften dem gewöhnlichen – oder vermeintlichen – Lebensstil jener Personen nicht widersprechen, die sich diese Entspannung erlaubten, auch wenn sie in den Köpfen der meisten Menschen als harmlos und natürlich galt. Obgleich die Unzucht an sich zwar nicht verachtungswürdig war, sollte sie doch nur in maßvollem Umfang und in angemessenen Abständen praktiziert werden.

Die Sorge um Diskretion, die von diesem Garten von Anfang an ausging, warf einen Schatten auf diese Art von Etablissement. Ein angesehenes Haus hätte es nicht nötig gehabt, die Anonymität seiner Besucher zu schützen. Man musste sich nicht schämen, wenn man die Dienste von Luxuskurtisanen in Anspruch nahm, die mit ihren Talenten als Hostessen vor allem bei Banketten die Kunden aus guter Gesellschaft verwöhnten. Dies war Teil des Lebensstils vornehmer Bürger, die Freunde oder Geschäftskollegen zu feinen Mahlzeiten einluden. Das galt natürlich nicht für Orte, an denen die niedrige Prostitution ausgeübt wurde; diese verleiteten viel mehr zur Vorsicht.

Die Sänftenträger durchliefen die Allee, bis sie zum Hauptgebäude gelangten, das intensiv von roten Laternen beleuchtet war, und stellten ihre Last am Fuße der Freitreppe ab. Einige Diener eilten die Stufen hinunter und verbeugten sich vor den beiden Bezirksvorstehern, als diese ausstiegen.

Lo musterte die Hausfassade mit dem Auge eines Sachverständigen. „Nun, hier haben wir ein Dekor, das mir ein gutes Omen zu sein scheint!“, erklärte er mit einer Stimme, die nicht mehr die geringste Spur von Traurigkeit verriet.

Dis Vermutungen bezüglich der Art des Geschäfts wurden bestätigt, als er sah, wie sich eine Dame reiferen Alters näherte, die übermäßig geschminkt war. Es war die Betreiberin des Etablissements.

„Lassen Sie mich Ihnen sagen, wie sehr es mich freut, dass Eure Exzellenz uns mit einem Besuch beehren!“, säuselte sie mit einem breiten Lächeln auf den Lippen, nachdem sie sich verbeugt hatte.

„Kennen Sie mich denn?", fragte Richter Di bedauernd, denn damit konnte er seine Hoffnung begraben, inkognito zu bleiben.

„Wer kennt nicht unseren hervorragenden Bezirksvorsteher, der für die Weitsicht seiner Entscheidungen berühmt ist? Auch ich gehe sooft wie möglich zu den großen Prozessen, um zu sehen, wie Sie die Strolche verurteilen, deren Untaten unsere schöne Stadt in Empörung versetzen. Wir haben uns schon gefragt, wann Eure Exzellenz erscheinen würde, um sich persönlich von der Qualität unserer Dienstleistungen zu überzeugen. Wir fühlen uns außerordentlich geehrt, dass dieser besondere Tag endlich gekommen ist."

Di wies auf die Person, der diese Dame das Glück seines Besuches zu verdanken hatte, und stellte ihr seinen Begleiter, den ehrenwerten Bezirksvorsteher Lo Kuan-chong vor, der zu Besuch bei ihm weilte.

„Noch eine Exzellenz!", rief die Dame prompt und steigerte dabei ihren Ausdruck von Freude zum absoluten Höhepunkt. „Unser Haus ist heute Nacht wirklich von den Göttern gesegnet! Schon morgen früh werden wir den Tempel aufsuchen, um dem Schutzgott unserer Zunft zu danken. Darf ich unsere erhabenen Besucher bitten, mir in den Salon zu folgen, der für den Empfang der Gäste von Rang reserviert ist?"

Während sie ihnen vorausging, setzte sie mit anhaltender Begeisterung ihre Prahlereien fort: „Seien Sie willkommen im Königreich der Frau, dem Garten der Köstlichkeiten, dem Paradies der Ästheten – ein Ort, an dem Sie heute Abend die allmächtigen Monarchen sind und wo jeder Wunsch Ihrer kühnsten Träume erfüllt wird!"

Sie ließ ihnen die Türen zu einem Salon öffnen, in dem man zur Dekoration vielerlei Sofas und niedrige Tischchen aufgestellt hatte. „Wenn Sie bitte mit Ihrem Allerwertesten auf diesem Kissen Platz nehmen würden, edler Herr Richter!“, sagte sie und wies auf einen Sitz.

Richter Di zog eine Augenbraue hoch und setzte sich mit seinem *Allerwertesten* auf das Polstermöbel, das man ihm zugewiesen hatte. Ihre Gastgeberin war eine redselige Frau, wie man sie selten sieht, die ihre Weiblichkeit bis zum Übermaß betonte und die jeden Gast behandelte, als kannte sie ihn schon ewig. Di überlegte, was er ihr Liebenswürdiges sagen konnte.

„Ich gratuliere Ihnen zur guten Führung Ihres Bordells“, sagte er und bemerkte zu spät, was für einen ungeheuerlichen Ausdruck er soeben gebraucht hatte.

Die Herrin des Freudenhauses täuschte sofort höflich Empörung vor. „Oh, was für ein schreckliches Wort! Dies ist nichts dergleichen, edler Herr!“

„Nun, ich dachte …“

„Ein schlimmer Junge sind Sie! Sie werden bei uns nichts als ehrbare, hilfsbereite, liebevolle und fürsorgliche junge Frauen antreffen! Übrigens werden Sie sie niemals über Geld sprechen hören. Ihre Bewunderer lassen ein kleines Geschenk für sie da, wenn sie das wünschen, das ist alles. Und es wäre natürlich unhöflich von uns, die Annahme zu verweigern. Geld ist hier nichts weiter als ein Detail; und von den Beziehungen, die sich zwischen unseren Schützlingen und ihren Freunden entwickeln und die nur sie etwas angehen, will ich nichts wissen. Ich weiß nur, dass sie alles tun, um sich liebenswürdig zu zeigen, und wir haben auch noch nie Beschwerden erhalten. Das genügt mir.“

Sie hatte ihr Prinzip verkündet und ließ nun ein paar freundliche junge Mädchen kommen. Der Abend nahm rasch einen angenehmen Verlauf, man begann mit einem Abendessen in galanter Gesellschaft. Das Etablissement gab sich zwar einen gehobenen Anschein, aber alle Anstrengungen konnten nicht darüber hinwegtäuschen, dass es sich um ein Haus zweiter Klasse handelte, in das die Kunden kamen, um mit leichten Mädchen zu schlafen und nicht etwa wegen des reinen Vergnügens einer glänzenden Unterhaltung, wie das an Orten der Fall war, an denen die besseren Kreise verkehrten. Der Unterschied bestand aber vor allem in der Unterweisung der Mädchen. Es war schwierig, Frauen zu finden, die in der klassischen Dichtkunst bewandert waren, über tadellose Manieren verfügten und die komplizierten Künste des Gesangs, des Lautenspiels, des Tanzes und der diskreten Verführung beherrschten. Diese Art Mädchen waren die teuersten, denn sie hatten bereits ein Vermögen verschlungen, bis sie die entsprechende Ausbildung durchlaufen hatten und all diese Facetten zur Entfaltung gebracht waren. Es war ihre Anwesenheit, die den Unterschied zwischen einem erstklassigen Haus und sonstigen trivialen Einrichtungen ausmachte, in denen man sich lediglich der Befriedigung schmutziger Begierden widmete.

Angesichts des hohen Standes der beiden Gäste stellte man ihnen das Beste vor, was es in diesem *Blumenpalais** gab: eine intelligente und zarte Frau, die ihre offensichtlichen Mängel auf dem Gebiet der literarischen Kenntnisse mit ihrem gezierten Benehmen zu verbergen suchte. Lo schien zu frohlocken, dieser Ort begeisterte ihn. Er küsste die Finger seiner Favoritin und meinte: „Eine Person wie Sie könnte durch einen Gelehrten wie mich bald zu einer der berühmtesten Kurtisanen der Hauptstadt werden!"

Di fragte sich, wie oft sein Gefährte ähnliche Vorschläge bereits anderen unglücklichen Bewohnerinnen dieser Art von Unterkünften gemacht hatte.

„Wir sollten ihren Sänftenträgern noch eine Belohnung geben", flüsterte Lo seinem Kollegen ins Ohr. „Sie haben uns einen vorzüglichen Tipp gegeben. Wir hätten es nicht besser treffen können."

Di kam zu dem Schluss, dass er dieses schändliche Festessen finanzieren sollte, denn die kleine Bemerkung hatte

* Anm. des Übersetzers: So umschrieb man im Alten China das Freudenhaus

unweigerlich ihm gegolten. Er beschloss, es seinem Gericht als Geschäftsspesen in Rechnung zu stellen.

In den Augen seiner Diener verkörperte dieser Ort offensichtlich den Inbegriff eines piekfeinen Etablissements für wohlhabende Liebhaber, denn seine Männer hätten es sich zweifellos kaum leisten können. Was Lo betraf, so begriff Di, was dem Freund besonders gefiel: Er genoss wohl die lächerlichen Bemühungen, die man auf sich nahm, um ihn zu bezirzen, um ihm – dem erfolgreichen und kultivierten hohen kaiserlichen Beamten – würdig zu sein. Das unvermeidliche Scheitern dieses Vorgehens bereitete ihm intellektuelle Befriedigung, die zum größten Teil aus seinem völlig unangebrachten Stolz bestand.

Das Abendessen war nichts weiter als die Parodie eines feinen Soupers. Die Darbietungen der Tänzerinnen erwiesen sich als absolut lächerlich. Sie warfen die Arme in alle Richtungen und rollten mit den Augen, ganz nach dem Prinzip, dass der Gesichtsausdruck der Choreographie zu folgen habe; in diesem Fall verstärkte ihre Mimik nur noch den grotesken Effekt ihrer Körperdarbietung. Diese Damen wollten den raffinierten Charme der Kurtisanen nachahmen, da ihnen aber die entsprechenden Lehrmeister gefehlte hatten, fielen ihre linkischen Vorführungen unvermeidbar zur ihren Ungunsten ins Gewicht.

Di empfand Mitleid mit ihnen, denn sie wirkten lediglich vulgär. Lo hingegen amüsierte sich prächtig. Er feuerte sie an, indem er in die Hände klatschte, er lachte schallend über ihre Fehler und tat so, als habe er geistreiche Witze gehört. Wenn er aber nicht lachte, machte er sich über sie lustig, indem er ihr Unwissen zur Schau stellte.

Auch ihre Literaturkenntnisse waren katastrophal. Von erstklassigen Kurtisanen sagte man, dass sie geradezu besessen von der klassischen Literatur seien: Sie versuchten, eine größere Zahl von Versen der Salonpoesie auswendig zu lernen, die geeignet waren, bei entsprechenden Gelegenheiten zur Erbauung ihrer Kunden vorgetragen zu werden. Letztere ergänzten Zitate, jeder Einzelne tat sich durch Belesenheit hervor, und so verwandelte sich das Bankett in eine literarische Runde, die den Geist der Teilnehmer stimulierte, da sie Begeisterung und gegenseitige Wertschätzung auslöste.

Offensichtlich hatte die Bordellvorsteherin die Dienste eines unbedeutenden und zweifellos tief gesunkenen Lehrmeisters in Anspruch genommen, der diese Damen nur rudimentär mit der klassischen Kultur und einigen allgemein passenden Redewendungen vertraut gemacht hatte, wobei sie angewiesen worden waren, diese so oft wie möglich zu gebrauchen. Das sollte ihre Gespräche aufwerten und die Investitionskosten wieder einbringen. So beendete die Mutigste unter den Damen ihre Rede im Verlauf des Abendessens zwei- oder dreimal mit den Worten „... wie Liu Yiqing zu sagen pflegte“, was jedes Mal wie ein Haar in die Suppe passte. Liu Yiqing war ein berühmter Autor der vorherigen Dynastie gewesen. Alle Gelehrten hatten sein Werk *Neuer Spiegel der Welt* gelesen. Aber den beiden Bezirksvorstehern war es nicht geläufig, ihn bei allen möglichen Themen heranzuziehen – und zwar einzig deshalb, weil er wohl der einzige Schriftsteller war, den ihre Begleiterinnen kannten. Dieses Detail war auch Lo nicht entgangen und trug sehr zu seiner Erheiterung bei. Als die so genannte *Seeschlange* Liu Yiqing erstmals erwähnt wurde, wechselten die beiden Männer einen erstaunten Blick. Je öfter die Damen diesen Namen übrigens in ihren charmanten Mund nahmen, umso komischer wirkte das. Lo fügte nun noch seinerseits noch zu jedem Zitat ein „... wie Liu Yiqing zu sagen pflegte“ hinzu, was die Tischgäste begeisterte, denn sie waren entzückt zu sehen, dass er ihre Ausdrucksweise würdigte.

Statt die Pipa – eine viersaitige birnenförmige Laute – zu spielen, bedienten sich die Damen einer Hirtenflöte, eines weniger komplizierten Instruments. Das genügte bescheideneren Ansprüchen und war deshalb ergreifender. Nach einer

Stunde verschiedenster Stücke aus allen möglichen Bereichen versuchte Di, diesen aufschlussreichen Abend zu beenden. Er wandte sich Lo zu und meinte: „Sie sind doch nun gewiss tief genug gefallen, um wieder in himmlische Sphären aufzusteigen, wie Sie sagten, lieber jüngerer Bruder?"

Anstelle einer Antwort fing Lo, der reichlich beschwipst und bestens gelaunt war, an auf seinem Kissen richtig in Gang zu kommen, und erklärte, dass es in der Tat an der Zeit sei, daran zu gehen, mit beiden Händen nach den himmlischen Sphären zu greifen, sobald sie in seine Nähe kämen. Die kleinen Damen mussten für seinen Appetit auf anatomische Rundungen herhalten, zur großen Verzweiflung seines Tischnachbars.

Lo fand, dass es angebracht sei, der Bordellherrin zu ihren Schützlingen zu gratulieren. Sie seien nämlich nicht zu vergleichen mit „gewissen eingebildeten Weibchen seines Bekanntenkreises, die nicht zögerten, ihrem giftigen Charme erlegene Verehrer leiden zu lassen. Wie Liu Yiqing zu sagen pflegte", schloss er mit einem Augenzwinkern zu seinem Kameraden, der sich immer mehr genierte.

Di hatte seine Lippen reichlich mit zweitklassigem Reiswein angefeuchtet, den man ihm im Übermaß eingeschenkt hatte; er kam nicht umhin, mit einem gewissen Unbehagen aufzugeben. Dieses Gefühl war aus seinem Unmut entstanden, mitzuerleben, wie ein gelehrter Mensch, dessen intellektuelle Fähigkeiten er schätzte, junge Frauen schlecht behandelte, die gar nichts dafür konnten, ob es ihnen nun bewusst war oder nicht.

Die Bordellvorsteherin zog ihre bemalten Augenbrauen hoch und ahmte perfekt die Überraschung eines Komikers nach, der so tut, als entdecke er eine Melone unter seinem Hut, um die Kinder zum Lachen zu bringen: „Oh, haben ein paar böse Frauen es gewagt, Eure Exzellenz zu kränken? Das ist ja unvorstellbar! In was für einer Welt leben wir?"

Lo nickte eifrig bestätigend wie ein kleiner Junge, dem gemeine Spielkameraden die Murmeln geklaut hatten.

„Fräulein *Früher Jasmin* wird mit allen verfügbaren Mitteln Euer verletztes Herz versorgen“, versicherte die Inhaberin und wies auf ein junges Mädchen, das mit demütig gesenkten Augen und in der Art einer schüchternen Jungfrau in der Nähe der Tür stand.

„Ach, Sie verstehen es, in den Herzen der Männer zu lesen!“, rief Lo dankbar. „Sie sind eine gute Frau“, fügte er hinzu und sank vor ihrer Gastgeberin leicht in sich zusammen.

„Ja …“, sagte diese und versuchte, ihn wieder aufzurichten. „Nun, ich denke, dass Euch eine kleine Unterhaltung unter vier Augen mit meinem Lieblingsmädchen sehr guttun wird. Sie können ihr Eure Sorgen anvertrauen und sie wird Balsam auf Eure klaffenden Wunden träufeln.“

Lo verschwand im Flur hinter *Früher Jasmin*, die mit ihren seidenen Pantöffelchen vor ihm her trippelte. Die Bordellvorsteherin wandte sich an Di, und ihr Gesichtsausdruck änderte sich von dem einer mitfühlenden Mutter zu dem komplizenhaften einer Freundin und Vertrauten. „Irre ich mich, wenn ich annehme, dass Eure Exzellenz es vorziehen, den Abend mit einer Massage fortzusetzen, bevor Sie eine meiner Zöglinge näher kennenlernen?“

Di sagte sich, dass diese Geschäftsfrau bei Weitem nicht dumm war. Sie hatte erraten, dass er nicht annähernd so entspannt war, wie er es hätte sein sollen, und dass er nicht bereit war, unmittelbar mit einer Unbekannten ins Bett zu steigen.

„Meine Mädchen wurden von den besten Ärzten der Stadt ausgebildet. Sie kennen alle Punkte, an denen Empfindungen ausgelöst werden und verfügen über Mittel und Wege, die angestaute Spannung in Muskeln und Nerven abzubauen. Ich bin mir sicher, dass die Gemahlinnen Eurer Exzellenz von der hohen Kunst, die man hier praktiziert, nicht die geringste Ahnung haben.“

„Das hoffe ich sehr“, dachte Richter Di und bemühte sich, ein anerkennendes Lächeln zu zeigen.

Ein warmer Sommerregen fiel auf die Gärten, die das Freudenhaus umgaben. Sein weiches und regelmäßiges Plätschern hatte eine beruhigende Wirkung. Di, in Gesellschaft reizender junger Damen, die eifrig bemüht waren, ihm gefällig zu sein, überließ sich endlich ganz seinem Wohlbefinden. Man hatte ihn mit zarten Gesten seiner Oberkleidung entledigt und dann gebeten, sich auf eine Matte zu legen. Fürsorgliche Hände massierten ihn durch sein Wams und die lange Hose. Er fragte sich, aus welch merkwürdigem Grund er bislang nie diese Art von Dienstleistungen genutzt hatte, deren Reiz ihm jetzt geradezu altmodisch vorkam. Mit einem Mal ertönte ein schreckliches Krachen, dem der Lärm zerbrechenden Geschirrs folgte.

Die Masseusen erschraken, ihre scharfen Nägel bohrten sich in das Fleisch seines Rückens und seiner Beine, was ihm einen Schmerzensschrei entlockte. Jetzt wusste er, weshalb er nie in solche Häuser ging: Das Leid war nie weit entfernt vom Vergnügen, die Strafe folgte dem Vergehen auf dem Fuße. Es war nichts als Eigennutz, dies vergessen zu wollen. Eines der Mädchen ging, um zu erfahren, was da geschehen war. Ein Blitz, begleitet von einem plötzlichen Windstoß, hatte eine Dienerin so in Angst versetzt, dass sie eine Teekanne aus Keramik hatte fallen lassen.

Die Masseusen nahmen ihre Tätigkeit am Rücken des Richters wieder auf, bis schließlich die Bordellvorsteherin, die Organisatorin des Abends, zurückkehrte; die Zeit der Trägheit war vorbei.

„Nun, auf die Anstrengung sollte die Erholung folgen“, meinte sie. „Es sei denn, Sie bevorzugen es andersherum. Die Entscheidung liegt natürlich bei Eurer Exzellenz …“

Sie bat ihn, sich aus der Gruppe der Masseusen eine Partnerin zu wählen, und Di suchte sich diejenige aus, die ihm am harmlosesten erschien. Einen Augenblick später fand er sich, ob er es wollte oder nicht, allein mit einer Prostituierten wieder, die fest entschlossen war, ihre Charmeoffensive an ihm auszuprobieren.

„Bei allen Göttern des Himmels", dachte er, „was würden meine drei Gemahlinnen sagen, wenn Sie mich in dieser Situation sehen könnten? Vor allem meine Dritte, die doch so empfindlich ist! Meine Erste hat zwar das am wenigsten zartbesaitete Herz, aber ihr würde es trotzdem am meisten missfallen." In jedem Fall würde es unmöglich sein, sie zu täuschen. Denn eines war klar: Sie wüssten sofort Bescheid, was vor sich gegangen war, sobald sie ihn sahen. Darauf würde eine langwierige Auseinandersetzung voll lästiger Klagen folgen. Dieser Gedanke tötete in ihm jegliche weitere Lust. Er flehte die Manen des Konfuzius an, ihm sowohl den Ehebruch als auch die Erniedrigung eines eventuellen Misserfolgs in Gegenwart des jungen Mädchens zu ersparen.

Letztere begann mit aufreizender Langsamkeit und mit äußerst sinnlichen Bewegungen ihre Kleider auszuziehen und tat so, als wolle sie ihn mit ihren üppig geschminkten Augen hypnotisieren. Di hatte gehört, wie die Vorsteherin ihr aufgetragen hatte, „Seine Exzellenz ganz besonders zu behandeln", was in seinem Fall nicht besonders viel verlangt war. Sie entriss dem Richter die Kappe und warf diese mit großer Wucht in eine Ecke des Zimmers, was zweifellos jeden normalsterblichen Kunden erregt hätte, der an den Respekt und Gehorsam seiner Untergebenen gewöhnt war. Dann löste sie ihren Gürtel und öffnete ihr Kleid. Dabei wurden zwei Brüste sichtbar, welche Di unter anderen Umständen sehr bewundert hätte – wenn sie beispielsweise seiner letzten Gattin gehört hätten, die diesbezüglich nicht sonderlich ausgestattet war.

Di dachte nun nur noch darüber nach, wie er mit erhobenem Kopf aus diesem Schlamassel herauskommen konnte. Er war gerade im Begriff, die Dame zu bitten, ihre Bemühungen zu beenden – und er war sogar bereit, ihr Schweigen zu bezahlen, um zu vermeiden, dass in der Stadt über ihn Gerüchte von Impotenz oder Homosexualität laut würden – als ein noch schrecklicherer Schrei als der vorherige ertönte. Dies gehörte offenbar nicht zu den üblichen Gepflogenheiten des Hauses, denn seine Partnerin erstarrte, die Augen aufgerissen und die Ohren gespitzt, während sich auf ihrem Gesicht ein Ausdruck des Entsetzens ausbreitete. „Danke, allmächtiger Meister!“, dachte der Richter und bückte sich nach seiner Kappe, um nach der Ursache dieses vom Schicksal gesandten Lärms zu sehen.

Er durchquerte einen dunklen Gang, der mit dicken Wandteppichen behängt war, die wohl dazu bestimmt waren, die Geräusche der bacchischen Liebesspiele zu dämpfen. Jetzt wurden Türen geöffnet, und die besorgten Gesichter nachlässig gekleideter Frauen, die bemüht waren, ihre Blöße zu bedecken, wurden sichtbar. Als schließlich alle Türen bis auf eine einzige offen standen, nahm Di an, dass es diese gewesen sein musste, aus der jener Schrei gedrungen war. „Bei allen Göttern! Ich bin dabei, den Polizisten in einem Freudenhaus zu spielen!“, dachte der Richter und klopfte mehrmals leicht gegen die Türflügel. „Habe ich nun den Tiefpunkt meines Abgrundes erreicht oder gewinne ich vielmehr gerade meine Würde als hoher Beamter zurück?“

Zweifellos würde er innerhalb der kommenden Minuten eine Antwort auf diese Frage erhalten. Er klopfte lauter, doch nichts rührte sich. „Öffnen Sie, Ihr Bezirksvorsteher befiehlt es Ihnen!“, rief er. Zu spät wurde ihm klar, dass es so aussah, als führe er eine polizeiliche Razzia in einem schäbigen Laufhaus durch.

Zumindest die Bordellvorsteherin hatte diesen Eindruck, weshalb sie in Windeseile herbeigeilt kam und mit lauter Stimme rief: „Was geht hier vor sich, edler Herr Richter? Hat *Zartes Veilchen* bei der Arbeit versagt? Sollte sie sich irgendein unangemessenes Verhalten erlaubt haben? Ich werde sie bis aufs Blut auspeitschen lassen, das verspreche ich Ihnen. Gestatten Sie mir, Ihnen drei meiner jüngsten Mädchen zu schicken, um Sie für diese Enttäuschung zu entschädigen, selbstverständlich ohne Aufpreis. Ich bin mir sicher, dass ihre vielfältigen Reize Sie diese traurige Erfahrung vergessen lassen werden. Glauben Sie mir, diese Art Unfälle kommen bei uns sonst nie ..."

Di gebot ihr schroff zu schweigen und erklärte, dass irgendjemand in diesem Zimmer einen entsetzlichen Schrei ausgestoßen und niemand auf sein wiederholtes Klopfen reagiert habe, was äußerst beunruhigend sei.

„Ich vermute, dass Schläge und Gebrüll nicht zum reichen Vergnügungsangebot Ihres Hauses gehören. Ich warne Sie: Sollte meinem Kollegen auch nur die geringste Unannehmlichkeit zugestoßen sein, so werde ich Sie für den entstandenen Schaden verantwortlich machen."

In der Aufregung hatte aus ihm nun nicht mehr der Gast, sondern der Leiter des Yamens gesprochen, er hatte den Befehlston wiedergefunden. Ohne sich im Geringsten aus der Fassung bringen zu lassen, entgegnete die Besitzerin des Freudenhauses, dass sie stark bezweifle, Richter Lo könne etwas mit den Vorgängen in diesem Zimmer zu tun haben, und zwar aus einem ganz einfachen Grund: Dasjenige von *Früher Jasmin* befände sich am anderen Ende des Ganges. Di drehte sich um und sah tatsächlich im entsprechenden Türrahmen das hochrote Gesicht seines Freundes, der ihn mürrisch anstarrte.

„Sie haben wirklich eine seltsame Art, sich zu amüsieren, Di!", rief sein Mitstreiter. „Können Sie sich nicht mit diesen jungen Frauen genauso vergnügen wie jeder andere auch, ohne sie dazu zu zwingen, unter Folter ihre noch so kleinen Sünden zu bekennen? Wir sind doch nicht vor Gericht, zum Teufel! Entspannen Sie sich! Sie haben morgen Gelegenheit zu foltern, in einer öffentlichen Sitzung. Am Ende haben Sie noch Ihre Kneifzange mitgebracht, meiner Treu!"

Nachdem Lo den armen Di mit solch abscheulichen Unterstellungen entsetzt hatte, schloss er die Tür mit unzufriedener Geste, ohne dem Freund Zeit zu geben zu erklären, dass er mit diesem Vorfall absolut nichts zu tun gehabt hatte und dass er *Zartes Veilchen* in Sicherheit und in einwandfreiem Zustand in einem ganz anderen Raum zurückgelassen hatte.

„Vielleicht wäre es sinnvoll, jene Tür zu öffnen?“, schlug die Inhaberin mit neutraler Stimme vor und wies auf die noch immer geschlossenen Flügel.

„Ja, gut“, antwortete Richter Di, „eins nach dem anderen.“

Er bat die Anwesenden, ihre entsprechenden Beschäftigungen wieder aufzunehmen, und als der Gang wieder leer war, drückte er auf den Türgriff, der ihm nicht den geringsten Widerstand leistete.

Er befand sich in einem Zimmer, das ganz ähnlich aussah wie jenes, in dem er kurz zuvor den Angeboten des *Zarten Veilchens* entronnen war. Alle vier Wände waren geschmückt mit Darstellungen von Frauen in lasziven Posen, ein riesiges Himmelbett nahm den Großteil des Raumes ein. Der wesentliche Unterschied war die Anwesenheit einer enthaupteten Leiche, die quer über dem Bett lag.

III

Di sieht sich zu einer Ermittlung veranlasst und erlebt eine schmähliche Rückkehr.

„Nanu, wo ist denn der Kopf?“, fragte sich der Richter mechanisch, als er das merkwürdige Bild betrachtete, das sich seinen Augen bot. Dabei ignorierte er die sprachlos gewordene Matrone, die gleichfalls mit runden Augen auf das traurige Szenario starrte; sie schlug sich die Hände vor den Mund, um einen Schrei zu ersticken. Di merkte, dass es doch noch Geschehnisse gab, die geeignet waren, ihn aus der Fassung zu bringen – und das, nachdem er so viele Jahre mit organisierter Prostitution zu tun gehabt hatte. Der immer in ihm schlummernde Ermittler erwachte. Sein erster Schritt war, die Blutspur zu verfolgen, die ihn zu dem offen stehenden Fenster führte.

„Der Täter ist durch den Garten geflohen. Haben Sie draußen irgendjemand postiert, der damit beauftragt ist, etwaige Herumtreiber zu verjagen oder aufdringliche Personen abzuweisen?“

Die Bordellherrin stammelte, dass sie einen Türsteher beschäftige, einen Mann, der auch ihnen geöffnet habe, der aber dafür da sei, Gäste zu empfangen und nicht, um Rundgänge zu machen. Ein Räuber hätte also ganz leicht über die Mauer klettern und in dieses Zimmer eindringen können. Die Frau bemerkte beiläufig, dass man heutzutage vor gar nichts mehr sicher sei, schwächte dies aber – damit es nicht gar klang wie eine Kritik –dadurch ab, dass sie noch ergänzte: „Trotz des außergewöhnlichen Scharfsinns unseres wohlwollenden Bezirksvorstehers“, der ihr ja direkt gegenüber stand. Doch man habe noch nie zur der Zeit, in der man Gäste empfing, einen Dieb überrascht. Bei dem ständigen Kommen und Gehen zwischen den Salons und Zimmern hätte sich ein Einbruch als ziemlich abenteuerliches Unternehmen erwiesen.

Die Betttücher waren zur Hälfte blutdurchtränkt. Am anderen Ende des Bettes – umgedreht auf den Kissen – lag auch noch der Körper einer kleinen, leblosen Frau, deren Kopf an der Wand lehnte. Di fragte seine Gastgeberin, um wen es sich handele.

„Das ist *Pfirsichblüte*, meine Jüngste, die gerade bei mir angefangen hat. Er hat sie mir umgebracht, der Elende! Ein Mädchen, das mich mehr als hundert Tael* gekostet hat!“

Di überließ sie ihrem Anfall von Mitleid und Menschlichkeit und ging den Puls der Jugendlichen fühlen. Der Körper war noch warm und wies anscheinend keine Verletzungen auf; der Busen, der übrigens sehr hübsch war, hob und senkte sich regelmäßig. Im Gegensatz dazu enthüllte der Hals ganz deutliche Spuren von Strangulation. Er versuchte, sie zu aufzuwecken, indem er ihre Wangen tätschelte.

„Bei allen Dämonen der Hölle!“, rief die Bordellinhaberin. „Ein schmutziges Verbrechen in einem solch angesehenen Haus wie dem unsrigen! Dieser Skandal wird dem guten Ruf unseres ehrenwerten Geschäfts schaden!“

Di vermutete, dass sie sich Gedanken machte, welche Vorteile sie für ihr Geschäft aus solchem Leumund ziehen konnte. Die junge Frau kam wieder zu sich. Sie öffnete die Augen und erblickte das bärtige, über sie gebeugte Gesicht des Bezirksvorstehers und stieß einen neuerlichen Schrei aus. Dann kroch sie zu ihrer Schutzherrin, die sich in der Nähe des Bettes befand, und umarmte sie, um das Gesicht in den Falten ihres Kleides zu vergraben. Die Vorsteherin streichelte ihr übers Haar und sprach mit sanfter Stimme, dass sie sich

---

* Bezeichnung für eine heute nicht mehr gebräuchliche chinesische Währungseinheit aus Silber.

nicht zu fürchten brauche, denn der bewaffnete Arm der Justiz wache über sie – und zwar in Gestalt des Ersten Bezirksvorstehers der Stadt. Letzterer bat das Mädchen zu schildern, was sich zugetragen habe. Als *Pfirsichblüte* ihre Sprache wiedergefunden hatte, erklärte sie, dass in dem Zimmer plötzlich ein großer, starker Mann erschienen sei, während sie sich mit ihrem Kunden vergnügt habe. Dann habe er eben jenen vor ihren Augen geköpft. Sie habe einen entsetzlichen Schrei ausgestoßen und sei ohnmächtig geworden.

Di war perplex.

„Sie haben etwas vergessen, mein Kind. Wer hat versucht, Sie zu erdrosseln? Ist das vor oder nach der Enthauptung des Mannes passiert?"

Mit weit aufgerissenen Augen fasste sich das Mädchen überrascht an den Hals, wo sie die schmerzhaften Spuren – eine Art hässlicher roter Kette – ertastete. „Ich erinnere mich an nichts", stammelte sie. „Ich habe das Bewusstsein verloren. Das ist alles so schrecklich."

Di stellte sich das Verbrechen genau vor und fragte sich, aus welchem Grund der Mörder, der in das Zimmer eingedrungen war, um einen Mann zu enthaupten, sich dann auf das regungslose Mädchen gestürzt hatte, um es zu strangulieren, während ein zweiter Hieb mit dem Säbel doch genügt hätte, auch sie ins Jenseits zu befördern.

„Wurde irgendetwas gestohlen? Vielleicht Schmuck? Die Geldbörse Ihres Verehrers?"

Eine schnelle Überprüfung stellte sicher, dass noch alles an Ort und Stelle war. Die Matrone nutzte dabei die Gelegenheit, dem Toten den Betrag abzuziehen, den er für das Stelldichein zu zahlen gehabt hätte, wenn es nicht zu diesem tragischen Ende gekommen wäre.

Der Richter bat die Überlebende, ihm ihren Angreifer zu beschreiben: „Sie haben ihn doch bei dem Versuch, Sie zu ersticken, ganz genau gesehen, nehme ich an. Sein Gesicht dürfte kaum mehr als zwei Ellen von dem Ihrigen entfernt gewesen sein.“

Das junge Mädchen zögerte. Gewiss hatte sie Zeit gehabt, seine Gesichtszüge wahrzunehmen, bevor sie ohnmächtig geworden war. Doch ihre Beschreibung war nicht sehr hilfreich. Sie habe einen wilden, blutrünstigen Mann mit wutverzerrten Gesichtszügen gesehen; er habe Schaum vor dem Mund und die buschigen Augenbrauen einer menschlichen Bestie gehabt. Das einzige verwertbare Detail, das sie beschrieb, war eine V-förmige Narbe an der Oberseite der Stirn.

Di fragte, ob sie die Identität des Toten kannten; eine positive Antwort hätte seine Untersuchungen wahrscheinlich stark beschleunigt. Die Matrone antwortete jedoch, dass der Herr nach ihrer Kenntnis das erste Mal gekommen sei. Keinesfalls habe es sich bei ihm um einen Stammgast gehandelt. Er habe es nicht für nötig gehalten, etwas über seine Person zu verraten, bevor er sich mit der Auserwählten seines Herzens zurückgezogen habe. *Pfirsichblüte* müsse dem Mann bei einem ihrer seltenen Ausflüge in die Stadt aufgefallen sein, denn bei seiner Ankunft habe er sie genau beschrieben. Er habe dann geduldig im Vorführraum des Mädchens gewartet, bis sie frei war, um sich daraufhin mit ihr zurückzuziehen. Die Vorgehensweise bestätige nun endgültig die klägliche Meinung des Richters zu dem Ort, an dem er sich befand. Die Maske war gefallen: Dies war tatsächlich ein Schlachthaus* der untersten Kategorie, wenn man auch versuchte, die Kunden diesbezüglich zu blenden, wie sie es selbst zu Beginn des Abends umfänglich erlebt hatten.

Der Richter untersuchte die Leiche. Es handelte sich um einen Mann mittleren Alters mit rauer Haut, wie von Sonne und Schwerstarbeit gegerbt. Seine schlichte, aber solide und gut gepflegte Kleidung, seine robuste Konstitution, die recht

* *Maison d'abattage*, wörtlich ein Schlachthaus, ist ein Begriff aus dem Prostituiertenjargon und ein Synonym für die unterste Preisklasse. Prostituierte und Gäste waren dort schlimmsten Bedingungen ausgesetzt.

gut entwickelte Muskulatur und die ungepflegten Hände verwiesen zwar auf einen handwerklich tätigen Menschen, der es aber zu kleinerem Wohlstand gebracht haben musste. Er war wohl mehr als ein Pförtner, der weniger gut gekleidet gewesen wäre, doch weniger als ein Kaufmann, der mehr Übergewicht gehabt hätte. Auch war er verheiratet, was verschiedene sorgfältig ausgeführte Ausbesserungsarbeiten an der Unterseite seines auf einem Stuhl liegenden Gewandes bewiesen. Der übliche Kunde eines solchen Hauses stand nicht weit oben auf der sozialen Leiter, konnte sich aber ein kleines Extravergnügen leisten, wenn er bei Kasse war. Es gab weder Tätowierungen noch ein Armband, nichts lieferte einen Hinweis auf den Beruf oder die Zugehörigkeit zu irgendeiner Bruderschaft. Was mochte der Grund gewesen sein, dass man diesen ordinären Menschen in dieser Lustkammer enthauptet hatte? Di sträubte sich dagegen zu glauben, dass der Mörder rein zufällig hier eingedrungen war. Wenn er tatsächlich diesen Mann und keinen anderen ermorden wollte, warum hatte er das dann nicht in der Ecke irgendeiner schlecht beleuchteten Straße getan, die zu dieser abgelegenen Anlage führte? Das wäre jedenfalls viel diskreter gewesen als ein Mord an diesem häufig besuchten Ort, der noch dazu beaufsichtigt wurde.

In diesem Augenblick tauchte spärlich bekleidet Lo auf. Er starrte kurz auf die kopflose Leiche, dann wandte er sich mit einem vorwurfsvollen Blick an Di: „Habe ich Ihnen schon gesagt, dass Sie es nicht verstehen, sich zu amüsieren, wie es sich gehört, älterer Bruder? Sie sind wahrhaftig nicht wie alle anderen! Was haben Sie mit dem Kopf angestellt?“

Di erklärte, dass er mit dem ganzen Vorfall nichts zu tun gehabt habe. Er hatte jedenfalls die Kunden aus anderen Zimmern nicht dazu veranlasst, sich in Stücke säbeln zu lassen …

Da ertönte von der Tür her ein schrecklicher Schrei, *Früher Jasmin* war ihrem Freier gefolgt. Als sie die auf blutigen Laken liegende Leiche erblickt hatte, bekam sie einen Schreikrampf. Di bedeutete der Bordellinhaberin, sie sofort wegzubringen.

Mithilfe von *Pfirsichblüte* zog sie die junge Frau, die krampfartig schluchzte, mit sich fort, und Di schloss die Tür hinter ihnen. „Das wird bald eine allgemeine Panik geben", dachte er. Es war daher notwendig, sich mit der Untersuchung zu beeilen, bevor sämtliche Anwesende im Haus die zur neuesten Attraktion gewordene makabre Szene betrachten wollten.

Lo bemerkte verdrießlich, dass ihm angesichts dieser Situation nichts anderes übrig blieb, als umzukehren und sich vollständig anzukleiden. „Sie haben mir mit Ihrem abscheulichen Mord den Spaß verdorben", stieß er wütend hervor, bevor er verschwand.

Di blieb vor Ort, um seine Arbeit zu tun, der sein Kollege keine Beachtung schenkte. Sorgfältig untersuchte er das Zimmer. In einer Ecke standen zwei Kleidertruhen. Ihr Inhalt musste den gesamten Besitz der Prostituierten darstellen. Eine hübsche Puppe, die auf dem Deckel drapiert war, erregte Dis Aufmerksamkeit. Es war ein Gegenstand, den man an solch einem Ort nicht vermutet hätte. Nicht so sehr aus sentimentalen Gründen – wie man wusste waren die Mädchen in solchen Einrichtungen kaum dem Kindesalter entwachsen, schließlich war ihre Jugend das wichtigste Kriterium, um bei den verlorenen Mädchen aufgenommen zu werden – sondern wegen der Feinheit der Puppe und der Qualität ihrer Kleidung.

Hier handelte es sich nicht etwa um eine Puppe aus irgendwelchen Lappen, von einem Hausmütterchen mit den eigenen Kleiderresten ausstaffiert, sondern um einen wertvollen Artikel, der sorgfältig von einem Handwerker hergestellt und fein bemalt worden war. Das echte, dichte Kopfhaar war zu einem komplizierten Knoten frisiert, in dem ein Miniaturkamm steckte, der perfekt denjenigen nachgeahmt war, die von den Damen des gehobenen Bürgertums verwendet wurden. Die Oberkleidung war aus feinster Seide mit Blumenmotiven geschneidert worden und von einer Eleganz, wie man sie zu Festtagen trug. Mit einem Wort: Dies war ein Luxusspielzeug, dessen Anschaffungskosten mit Sicherheit die Kaufkraft einer einfachen Bewohnerin des Freudenhauses bei Weitem überschritten. Er selbst hätte gezögert, eine solche Puppe für sein eigenes Kind zu kaufen, falls dieses danach verlangte. Das war etwas für den Geldbeutel eines großen Händlers oder eines wohlhabenden Landbesitzers, der es sich leisten konnte, seine Kinder und Ehefrauen derart zu verwöhnen. In seinem Bezirk gab es kaum eine große Anzahl Familien, die diese Art Lebenswandel führte. Wie konnte denn eine Unglückliche, die zweifellos von armen Bauern abstammte, die sie in einem Jahr der Not an einen Zuhälter verkauft hatten, um sie sich vom Hals zu schaffen, in den Besitz eines Gegenstandes gelangen, der den reichen Mädchen vorbehalten war? Di sagte sich, dass er vielleicht dieser Puppe eine zu große Bedeutung beimaß: Was hätte einen der Stammgäste daran hindern sollen, dem Mädchen – um es für seine Liebenswürdigkeit zu belohnen – das Spielzeug einer seiner eigenen Töchter, die verheiratet oder verstorben war, anzubieten, da er es nicht mehr brauchte? In diesem Viertel mangelte es nicht an alten wollüstigen Patriarchen. Und doch verwirrte ihn dieses unpassende Objekt am Tatort und ging ihm nicht aus dem Sinn. Er stellte diesen Gedanken zurück und untersuchte auch das restliche Zimmer genau, wobei sehr schnell klar wurde, dass es nichts Überraschendes mehr für ihn bereithielt.

Auf der anderen Seite der Tür entdeckte er die Inhaberin in Begleitung des Türstehers und eines weiteren Mannes, ihres Buchhalters oder Hausdieners, die bereits unruhig auf ihn wartete. Der Türsteher hatte außer auf dem normalen Weg niemanden hereinkommen oder hinausgehen sehen: Kein Verbrecher im Besitz eines abgeschlagenen Kopfes oder einer blutigen Tasche habe das Tor passiert … Di schloss daraus, dass man unbedingt den Park absuchen musste, sobald der Tag anbrach: Vielleicht ließen sich dort Spuren der Untat entdecken. Er befahl dem Angestellten, umgehend wieder seinen Posten einzunehmen und sich nicht von der Stelle zu rühren, bis die Schergen des Yamens eingetroffen seien.

Dann verlangte er, dass man ihm Siegellack, Feuer und Papier brachte. Als er die gewünschten Dinge erhalten hatte, zerriss er ein Blatt Papier in mehrere Streifen, die er zwischen dem Türflügel und dem Türstock oben und unten befestigte, nachdem er die Enden mit geschmolzenem Siegellack bestrichen hatte. Schließlich zog er aus einem Ärmel seinen Siegelstempel hervor, der aus einer Rinderhornschnitzerei gefertigt und bisher unbenutzt war, und drückte das Zeichen für den *Gerichtshof von Richter Di* in den Lack.

„Niemand darf dort hinein, auch nicht, nachdem die Leiche abtransportiert worden ist. Ich werde Sie über das Ende dieser Quarantäne in Kenntnis setzen und erwarte vollkommenen Gehorsam sowohl von Ihnen als auch von Ihren Angestellten."

Die Matrone und ihr Buchhalter verbeugten sich gleichzeitig. Der Richter wusste, dass man all seinen Anordnungen streng Folge leisten würde. Niemand hatte in so einem Etablissement ein Interesse daran, in dieser heiklen Lage Schwierigkeiten mit den Behörden zu bekommen.

Das Ereignis hatte zumindest den Vorteil gehabt, dass das lästige Stelldichein mit dem *Zarten Veilchen*, seiner vorübergehenden Freundin, vorzeitig beendet worden war. Der Mord lieferte ihm einen Vorwand, diesen Ort ohne Kostprobe und unter Wiedererlangung seiner Würde zu verlassen, damit er seinen unabwendbaren richterlichen Verpflichtungen nachkommen konnte.

Di sagte sich, dass dieses Freudenhaus trotz allem etwas Gutes hatte: Er würde nämlich das Vergnügen haben, ein kriminalistisches Rätsel zu lösen ... Er zog einen Silberbarren aus seinem Ärmel, um die Kosten für diesen Abend zu begleichen. Die Bordellinhaberin räusperte sich. Etwas verlegen erklärte sie, dass sie keine Bezahlung wünsche und stattdessen die Ehre erbitten wolle, ihm die bescheidenen Annehmlichkeiten, welche er in ihrer einfachen Behausung genossen habe, zu schenken. Di fragte sich, ob dieses Geschenk bereits im Vorhinein geplant gewesen oder ob das düstere Ende seines

Besuches der Grund dafür war. Wie dem auch sein mochte, antwortete er, es sei ihm wichtig, die Bemühungen jener entzückenden Geschöpfe zu belohnen, die so freundlich gewesen seien, für seine Entspannung zu sorgen. Vor allem habe er seinem armen Freund helfen wollen, die kummervollen Ereignisse im Leben eines Mannes von gutem Geschmack zu vergessen. In Wirklichkeit legte Di Wert darauf, seine Schulden zu begleichen. Er wollte auf keinen Fall den Eindruck erwecken, sich von der Herrin eines zweifelhaften Betriebes dingen zu lassen, die im Begriff war, mit der Justiz in Konflikt zu geraten. Er wollte nicht, dass die gute Frau sich Illusionen machte: Er würde seine Ermittlung zu Ende führen, ohne sich von irgendwelchen Füchsinnen beeinflussen zu lassen, die um die „Ehrwürdigkeit" ihrer im Übrigen fragwürdigen Geschäfte besorgt waren.

Früher Jasmin und eine ihrer Gefährtinnen begleiteten Lo, der immer noch genauso schlapp war wie vor einer Stunde, bis zum Vorzimmer, während Di sich zu der Suite der Hausherrin begab, der all die Scherereien die Sprache zu verschlagen haben schienen. „Ich gratuliere Ihnen zu der großen Auswahl an Freuden, die Sie Ihren Gästen bieten", sagte er höflich, und sie antwortete ihm mit einem leichten Kopfnicken. „Ich hätte nie geglaubt, dass Ihre Dienstleistungen die Wünsche eines jeden derart erfüllen könnten. Ich werde die Gelegenheit haben, hin und wieder hierher zurückzukommen … in Ausübung meiner Pflichten selbstverständlich. Aber es wird mir stets die gleiche Freude bereiten."

Die Matrone verbeugte sich dankend, obgleich ihr der Hauch von Sarkasmus, der in diesen Worten gelegen hatte, nicht entgangen war.

„Ich erwarte Sie also morgen im Gerichtsgebäude", fügte Di noch hinzu. „Zur Morgensitzung, um die offizielle Untersuchung zu eröffnen. Den Weg und die Uhrzeit kennen Sie ja, nicht wahr?"

Sie stimmte mit einem Seufzer zu.

Die beiden Richter bestiegen wieder ihre getarnte Sänfte, um sich durch die derzeit leeren Straßen zum Yamen bringen zu lassen. Lo begann sogleich zu schnarchen, erschöpft vom Alkohol und den Ausschweifungen. Am Ziel angekommen, musste er geweckt werden, damit man ihm aus dem Gefährt heraushelfen konnte. Während er sich – von zwei Trägern gestützt – entfernte, verteilte Di unter den anderen Männern die letzten Sapeken,* die ihm verblieben waren, um ihnen für die kluge Wahl des nächtlichen Entspannungsortes zu danken. Daraufhin befahl er einem Kammerdiener, dem Hauptmann der Gerichtsbüttel aufzutragen, zwei Männer zur Bewachung des Bordells dorthin zu schicken.

Im Bankettsaal, der von einer letzten Fackel beleuchtet wurde, standen die für den Empfang des Besuchers vorbereiteten Gerichte noch immer an derselben Stelle. Di sah darin ein Zeichen für die schlechte Laune seiner Gemahlinnen, die den Dienstboten verboten haben mussten, vor der Rückkehr des Hausherrn aufzuräumen.

Er geleitete seinen Gast zu dessen Gemächern, wie es die Höflichkeit von ihm verlangte. Bevor er zu Bett ging, dankte ihm Lo schläfrig und mit schwerer Zunge „für den gelungenen Abend“. Di wusste nicht, ob das ironisch gemeint war oder ob der Alkohol verhindert hatte, dass der Zecher das ganze Ausmaß der Abscheulichkeiten wahrgenommen hatte, deren Zeugen sie geworden waren. Hielt er es wirklich für normal, dass direkt vor der Nase seines Kollegen schreckliche Verbrechen verübt wurden, genauso wie seine Existenz nur aus einer Abfolge von Dichtkunst und Bestrebungen bestand, das Leben in all seinen Facetten auszukosten? „Jedem das Seine“, war das seine Devise? Sicher hatte Konfuzius diesbezüglich etwas Tiefsinniges gesagt, aber Di fühlte sich jetzt zu müde, um in seinem Gedächtnis nach einem geeigneten Zitat zu forschen.

---

* Sapeke = altchinesische Münze

Als er das Zimmer seiner Ersten Dame betreten wollte – denn es war ihr Tag – stellte er überrascht fest, dass sie sie mit einem Schlüssel abgesperrt hatte. Seine Gattin hatte offensichtlich nicht die Absicht, gnädig über sein Fehlverhalten hinwegzusehen, und wollte ein Zeichen setzen.

„Dann hat sie eben Pech gehabt!“, dachte er und begab sich zum Zimmer seiner Zweiten Dame, doch auch deren Tür war versperrt. Das sah nach einem organisierten Aufstand aus, zumal auch das Zimmer seiner Dritten Dame ebenso wie die beiden anderen verschlossen war.

„Nun gut!“, sagte er und seufzte gereizt. Da blieb ihm nichts anderes übrig, als in seine Bibliothek zu gehen, in der ein Sofa stand, das ihm wenigstens nicht vorwerfen würde, dass er seinen ehelichen Pflichten lieber im Weidenviertel nachgekommen sei …

IV

Di gibt eine Audienz
und inspiziert den Garten des Grauens im Haus der Lüste

Am nächsten Morgen, erlebte Di nach dem Aufwachen einen eisigen Empfang. „Danke, Lo!“, dachte er bitter. Seine Frauen betrachteten die Tatsache, dass er abwechselnd mit jeder von ihnen schlief, nicht als Ehebruch; hingegen war die Vorstellung, dass er anderswo verkehrte, für sie inakzeptabel. Ihre Erziehung, die sie darauf vorbereitet hatte, stets ohne Wenn und Aber jeglichen Wunsch ihres Herrn und Gebieters zu erfüllen, stieß in diesem Punkt anscheinend an ihre Grenzen.

„Aber ich sage Ihnen doch, dass nichts passiert ist!“, versicherte er wiederholt und war erstaunt, dass sich seine Frauen wegen solcher Lappalien derartig aufführten.

„Nichts passiert? Für Sie ist vielleicht nichts Wichtiges passiert!“, korrigierte ihn seine Erste Dame.

„Das ist eine Frage der Interpretation!“, fügte die Zweite Dame hinzu.

„Bleiben Sie nur ruhig bei dieser Meinung, hier passiert nämlich auch nichts!“, schloss die Dritte.

Der Richter hatte den Eindruck, drei Hexen aus einem Kindermärchen gegenüberzustehen, die soeben aus der Unterwelt aufgestiegen waren, um die Sterblichen mit Haarspaltereien verrückt zu machen. Aus den überlieferten Geschichten wusste man ja, dass die schlimmsten Dämonen stets weibliche Gestalt annahmen, um ihre Opfer besser peinigen zu können. Weder mit Klauen, Reißzähnen noch Hörnern ausgestattet, traten sie stattdessen mit sinnlichem Mund, fließendem, hüftlangem Haar und sorgfältig lackierten Nägeln auf, was völlig ausreichte, um das Leben eines jeden Mannes unerträglich zu machen.

Der Verantwortliche für all diese Unannehmlichkeiten erschien am späten Vormittag. Eine schnelle Toilette und ein paar oberflächliche Bemühungen, sein Haar in Ordnung zu bringen, verbargen die Auswirkungen seiner nächtlichen Exzesse nur notdürftig. Lo ließ sich in einen Sessel fallen und bestellte sofort beim ersten Hausdiener in Rufweite starken Tee. Di argwöhnte, dass Lo im Begriff war, sich für eine ganze Weile bei ihm häuslich einzurichten.

„Es liegt mir fern, Ihnen die Tür zu weisen", sagte Di und betrachtete das menschliche Wrack, das sein Kollege in dieser für ihn zu frühen morgendlichen Stunde war. „Aber laufen Sie nicht Gefahr, den Präfekten und seine Gäste warten zu lassen, lieber Bruder? Sie werden bereits voller Vorfreude sein, sich von Ihnen erleuchten zu lassen!"

„Und wenn schon!", entgegnete Lo mit einer Geste der Schicksalsergebenheit. „Es schmerzt mich, Ihr schönes Domizil verlassen zu müssen, lieber älterer Bruder. Das liegt wohl daran, dass man sich hier so wohlfühlt."

Während er sich dafür bedankte, dass Lo ihm so viel Wertschätzung für seine Gastfreundschaft entgegenbrachte, dachte Di, dass sein Kollege wohl eher noch unter den Nachwirkungen seiner nächtlichen Ausschweifungen litt. Er hätte ihn für widerstandsfähiger gehalten, schon allein angesichts der Routine, zu der es der gute Mann auf diesem Gebiet gebracht hatte.

„Ich beglückwünsche Sie zu diesem Empfang", begann Lo von Neuem, als der bestellte Tee kam. „Der Abend war wirklich sehr angenehm und erinnerte mich an unsere verrückte Jugendzeit in der Hauptstadt."

Di konnte sich nicht daran erinnern, dass sich seine „verrückte Jugend" in den üblen Gegenden von Chang-an abgespielt hätte, die Lo mit anderen seinen Bekannten besucht haben musste. Er besann sich auch nicht, jemals in seiner Jugend so verrückt gewesen zu sein, dass er sich erlaubt hätte, Prostituierte zweiter Klasse zu frequentieren; vor allem nicht, um sich dann über sie lustig zu machen. Plötzlich fragte er sich, ob er die Person, die ihm da gegenüber saß, wirklich kannte? Konnte es sein, dass es sich hier um eine Namensverwechslung handelte? Hatte er einen ihm unbekannten Lo eingeladen, der eventuell häufig mit einem anderen Di von sittenlosem Lebenswandel zusammengetroffen war? Sein Freund hatte sich seit jener so weit zurückliegenden Zeit gewaltig verändert. Er hatte beklagenswerte Manien und traurige Manieren angenommen, die er mit einer Nostalgie für eine feurige und viel idealistischere Jugend als sie es in Wirklichkeit gewesen war vermischte. Die Irrtümer seiner rekonstruierten Erinnerungen lieferten diesem Lebemann Vorwände, um sich bei der geringsten Laune wieder im Schlamm suhlen zu können.

Di begriff einen neuen Grundsatz des gesellschaftlichen Lebens: Es war besser zu akzeptieren, dass Freunde sich auch mal unterhalb des Niveaus zeigten, das man im Allgemeinen von ihnen erwartete; vor allem, wenn einem daran lag, die Freundschaft zu bewahren – trotz der Zeit, die verging, was an sich ja schon schwierig genug war.

Hatte Konfuzius nicht auch etwas über Enttäuschungen in Freundschaften gesagt? Sicher, dachte Di und lächelte. Er hatte sich gewiss dazu geäußert. Während der ihm lieb gewordenen Studien hatte er die Schriften des Meisters regelrecht in sich aufgesogen, sodass es ihm unmöglich geworden war auseinanderzuhalten, ob bestimmte Gedanken auf seine eigenen Reflexionen zurückzuführen waren oder ob es sich dabei um einfache Erinnerungen an Texte handelte, die er immer wieder gelesen hatte und von denen er nicht mehr losgekommen war.

Er fühlte sich sehr philosophisch, während er diesen aus seiner Jugend übrig gebliebenen Menschen betrachtete, der im Moment damit beschäftigt war, große Mengen Tee in sich hineinzuschütten, was seinen Weg zur Präfektur nicht gerade erleichtern dürfte.

„Ach, jetzt fühle ich mich besser!“, sagte der dicke Bezirksvorsteher und stellte schließlich seine Schale neben eine leere Teekanne. „Ich glaube, dass Ihre Diener mein Gepäck bereits in den Hof geschafft haben. Jetzt muss ich mich auf den Weg machen, die Pflicht ruft, nicht wahr?“

Als er auf der Veranda stand, drehte er sich mit untröstlichem Ausdruck noch einmal zum Anwesen um: „Schade, jetzt habe ich nicht einmal Zeit gehabt, Ihre lieben Gattinnen zu begrüßen!“

Di entgegnete, dass er dies an seiner Stelle übernehmen würde und sagte sich gleichzeitig, dass der gute Mann nicht einmal die kleinen Ausgaben für den gestrigen Abend beglichen hatte. Die Gefährtinnen des Dichters hatten scheinbar einen wesentlich ausgeprägteren Sinn für Opferbereitschaft als die seinen.

Lo war auch in keiner Weise auf etwaige Erinnerungen an die enthauptete Leiche eingegangen, die wohl nur bruchstückhaft im Nebel seines Hirns herumschwirrten. Bevor er den Vorhang seiner Equipage vorzog, fand er es angebracht, einen Scherz über „die scharfen Gepflogenheiten“ zu machen, die man in den Freudenhäusern dieser Stadt vorfände, was durchaus doppeldeutig zu verstehen war. Lo machte es sich leicht: Das Ganze würde für ihn eine weitere Anekdote sein, geeignet, den Präfekten und dessen Gäste zu zerstreuen.

Er musste den rätselhaften Fall ja auch nicht lösen und den Mörder dingfest machen, der in den Absteigen Puyangs seinen Opfern den Hals abschnitt. Di entgegnete höflich zum Abschied, dass der Besuch seines alten Jugendfreunds seine Seele erfreut habe und er es bedauere, dass die Besuche so selten vorkamen.

„Vielen Dank für die liebenswürdige Einladung!“, antwortete Lo und neigte den Kopf. „Es wird mir ein großes Vergnügen sein, Ihr schönes Heim wieder aufsuchen zu dürfen, wenn der Präfekt mich von meinen Verpflichtungen freigestellt haben wird."

Di traute seinen Ohren nicht, denn er hatte Lo keinesfalls explizit eingeladen, so bald zurückzukommen. Er verneigte sich trotzdem zum Zeichen der Dankbarkeit, dass jener so spontan angenommen hatte. Lo schloss den Vorhang, und sein Kutscher trieb das Pferd an, das die leichte Kutsche aus dem Hof zog. Sein Gastgeber hoffte, dass es nicht zu allzu häufigen Besuchen seines alten Kameraden kommen würde – in diesem Fall wäre der einzige Ausweg aus seinen häuslichen Problemen eine aufsehenerregende Dreifachscheidung …

Di legte nun seine zeremonielle grüne Richterrobe an und setzte seine schwarze Flügelkappe auf. Dann ging er über den Hof, um das Gerichtsgebäude zu betreten, in dem die Sitzung stattfinden sollte. Ein Schreiber bediente den Gong, um die Eröffnung der ersten Anhörung anzukündigen. Di sah mit Befriedigung, dass die Bordellvorsteherin im hinteren Bereich des Saals saß, was dennoch nicht verhindern konnte, dass sie reichlich auffiel: Ihre Kleidung war einfach zu bunt, und ihre Frisur für die Situation etwas zu kunstvoll, was durch einen kleinen Strohhut mit rotem Band noch gesteigert wurde. Es schien, als waren Frauen dieses Berufszweiges unfähig, ohne eine gewisse Vulgarität auszukommen. Eigentlich hätten sie, sobald sie ihr Etablissement verließen, ihr Äußeres grundlegend verändern müssen, doch das überschritt scheinbar entschieden ihre Fähigkeiten. Dessen ungeachtet war Di dankbar, dass sie seiner Aufforderung gefolgt war – trotz dieser Nacht, die ebenso lang wie unruhig gewesen sein musste, da zu ihren gewöhnlichen Pflichten das allgemeine Durcheinander aufgrund des bedauerlichen Vorfalls hinzugekommen war.

Ihm wurde klar, dass er versäumt hatte, sie nach ihrem Familiennamen zu fragen. Deshalb wandte er sich an seinen

Ersten Schreiber: „Fragen Sie diese Dame dort hinten wegen der Formalitäten nach ihrem Namen.“

„Das ist nicht nötig, nobler Herr Richter“, antwortete der Gerichtsdiener. „Es handelt sich um Frau Yu vom gleichnamigen Etablissement.“

Di war überrascht festzustellen, dass sein Untergebener den genauen Namen einer Bordellbetreiberin kannte, ließ sich aber nichts anmerken. Zunächst wurden ihm die laufenden Fälle vorgelegt; der Richter war bemüht, sie zurückzustellen. Man hatte vor, ihn mit einer Streitsache von entmutigender Banalität zu Tode zu langweilen, bei der es um landwirtschaftlichen Besitz ging. Er erklärte, dass er diesbezüglich noch nicht endgültig entscheiden könne, da ein sehr viel bedeutenderes Problem aufgetreten war, und das im Moment seine ganze Aufmerksamkeit erfordere. Die Kläger kehrten enttäuscht zu ihren Sitzplätzen auf ihrer Bank zurück.

Nachdem im Saal wieder Ruhe eingekehrt war, wandte sich Di nach rechts: „Protokollführer“, sagte er, „notieren Sie bitte, dass das Gericht von Puyang die Strafverfolgung eines Mannes unbekannter Identität aufnimmt, der sich in der vergangenen Nacht Zutritt zum Haus der Begegnungen von Frau Yu verschafft hat, das an der Grenze der östlichen Stadtviertel in der Nähe des Flusses liegt, um dort einen noch nicht identifizierten ehrbaren Besucher zu ermorden, und zwar vor den Augen und im Zimmer einer Hostess, in deren Begleitung sich Letzterer in jenem Moment befand.“

In gewisser Weise handelte es sich um einen „Fall X gegen Fall X“. Das Publikum im Saal begann zu flüstern, erstaunt, dass in dieser Nacht eine solch schreckliche Untat innerhalb der Stadtmauern hatte verübt werden können. Di erteilte den Bütteln daraufhin den Auftrag, die Leiche zu holen und in das Gerichtsgebäude zu schaffen. In einer weiteren Verfügung bestellte er den Leichenbeschauer ein, um den Toten einer sorgfältigen Untersuchung zu unterziehen. Dabei sollte vor allem festgestellt werden, welche Waffe verwendet worden war. Falls möglich, sollten auch Name und Stand des Opfers geklärt werden. Um den Schleier über der Identität des Toten zu lüften, beschloss Di, seine Personenbeschreibung verbreiten zu lassen – mit den Informationen, die er in Abwesenheit des Kopfes hatte feststellen können – und erwartete, dass ohnehin jemand käme, um das Verschwinden einer Person anzuzeigen.

Abschließend kündigte er den Bürgern Puyangs an, dass ihr Richter nun vor Ort weiter nach wichtigen und hilfreichen Hinweisen suchen werde, um den Täter ohne große Verzögerung überführen zu können. Es war wichtig, der Bevölkerung zu versichern, dass kein Kapitalverbrechen ungesühnt bliebe. Niemand durfte die kaiserlichen Gesetze verletzen, ohne unverzüglich die Konsequenzen dafür zu tragen. Er musste auch unbedingt deutlich machen, dass der ranghöchste örtliche Beamte es nicht zulassen würde, dass ein solcher Fall ungelöst blieb, um das öffentliche Vertrauen in „den Vater und die Mutter des Staates" aufrechtzuerhalten.

In Wirklichkeit hätte Di sehr gern sämtliche landwirtschaftliche Streitsachen des Bezirks gegen eine einzige mysteriöse Enthauptung eingetauscht. Man musste ihn also nicht dazu zwingen, diese Art Untersuchung vorzuziehen; so etwas bildete ja die Würze, den Kern und auch den Lohn seines Berufes. Di erklärte die Sitzung für beendet und verließ den Saal, um sich mit dem energischen Schritt eines Botschafters vor den Augen des Publikums, das sich immer noch nicht von der Überraschung erholt hatte, zu seiner Sänfte zu begeben.

Die Träger durchquerten nun erneut mit ihm die Stadt in die Richtung des Rotlichtviertels. Bei Tageslicht sah dieser Ort mit seinen einstöckigen Häusern, die mit kleinen Balkons ausgestattet waren, auf denen sich die Schönen den Gaffern zeigten, nahezu reizend aus. Die meisten Fassaden waren recht adrett und mit Blumen geschmückt. Vor allem die dem Fluss elegant zugeneigten Weiden trugen dazu bei, den ländlichen und unschuldigen Eindruck des Vorortes zu betonen.

Zwei Gerichtsbüttel sperrten den Eingang des Anwesens ab, so wie Di es angeordnet hatte. Eine kleine Gruppe Neugieriger beobachtete diesen ungewöhnlichen Vorgang, in der Hoffnung, den Schergen einige Auskünfte zu entlocken, die in Wirklichkeit auch nicht mehr wussten als sie selbst. Die bewaffneten Männer traten bei der Ankunft des behördlichen Transportmittels beiseite, an dem nun wieder die Fahnen und Wimpel angebracht waren, die Di für seinen letzten Besuch hatte abnehmen lassen. So erreichte man die Veranda, und auch die Mietsänfte der Bordellbetreiberin traf in diesem Moment ein. Der Beruf der Insassin war unschwer erkennbar: Sie hielt in ihrer rechten Hand einen Schirm in der gleichen schreienden Farbe wie ihr Kleid, der über ihrem Haupt schwebte wie ein Markenzeichen für die Art ihres Gewerbes.

Frau Yu stand auf und ging ziemlich steif auf den Richter zu. Die Frau sah alles andere als zufrieden aus. „Ich muss Eure Exzellenz um etwas ersuchen", kündigte sie an, als sie sich am Ende der Treppe auf einer Höhe mit ihm befand.

Sie verzog das Gesicht wegen der Gerichtsbüttel, die das Tor bewachten – es erzeuge eine abschreckende Wirkung auf die Passanten. Klatsch würde sich im Viertel breitmachen; die Geschäfte eines ehrbaren Betriebes, über den sich bisher noch nie jemand beschwert hatte, würden verdorben.

„Wie Sie wissen, edler Herr Richter, ist unser Beruf ja nicht gerade einfach", begann sie, als spreche sie von den Schwierigkeiten im Leben einer Konditorin, die im Morgengrauen aufstehen musste, um ihre Reiskuchen herzustellen. „Bisher ist es mir gelungen, mein Haus gegen Wind und Wetter, gegen alle Widerstände am Laufen zu halten; und nun sind wir der Gnade eines übel riechenden Zephirs* ausgeliefert. Die Konkurrenz ist hart und verhält sich nicht immer fair. Unsere ehrenwerten Kunden dürfen auf keinen Fall den Eindruck erhalten, dass sie ihren Kopf riskieren, wenn sie uns besuchen …"

* Zephir ist eine Windgottheit der griechischen Mythologie.

Di entgegnete, dass er ihre geschäftlichen Sorgen für absolut berechtigt hielt. Er versprach ihr, die Wachen abzuziehen, sobald er seine Untersuchungen im Garten und am Tatort abgeschlossen habe. Die Matrone verneigte sich zufrieden, auch wenn auf ihrem Gesicht – deutlich betont durch ihre Müdigkeit – immer noch der verkniffene Ausdruck des Verdrusses einer überlasteten Geschäftsfrau lag.

Der Richter machte sich erneut an die Besichtigung der entsprechenden Orte. Einer der Schergen versicherte ihm, dass man – als man die Leiche abgeholt habe – die Siegel in ordnungsgemäßem Zustand vorgefunden habe. Di erklärte, dass *Pfirsichblüte* ihr Zimmer wieder beziehen könne, sobald er dort eine letzte Überprüfung vorgenommen habe. Aber natürlich erst dann, wenn man so viel Feinfühligkeit habe walten lassen, ihre Betttücher zu wechseln und die roten Flecken zu entfernen, die eventuelle peinvolle Erinnerungen hervorrufen könnten. Die Blutspuren führten eindeutig nach draußen, und zwar zunächst zum Fenster, dessen Umrandung verschmiert war, und dann setzten sie sich im noch regennassen Laub fort, das die Allee bedeckte.

Di stellte sich diese Art morbides Phantom vor, an das der Täter erinnert haben musste, mit seiner düsteren Trophäe unter dem Arm, die noch blutige Waffe in der anderen Hand, wie ein Grauen erregender Schatten, der zwischen den düsteren Baumsilhouetten umherirrte, die sich vor dem nächtlichen Himmel abzeichneten, die Augen womöglich blutunterlaufen – so hatte es die einzige Zeugin des Dramas ausgesagt. Das Ganze ergab eine Szene, würdig jener fantastischen Erzählungen für Leser, die den Nervenkitzel liebten.

Der Richter stieg aus dem Fenster, dicht gefolgt von einem Teil des Personals. So bildeten sie ein merkwürdiges Gefolge, und Di ging daran, nach Spuren in den Beeten zu suchen. Ideal wäre natürlich gewesen, wenn man den Kopf des Toten fände. Di machte sich aber keinerlei Illusionen in dieser Hinsicht: Warum hätte sich der Mörder die Mühe machen sollen, ihn mitzunehmen – was an sich schon ziemlich absurd war –, um ihn dann irgendwo unterwegs fallen zu lassen? Er hoffte nur, dass er nicht mit einem Sammler zu tun hatte, der beschlossen hatte, seine lieben Mitbürger mit dem Beil zu zerhacken, um sich einen Altar aus abgeschlagenen Köpfen zu errichten. Vor allem, weil der Kopf eines Untersuchungsrichters in dieser Vorstellung sicherlich als kostbares Stück gelten würde.

Plötzlich machte Di eine Kehrtwende und wandte sich an die ihm Nachfolgenden, die hiervon überrascht nicht mehr die Zeit fanden, rechtzeitig vor ihm zurückzuweichen.

„Lassen Sie mich doch in Frieden", rief er ihnen barsch zu, „Sie zerstören alle Indizien. Glauben Sie, dass die Justiz ein Zirkus ist?"

In Wahrheit war sie das ganz zweifellos – mit ihren Rhetorikspielchen und Kraftmeiereien –, aber nichtdestotrotz musste man den Gaukler seine Nummer ja auch unter annehmbaren Bedingungen vorführen lassen. Das Personal des Hauses wich respektvoll einige Schritte zurück, um weiter jede kleinste seiner Gesten zu beobachten, wenn auch man so tat, als wolle man nicht stören. Di hob die Augen zum Himmel. Die ehrfürchtige Bewunderung der unwissenden Menge war ihm nicht fremd, sie gehörte zu seinem Beruf.

Zahlreiche Fenster, die zu den Zimmern der jungen Damen gehörten, waren geöffnet, und zwar sowohl rechts als auch links von demjenigen, durch das er ausgestiegen war. Der Mörder konnte also genauso gut durch eines dieser Fenster in ein x-beliebiges anderes Zimmer eingedrungen sein. Hatte er eines davon mit Absicht gewählt, und falls ja, nach welchem Kriterium? War er gekommen, um eine junge Prostituierte zu ermorden und hatte er sich dann auf deren Kunden gestürzt, was in seinem ursprünglichen Plan gar nicht vorgesehen gewesen war? Oder hatte er von Anfang an das Ziel verfolgt, seinem Opfer die Kehle durchzuschneiden, wobei die junge Frau zur unvermeidlichen Zeugin eines Mordes geworden war, der so geplant gewesen war? Nur ein Verrückter wäre zufällig dort eingedrungen, um aufs Geratewohl irgendjemanden abzumurksen. Es war wohl sinnvoll, bei den Klöstern nachzufragen, die Geisteskranke aufnahmen, ob sich irgendein potenziell gefährlicher Bewohner während der vergangenen Nacht davongemacht hatte.

Di wollte zunächst *Pfirsichblüte* zu ihrer Herkunft befragen, wollte wissen, auf welche Art und Weise sie in dieses Haus gekommen war. Auch interessierte ihn, wie sie in den Besitz der hübschen und wertvollen Puppe gelangt war. Er drehte sich spontan zu der Gruppe der Neugierigen um, in deren Mitte sich auch die Besitzerin des Hauses befand, und teilte ihr sein Anliegen mit.

Die Frau erklärte, dass „die Kleine“ nicht verfügbar sei, weil sie während der ganzen Nacht kein Auge zugetan habe. Als sie endlich eingeschlafen sei, wurde sie bereits kurze Zeit später und dann jede weitere halbe Stunde wieder wach, weil sie von schrecklichen Alpträumen geplagt worden sei. Am Morgen habe die Patronin dann nach dem Hausarzt geschickt, um *Pfirsichblüte* einen Beruhigungstrank zu verordnen, der endlich geholfen habe. Deshalb schlage sie mit Bedauern vor, das Mädchen ihrem Heilschlaf zu überlassen, in den sie nach so langem Bemühen endlich gefallen sei.

Di brachte es tatsächlich nicht übers Herz, sie grausam aufzuwecken, um sie einem mühseligen Verhör zu unterziehen, zumal es gewiss nicht einfach sein würde, einer noch unter Schock stehenden Person jene wichtigen Auskünfte zu entlocken, die er sich von ihr erhoffte. Er überließ sie deshalb ihren schlimmen Träumen, trug aber der Bordellbesitzerin auf, mit dem Mädchen in jedem Fall zur Abendsitzung zu erscheinen, was Frau Yu versprach. Langsam gewöhnte sie sich an den Gedanken, zweimal am Tag vor dem Yamen erscheinen zu müssen. Es war aber mehr als sicher, dass ihre nächsten Besuche vor Gericht sehr viel diskreter sein würden als der vergangene. Eine solche Gewissenhaftigkeit war ebenso wenig gute Werbung für ihren Betrieb, zumal die ganze Stadt sehr bald erführe, dass in ihrem Haus ein Mord passiert war. Die Kunden eines solchen Etablissements schätzten es nicht, wenn ihre Gastgeber regelmäßig persönlich mit der Polizei in Kontakt standen, selbst wenn Zuhälter und Prostituierte de facto zu den unverzichtbaren Informationsquellen bezüglich verborgener Sitten und Laster zählten.

Di zog sich nun zurück, nicht ohne vorher – zur großen Erleichterung der Besitzerin – angeordnet zu haben, dass die vor dem Eingang postierten Wachen sich entfernten. Frau Yu fragte sich, ob ihr Haus bald wieder die notwendige Ruhe genießen würde, die für eine gute Entwicklung ihres ehrbaren Gewerbes unentbehrlich war.

V

Di sucht einen Verrückten und findet eine Witwe.

Nachdem er wieder ins Yamen zurückgekehrt war, wollte Di den Hauptmann der Gerichtsbüttel rufen lassen, um den Bericht über den Überwachungsauftrag, den er ihm erteilt hatte, zu hören. Sein Erster Schreiber, der äußerst verlegen wirkte, erklärte, dass der entsprechende Mann an diesem Morgen nicht auf seinem Posten erschienen sei. Man habe vermutet, dass er nach einer reichlich feuchtfröhlichen Nacht bei sich zu Hause seinen Rausch ausschlafe; deshalb habe man einen Boten geschickt, um ihn an seine Pflichten zu erinnern. Die Antwort ließe auf sich warten. Zweifellos sei er noch immer damit beschäftigt, sich so weit herzurichten, dass er sich wieder unter zivilisierten Menschen sehen lassen könne. Es sei wohl zu erwarten, dass er mit heftigen Kopfschmerzen und in erbärmlichem Zustand auftauchen werde.

Zu jeder anderen Zeit hätte Di dem pflichtvergessenen Schergen eine strenge Verwarnung erteilt, vielleicht sogar die Entlassung ausgesprochen und überdies eine kurze Gefängnishaft verfügt, um ihm die nötige Disziplin beizubringen. Doch in diesem bestimmten Augenblick neigte er zur Milde, vielleicht auch wegen der Vorkommnisse der vergangenen Nacht, als er sich selbst an einem Ort aufgehalten hatte, den man aus Schicklichkeit nicht vor anständigen Damen nannte. Und dieser Mann hatte – alles in allem – nichts Schlimmeres getan als Di selbst.

Vielleicht hatte auch sein Hauptmann aus Gründen der Gastfreundlichkeit dessen Pflichten einem angeblichen – und wirklich lästigen – Freund opfern müssen, der völlig unvermutet über ihn hergefallen war und ihm sowohl sein Familienleben als auch seinen Magen verdorben hatte?

Di verbrachte einen Teil des Morgens damit, Boten in die verschiedenen Klöster der Umgebung zu entsenden, die bekanntermaßen aus dem Gleichgewicht gebrachte Leute aufnehmen, deren Familien sie auf diskrete Weise hatten loswerden wollen. Er fasste seine Sorgen in einem Brief zusammen, in dem er die Äbte bat, ihn über Fälle zu informieren, in denen einer ihrer Bewohner – ihn interessierten nur jene mit einer Neigung zur Gewalttätigkeit, nicht die Geistesschwachen oder Phlegmatiker – geflohen sei oder die Möglichkeit gehabt hätte, die Nacht in der Stadt zu verbringen. Er hoffte, dass dieser Brief – zehnmal von seinem Sekretär kopiert – ihm den Namen des Schuldigen auf dem Silbertablett servieren würde. Dies war natürlich die optimistischste Variante von allen.

Dann schickte er seine Büttel aus, um die Bewohner des Weidenviertels zu befragen. Sie sollten sich erkundigen, ob man dort ein verdächtiges Subjekt bemerkt habe, zum Beispiel einen Amokläufer, der mit einer scharfen Waffe und einem Sack unterwegs gewesen sei, in dem ein abgeschnittener Kopf hätte verstaut werden können. Vielleicht lohnte es sich, mehr auf den Scharfsinn des Normalsterblichen zu setzen, als auf ein entscheidendes Ergebnis seiner Untersuchung zu hoffen.

Anschließend konzentrierte er sich auf ein prosaischeres Projekt. Wie konnte er sich mit seinen Gattinnen wieder versöhnen, die seine Eskapaden verletzt hatten? Das erste Mittel, das ihm in den Sinn kam, war, in der Stadt irgendeine neckische Kleinigkeit zu kaufen, die ihm ihre Vergebung für seine vermeintlichen Abwege einbrächte. Er hatte keine andere Wahl, als sich demütig zu zeigen.

Der verletzte Stolz seiner drei besseren Hälften würde keinerlei Diskussion mehr verkraften. Er konnte ihre Denkweise ja auch verstehen. Wenn er sich bemühte, gelang es ihm sogar, sich an ihre Stelle zu versetzen. Die Tatsache, dass er professionelle Dienerinnen fleischlicher Lüste aufgesucht hatte, musste seine Frauen beleidigt haben, musste Unzufriedenheit erzeugt haben, zumal er keinen Grund hatte, sich gerade in diesem Bereich zu beklagen.

Er war keiner von den Männern, die das Bedürfnis hatten, Abenteuer zu sammeln. Das regelmäßige und sehr organisierte Beisammensein mit seinen Lebensgefährtinnen genügte ihm, um seine Sinne zu befriedigen, wobei er sich in strikter Übereinstimmung mit den konfuzianischen Lehren wusste, deren treuer Anhänger er war. Demzufolge musste es für Frauen, deren Leben von den Prinzipien bürgerlichen Anstandes bestimmt wurde, sehr unangenehm sein, ihrem Gatten dabei zuzusehen, wie dieser rechts und links anbandelte und so die ohnehin bestehende Kluft noch vertiefte – zwischen dem Stand des Mannes, des absoluten Herrn des Hauses, und dem der Frau, seiner Untergebenen mit dem einzigen Lebenszweck, ihm das Dasein so weit wie möglich zu erleichtern.

Sicherlich waren die bescheidenen Möglichkeiten des schönen Geschlechts unter der Regierung der Tang-Kaiser etwas erweitert worden, die toleranter waren als die meisten ihrer Vorgänger anderer Dynastien. Doch die Gemahlinnen von Richter Di hatten davon kaum profitiert. Sie beanspruchten weder das Recht, allein auszugehen oder Besuche zu empfangen, noch, mehr oder weniger unschuldige Beziehungen zu pflegen, die er ihnen nur schwer hätte verweigern können. Umso schwieriger war es unter diesen Umständen für sie, ihrem Gatten zuzugestehen, dass er sich vor ihrer Nase Ausschweifungen hingab. Um das seelische Gleichgewicht in seinem Hausstand wiederherzustellen, war es also unerlässlich, dass dieser Vorfall schnellstmöglich wieder vergessen wurde.

Di zog erneut seine grüne Robe an und begab sich in den Audienzsaal, dessen Tore bereits weit geöffnet waren, um die Menge einzulassen, die sich für diesen sensationellen Fall interessierte. Der Erste, der nach vorne kam, war der Leichenbeschauer, ein älterer Mann mit langem weißem Bart, den Di gut kannte: Er war seit seiner Bestallung in Puyang auch sein persönlicher Hausarzt, was aber nicht allzu viel bedeutete. Denn Di hatte sich zeitlebens selbst zum medizinischen Berufsfeld hingezogen gefühlt und war es deshalb auch gewohnt, sich im Bedarfsfall mithilfe seines rudimentären Heilwissens zu behandeln, das er sich mit großem Interesse angeeignet hatte. Dies genügte im Allgemeinen auch, um mit kleineren Beschwerden, die seine Gesundheit beeinträchtigten, fertig zu werden.

Der Mann kniff die Augen zusammen, um den Richter anzusehen. Dass er kurzsichtig war, tat seinen beruflichen Fähigkeiten keinen Abbruch. Er war für seine Unbestechlichkeit bekannt, und der Richter wusste, dass er seinen sorgfältigen Befunden vertrauen konnte, vor allem den Obduktionen, weshalb er für Di zu einem wertvollen und unverzichtbaren Helfer geworden war.

Weil der Hals des Toten mit einem einzigen Hieb zwischen dem dritten und vierten Wirbel durchtrennt worden war, vermutete der Leichenbeschauer, dass als Tatwaffe entweder ein sehr großes Beil oder aber ein hervorragend gearbeitetes und gepflegtes Schwert verwendet worden war. Eine derartige Waffe konnte des Nachts in den Straßen dieser ruhigen Stadt nicht unbeobachtet geblieben sein und war für niemanden von einem Tag auf den anderen zu beschaffen. Es handelte sich um einen teuren, sperrigen und auffälligen Gegenstand. Man konnte hier also von einem vorsätzlichen Mord ausgehen. Derjenige, der diese schwere Waffe am Gürtel getragen hatte, hatte sie wohl kaum für einen Spaziergang im Mondschein – und noch dazu bei Regen! – in den örtlichen Wäldern angelegt.

Di bedankte sich bei dem Leichenbeschauer für dessen aufschlussreiche Ausführungen und veranlasste, dass die Bordellinhaberin in der ersten Reihe Platz nahm, ebenso das junge Mädchen, das mit ihr gekommen war. So wie es alle taten, die vor Gericht geladen wurden, kniete sich *Pfirsichblüte* auf die Steinfliesen vor dem Podium, auf dem sich der mit einer roten Decke geschmückte Richtertisch befand.

„Die armselige Person, die hier vor Ihnen kniet, hört auf den Namen *Pfirsichblüte*", begann sie. „Sie fleht Eure Exzellenz an, nicht darauf zu bestehen, dass sie ihren Familiennamen in aller Öffentlichkeit ausspricht, denn es handelt sich um einen, der früher in der Stadt Puyang recht angesehen und bekannt gewesen ist."

Di wollte von ihr vor allem erfahren, auf welche Weise sie im Haus von Frau Yu gelandet war.

„Wir können die Möglichkeit nicht ausschließen, dass der Mörder Ihretwegen gekommen ist und sich lediglich auf Ihren Freier gestürzt hat, um sich Ihrer Person zu bemächtigen", sagte er. „Nachdem er versucht hat, Sie zu erwürgen, ist er entweder gestört worden oder er hielt Sie bereits für tot."

Bei diesen Worten erlitt das Mädchen einen Schwächeanfall, und Unruhe machte sich im Saal breit. Man glaubte, sie sei vor Schreck ohnmächtig geworden.

Einer der Gerichtsbüttel beeilte sich, ihr beizustehen.

„Beruhigen Sie sich", fuhr der Richter fort, „die Kaiserliche Justiz wird sich mit Ihrem Fall befassen. Sie stehen ab sofort unter ihrem Schutz, es wird kein Anschlag mehr auf Sie verübt werden. Die schützende Hand des Himmelssohnes ruht seit meinem Eingreifen auf Ihnen. Wenn jetzt jemand etwas gegen Sie unternähme, würde er die Autorität des Staates beleidigen. Es wäre ein großes Unglück für denjenigen, der es wagte."

Etwas beruhigt durch diese optimistischen Worte erklärte sie bedächtig nach einer kleinen Weile – wobei sie immer wieder Pausen einlegte, weil sie offenbar nach Worten suchte –, dass sie die jüngste Tochter einer ehrbaren Familie sei, die Schicksalsschläge erlitten habe.

Di warf der Bordellherrin einen schnellen Blick zu, deren ausdrucksstarkes Gesicht lebhafte Züge der Zustimmung zeigte. Er fragte sich, ob das junge Mädchen eventuell lediglich Sätze wiederholte, die die beiden Frauen im Vorhinein für ihren Auftritt vor Gericht miteinander abgesprochen hatten.

Er war so sehr daran gewöhnt, sich die größten Lügen anzuhören. Respekt vor dem Gesetz und Wahrheitsliebe schienen nahezu niemanden mehr anzutreiben, der erst einmal die Schwelle des Gerichtssaales überschritten hatte; das kam einer Beleidigung der Grundlagen des Reiches gleich. Abgesehen davon – was hatte er anderes von dieser Unglücklichen erwartet, als die Geschichte einer ins Elend gestürzten Familie, die gezwungen war, sich nutzloser Mäuler zu entledigen, zugunsten jener, die sich ihrer gern annahmen? Konnte er glauben, dass es so ein hübsches und zerbrechliches Geschöpf wagte, ihm einen Roman aufzutischen, in der Ehrfurcht gebietenden Atmosphäre dieses Saals, der mit offiziellen Symbolen und Leitsprüchen zur Verherrlichung des Kaisers ausgestattet war? Er dankte ihr für ihre leidvollen Ausführungen und ging zu einem anderen Thema über.

„Ich werde Ihnen jetzt eine Frage stellen, die Ihnen abwegig vorkommen wird, was den Fall anbelangt, mit dem wir uns hier beschäftigen. Ich bitte Sie jedoch, genauso offen und ehrlich darauf zu antworten, wie Sie es bisher getan haben, und verspreche Ihnen, dass nichts davon, was Sie aussagen, gegen Sie verwendet wird, wenn Sie absolut ehrlich sind. Vergessen Sie nicht, dass Ihr Richter alles weiß und auch alles überprüfen kann, wenn er das wünscht. Man hält das allwissende Auge der Kaiserlichen Justiz nicht ungestraft zum Narren!“

Für eine einfache Frage war dies eine reichlich lange Einleitung gewesen. Die Zuhörerschaft hielt den Atem an. Jeder fragte sich, welches niederträchtige Geheimnis diese arme Kleine hüten mochte.

Die Überraschung war komplett, als Di sie schlicht darum bat, ihm zu sagen, wie sie in den Besitz jener bezaubernden Puppe gelangt sei, die er auf ihren Kleidertruhen entdeckt und bewundert hatte. Es schien ihm, dass „ihre ehrbaren, ins

Elend gestürzten Eltern“ doch zunächst diese Art von Gegenstand verkauft haben mussten, bevor sie sich von ihrem geliebten Kind getrennt hatten. Diese Puppe durfte gewiss ein Viertel dessen wert sein, was eine schmutzige Zuhälterin zu bezahlen bereit gewesen war, um das Mädchen aus ihrem zu Hause zu reißen. Er ließ sich das Ganze nochmals durch den Kopf gehen, und die entrüstete Miene der Matrone sagte ihm, dass er genau jene Art schmutzige Zuhälterin vor sich hatte.

Etwas unvorbereitet auf diese Frage, zögerte das Mädchen mit der Antwort, was den Richter in der Annahme bestärkte, dass sie irgendetwas zu verbergen hatte.

Vor allem, als sie jäh eine Bewegung machte, um sich zu ihrer Herrin umzudrehen, wurde ihm klar, dass es eine Art Absprache zwischen den Beiden gab. Es wäre ihr lieber gewesen, wenn die Matrone ihr die Antwort zugeflüstert hätte. Wie konnte eine solch scheinbar harmlose Frage sie in eine derartige Verlegenheit bringen? Di spürte, dass er auf der richtigen Spur war – als hätten die Götter oder Konfuzius persönlich seine Intuitionen geleitet.

„Antworten Sie ohne Angst“, fuhr er fort. „Wenn Sie diesen Gegenstand gestohlen haben, verspreche ich Ihnen, dass sich das Gericht verständnisvoll verhalten wird. Wir werden uns darauf beschränken, ihn wieder seinen rechtmäßigen Besitzern zurückzugeben, ohne Ihnen Schmerzen zu bereiten oder eine Strafe aufzuerlegen, angesichts Ihres bereitwilligen Geständnisses.“

Er schwieg, weil er befürchtete, ihr zu einer einfachen Antwort zu verhelfen, auf die sie natürlich auch selbst hätte kommen können, wenn sie auch nur ein Deut Einfallsreichtum besessen hätte: Zum Beispiel, dass sie die Puppe von einem ihrer Kunden als Geschenk erhalten hatte. Absolut hilflos und unfähig, sich unter dem strengen Blick des Richters zu sammeln, antwortete das junge Mädchen mit schüchterner

Stimme, dass sie diese Puppe ganz legal besäße, die ihre Eltern, als es ihnen noch gut gegangen sei, für sie gekauft hätten.

Die Antwort überraschte den Richter enorm. Er warf der Bordellinhaberin einen Blick zu, die von diesen Worten wenig erbaut schien. Dass sich die Töchter von Bauern oder niederen Handwerkern prostituierten, war nichts Besonderes. Seltener traf man in Bordellen Töchter aus besseren Häusern an, denen jeder erdenkliche Luxus geboten worden war. Zu sehen, dass auch Mädchen aus bürgerlichen Familien in der Gosse landeten, war auf gewisse Weise schockierend. Er war natürlich der einzige, der dieser Art reagierte – die anderen Anwesenden hatten das Spielzeug ja nicht gesehen, von dem die Rede war.

„Aha“, sagte er. „Dann waren Ihre Eltern damals also noch gut situiert?“

„Ja, edler Herr Richter.“

„Sie müssen also ihr ganzes Vermögen verloren haben, sonst wären Sie wohl nicht in dem Etablissement von Frau Yu gelandet, das wohl kaum dazu berufen ist, die Töchter der guten Gesellschaft aufzunehmen.“

Wieder zögerte das Mädchen mit der Antwort. Was mochte sie verbergen? Di wusste im Moment nicht, wie er das herauskriegen sollte. Es sah so aus, als führe die Frage nach der Puppe zu einer anderen, viel wichtigeren, die des Rätsels Lösung beinhaltete.

„Wir haben tatsächlich alles verloren“, antwortete sie nun und senkte den Blick. „Bis hin zu unserer Würde, fürchte ich.“

Nichts davon konnte Di so recht zufriedenstellen. Hinter ihren Worten verbarg sich ein Geheimnis, das er sich schwor, bei der erstbesten Gelegenheit zu lüften. Für den Moment glaubte der Richter nicht daran, dass er von dieser Zeugin noch etwas erfahren würde, die wieder kurz davor zu sein schien, zusammenzuklappen. Er bedeutete ihr, dass sie sicherlich noch einmal vorgeladen würde und sich zur Verfügung des Gerichts halten müsse, dann machte er ihr ein Zeichen, sich einstweilen zu setzen. Kaum hatte sie ihren Platz auf der Bank neben ihrer angesichts des Endes der Befragung sichtlich erleichterten Herrin wieder eingenommen, als eine Dame reiferen Alters nähertrat, um sich ebenfalls vor dem Podium niederzuknien.

Ihre grau melierten Haare waren zu einem simplen Knoten hochgesteckt, das schlichte und einfarbige Kleid und die zerrissenen Schuhe wiesen sie als recht einfache Frau aus dem Volk aus.

„Diese armselige Person, die vor Ihnen steht …“, begann sie, unterbrach sich aber sofort wieder, um offenbar nach den richtigen Worten zu suchen. „Mein Mann Hsueh Xan, der die Ehre gehabt hat, schon unter den fünf Richtern zu dienen, die vor Ihnen im Amt waren …“ Wieder stocke sie, wohl aufgrund der Aufregung, die ihr Auftritt vor all diesen Leuten auslöste.

Di ermutigte sie, sich zu sammeln und zu beruhigen, um ihm dann klar den Grund für ihr Anliegen vorzutragen. Die Frau sah auf den Boden, atmete tief durch und setzte dann erneut an, diesmal fast ohne Atem zu holen. Zunächst erklärte sie, dass ihr Mann verschwunden sei. Als sie an diesem Morgen aufgestanden sei, habe sie seine Abwesenheit bemerkt. Er war schon am Abend zuvor nicht erschienen, weshalb sie geglaubt habe, dass er wegen seiner Arbeit außer Haus aufgehalten worden sei. Doch dann sei zu ihrer großen Überraschung ein Bote seines Vorgesetzten gekommen, um sich nach seinem Gesundheitszustand zu erkundigen.

Di dachte einen Moment nach.

„Ihr Mann kann sich ja im Prinzip überall befinden“, sagte er dann. „Vielleicht besucht er einen kranken Verwandten? Warum haben Sie gezögert, sein Verschwinden zu melden? Würde es nicht genügen, seinen Arbeitgeber zu informieren, damit dieser sich um einen vorübergehenden Ersatz kümmern kann?“

Nach einem kurzen Schweigen antwortete die Frau, dass sie genau dies soeben getan habe.

„Ich verstehe überhaupt nichts", sagte der Richter verstimmt. „Ist denn der Vorgesetzte Ihres Mannes in diesem Saal anwesend? Um wen handelt es sich?"

Die Frau wirkte vollkommen verwirrt. Die Gerichtsbüttel, die an den Seiten des Podiums standen, schienen die Situation, die sie so irritierte, besser zu verstehen. Sie machten merkwürdige Kopfbewegungen, und Di hatte den Eindruck, als versuchten sie, ihn auf ein Detail aufmerksam zu machen, das ihm offenbar entgangen war.

„Aber, edler Herr Richter ...", fuhr die Frau nun fort. „Sie haben mich nicht verstanden. Sein Vorgesetzter, das sind doch Sie! Mein Mann ist der Hauptmann Ihrer Gerichtsbüttel."

Jetzt ging dem Richter ein Licht auf.

„Ach, dieser Trunkenbold?", rief er aufgebracht. „Wie es scheint, schläft er derzeit irgendwo seinen Rausch aus. Da sollten Sie sich nicht derart beunruhigen, Mütterchen!"

Die Frau setzte eine beleidigte Miene auf. „Wenn es mal vorkommt, dass mein Mann übermäßig trinkt, edler Herr Richter, was selten eintritt angesichts der repräsentativen Aufgabe, die seine Stellung mitbringt, dann kommt er immer nach Hause zurück. Es ist noch nie vorgekommen, dass er am Morgen nicht zur Arbeit erschienen ist."

Di dachte, dass es immer ein erstes Mal gab.

„Wie dem auch sei", fuhr die Frau mit ihrer schüchternen Stimme fort, aus der inzwischen tiefe Besorgnis sprach, „wäre ich nicht so beunruhigt gewesen, wenn nicht heute Morgen von Eurer Exzellenz mit Plakaten eine Suchmeldung verbreitet worden wäre. Zwischen der Beschreibung des Verschwundenen und dem Aussehen meines Mannes gibt es nämlich keinerlei Unterschied. Außerdem hatte ich es für nötig gehalten, ganz offiziell von seiner Abwesenheit Meldung zu erstatten. Er hat mich bisher noch nie so lange ohne Nachricht gelassen, wissen Sie. Bitte, verzeihen Sie mir, wenn ich dadurch Ihre wertvolle Zeit missbraucht habe."

Sie traf Anstalten, sich zu erheben, doch Di gebot ihr mit einer Geste Einhalt. Jetzt schien es interessant zu werden.

„Ich denke, dass sie nicht sein Gesicht sehen müssen, um ihn identifizieren zu können?", fragte er.

Die Frau war sich sicher, dass sie ihn an jeglichem körperlichen Detail erkennen würde, da sie sein Bett schließlich seit mehr als fünfundzwanzig Jahren teile.

Di bat seine Leute, die in einer Zelle des Gerichts abgelegte Leiche herbeizuschaffen. Wenig später trugen sie auf einer Bahre die sterblichen Überreste des Unglücklichen herein, langgestreckt unter einem Tuch, dessen Faltenwurf seine groben Umrisse erkennen ließen.

Die Spannung des Publikums erreichte ihren Höhepunkt, als die Last auf den Fliesenboden gelegt wurde – ein bleicher Arm kam unter dem Leichentuch zum Vorschein und entlockte den Anwesenden Schreie des Entsetzens. Man konnte klar ausmachen, dass der Körper nicht so beschaffen war, wie er es sein sollte: Oberhalb der Schultern kam nichts mehr … Flach lag der Körper auf einer Bambusmatte da. Er sah aus wie eine lebensgroße Marionette, die einen Tempel schmücken sollte, an die nur noch der bereits gestaltete Kopf geschraubt werden musste.

Diese riesige Gliederpuppe, unsichtbar und doch so präsent, stieß den Richter etwas ab; das morbide Interesse, welches das Publikum ihr entgegenbrachte, widerte ihn sogar geradezu an. Di war nicht der Ansicht, dass man ihn in sein Amt berufen hatte, um auf diese Art für die Unterhaltung seiner Untergebenen zu sorgen. Aber das Gesetz verpflichtete ihn nun einmal unmissverständlich, Sitzungen und Anhörungen in aller Öffentlichkeit abzuhalten, sodass alle, die daran teilnehmen wollten, dies auch tun konnten. Er hatte keine andere Wahl: Diese makabre Demonstration musste stattfinden, wenn er seine Ermittlungen vorantreiben wollte.

Di ordnete an, das Leichentuch bei den Füßen beginnend langsam wegzuziehen. Er wollte nicht mehr enthüllen als notwendig war, um eine Identifizierung zu ermöglichen. Die Frau des obersten Gerichtsbüttel, die zunächst einfach nur entsetzt gewesen war, reagierte immer betroffener, je mehr Teile des Körpers enthüllt wurden. Bereits bei den Füßen fing sie an zu zittern. Die Beine verursachten ihr ein heftiges Schaudern, das Becken bestürzte sie. Als man am Oberkörper des Toten angelangt war, wurde sie ohnmächtig. Di fragte sich, ob er dieses Verhalten formell als Identifizierung bewerten konnte. Die Gerichtsbüttel stützten die an derartige Anblicke nicht gewöhnte Frau ihres Vorgesetzten mit ungewohnter Sanftheit. Einer von ihnen brachte sie dazu, das Riechsalz einzuatmen, das man bereits verwendet hatte, um *Pfirsichblüte* zu beleben. Als sie wieder zu sich gekommen war und ihr Blick den des Richters kreuzte, bedeutete sie ihm durch ein Kopfnicken, dass sie ihren Mann einwandfrei erkannt hatte.

Di versprach ihr danach höchst offiziell, dass der Tod seines Beamten nach dem Gesetz gerächt würde; innerlich hoffte er inständig, dass er in der Lage sein würde, sein Wort zu halten. Dann rief er sich die Gesichtszüge seines Beamten in Erinnerung, wobei ihm ein Detail wieder einfiel.

„Sagen Sie“, wandte er sich an die Witwe, die den verstümmelten Körper verzweifelt betrachtete, der nun wieder mit einem Tuch bedeckt war, „hatte Ihr Mann nicht eine ziemlich ausgeprägte Narbe an der Oberseite der Stirn? Mehr oder weniger V-förmig?“

Die Frau wischte ihre Augen mit dem Handrücken ab. „So ist es“, antwortete sie. „Er hat sie sich bei einer besonders gefährlichen Festnahme zugezogen, unter einem Ihrer Vorgänger. Er gab sich stets große Mühe, seine Aufträge sorgfältig zu erfüllen. Eure Exzellenz sind zu liebenswürdig, meines armen Mannes derart zu gedenken.“

Di war es keineswegs darum gegangen, des armen Mannes zu gedenken. Vielmehr beschäftige ihn diese verflixte Narbe.

Er erinnerte sich nämlich an die Beschreibung, die *Pfirsichblüte* von ihrem Angreifer an jenem Abend des Dramas geliefert hatte. Er habe eine V-förmige Narbe an der Oberseite der Stirn gehabt. Dies entsprach dem Aussehen des Gerichtsdieners und nicht dem des Mörders. In ihrer Verwirrung hatte sie wohl die beiden Männer durcheinandergebracht. Es war aber auch noch eine andere Erklärung möglich, die man nicht ohne Weiteres verwerfen konnte: dass man ihn von Anfang an zum Narren gehalten hatte!

VI

Eine Vogelscheuche verursacht einen Skandal und der Richter verhört eine Säuferin.

Di befand sich in seinem Arbeitszimmer und war eben dabei, seine Staatsrobe auszuziehen, als an seine Türe geklopft wurde. Sein Erster Schreiber überbrachte ihm die Nachricht, dass dem Wachtposten eine größere Menschenansammlung gemeldet worden sei: In dem erbärmlichsten Viertel der Stadt habe eine Vogelscheuche eine Störung der öffentlichen Ordnung hervorgerufen.

„Eine Vogelscheuche?", wiederholte der Richter ungläubig und runzelte die Augenbrauen. „Wenn sich jetzt auch noch Vogelscheuchen daranmachen, sind wir verloren!", fügte er mit amüsiertem Lächeln hinzu. Seine Neugier war geweckt. Er beschloss, dieser Vogelscheuche, die es wagte, kriminell zu werden, persönlich zu verhaften. Einigen Bütteln befahl er, seiner Sänfte zu folgen, die seine Träger flotten Schrittes in Richtung der Gassen am Rande des Sumpfgebiets bewegten.

An der Wegkrümmung eines schlammigen Gässchens sah er in der Tat eine größere Menge Gaffer vor einer schiefen Mansarde stehen. Seine Träger setzten ihn am Fuß einer schmutzigen Böschung ab. Die Gerichtsbüttel ließen ihre Peitschen knallen, um die Menge auseinanderzutreiben, damit der Richter die Ursache der Menschenansammlung in Augenschein nehmen konnte. Sie selbst begannen, ängstlich miteinander zu tuscheln, als sie den Gegenstand des Delikts entdeckten.

In einem unförmigen Erdhaufen an der Ecke der Behausung hatte man eine Vogelscheuche aufgestellt. Die Figur war äußerst geschmacklos ausstaffiert: Eine halbe ausgehöhlte Wassermelone sollte wohl so etwas wie einen Helm darstellen, zwei Bambushälften einen Beinschutz, ein Schildkrötenpanzer den Brustschutz eines Soldaten und ein altes Sacktuch den grauen Waffenrock eines Gerichtsbüttels. Um die lächerliche Nachahmung zu vervollständigen, drohte die Vogelscheuche mit einem Stück Holz, das stark an den üblichen Dienstknüppel erinnerte, der an den Gürteln der Gerichtsdiener hing.

Dies alles wäre nicht so schlimm gewesen, wenn man der Figur nicht den abgetrennten Kopf des Hauptmanns aufgesetzt hätte, aus dem ein zorniges Auge funkelte, ähnlich den Dämonendarstellungen in taoistischen Tempeln.

„Die Witwe wird zufrieden sein", dachte der Richter. „Sie wird letztlich nur *eine* Trauerfeier organisieren müssen anstelle von zweien, um die verschiedenen Teile ihres Mannes ordnungsgemäß bestatten zu lassen."

Einer der Büttel trat näher, sein Gesicht war wutverzerrt. „Ich beschwöre Eure Exzellenz", brüllte er und vergaß in seiner Erregung den nötigen Respekt, den er seinem obersten Vorgesetzten entgegen zu bringen hatte, „dieses empörende Schauspiel sofort zu beenden!"

„Selbstverständlich", entgegnete der Richter beruhigend. „Dies ist kein angemessener Ort, um ein Relikt Ihres Hauptmanns zur Schau zu stellen. Beschaffen Sie sich eine große Leinwandtasche und verwahren Sie den Kopf darin. Was diese zusammengeschusterte Ausrüstung angeht: Bringen Sie alles für eine Untersuchung zum Gericht."

Statt diesen offenbar zu gemeinen Späßen aufgelegten Mörder festzunehmen, nahm er sich erst mal dessen Werk vor. Zunächst sah er damit seine ursprüngliche Annahme bestätigt: Diese makabre Inszenierung, bar jeder tieferen Bedeutung, konnte nur einem kranken Hirn entsprungen sein.

„Wer wohnt hier?“, fragte er daher die Leute, die um ihn herum standen.

Man antwortete, dass eine arme, völlig mittellose Frau in diesem Loch hause, in das sie bereits vor vielen Jahren gezogen sei. Die Fenster waren mit klapprigen Läden verbarrikadiert, weshalb Di wissen wollte, wo man die Frau finden könne.

„Na, bei ihr zu Hause, edler Herr Richter!“, entgegnete eine Frau, die ein Kind auf dem Arm trug. „Um diese Zeit ist sie immer da. Sie geht nur abends aus, um … um Besorgungen zu machen“, fügte sie nach kurzem Zögern hinzu. Man konnte leicht daraus schließen, dass sie eigentlich im Begriff gewesen war, etwas ganz anderes zu sagen. „Sie ist gewiss drinnen. Eure Exzellenz brauchen nur einzutreten.“

Das Lächeln, das er in den Gesichtern der neugierigen Gaffer sah, legte nahe, dass man ihm bezüglich der Eigenheit oder der Aktivitäten dieser Person etwas verheimlichte. Er hoffte, dass es sich dabei nicht erneut um einen Fall von Prostitution handelte, von diesem Umfeld hatte er erst mal genug. Di hob den Saum seiner Kleidung etwas an, um unbeschadet durch den Schlamm zu waten, der den Weg zur Tür bedeckte.

Auf sein mehrmaliges Klopfen erfolgte nicht die geringste Antwort. Da wandte sich der Richter fragend an die Menge, doch man bedeutete ihm durch ein Kopfnicken, dass die Frau drin sein müsse und er es weiter versuchen solle. Schließlich wurde sein zweiter Versuch, der deutlich lebhafter erfolgte als der vorherige, von einem unverständlichen Grunzen beantwortet.

„Öffnen Sie!“, befahl er. „Ihr Richter steht hier!“

Nun waren Schritte zu vernehmen. Die Tür schwang mit dumpfem Knarren auf, und ein verhärmtes Gesicht erschien im Rahmen.

„Was ist denn das für ein Scherz?“, fragte die Frau, bevor sie überhaupt einen Blick auf den Besucher in der grünen

Robe und mit der schwarzen Kappe geworfen hatte, der noch immer vor der Schwelle stand. „Lassen Sie mich in Ruhe!"

„Ich würde gern eintreten, wenn Sie gestatten", erwiderte der Richter.

Im Grunde hatte er keine besondere Lust, die schmutzige Bruchbude zu betreten, aus der ein Mief und Schimmelgeruch drang, der ihm unangenehm die Kehle zuschnürte. Doch konnte er die Frau unmöglich vor der neugierig herumstehenden Menge befragen.

Sie starrte ihn aus misstrauischen Augen an. „Sind Sie tatsächlich der Richter?", fragte sie und schaute abfällig zu den Schaulustigen.

„Kann ich eintreten?", wiederholte Di.

Da trat sie beiseite, um ihn vorbeizulassen.

„Verschwindet von hier!", rief sie den Neugierigen mit heiserer Stimme zu, bevor sie die Tür mit einer Wucht zuknallte, dass die Wände vibrierten.

„Hm, wäre es vielleicht möglich, ein Fenster zu öffnen, damit … damit wir mehr Licht haben?", fragte der mutige Ermittler, dessen eigentliche Sorge weniger der Dunkelheit als dem Geruch von ranzigem Öl galt, der seine Atmung behinderte. Die Frau schlug gegen einen Fensterladen, der derart heftig aufflog, dass Di dachte, er würde ganz herausfallen. Das in den Raum flutende Licht erlaubte ihm, seine Gastgeberin besser zu sehen: Sie war trotz der grauen Strähnen in ihrem Strubbelhaar nicht so alt wie sie aussah. Was ihn am meisten schockierte, war ihr Zustand völliger Verwahrlosung. In dieser Hinsicht stand es um sie genauso schlimm wie um ihre armselige Behausung. Die Tränensäcke unter ihren Augen waren beeindruckend. Ihre gelbliche Gesichtshaut war hier und da von Äderchen durchzogen, was deutlich von Alkoholismus zeugte, dem sie wohl nicht erst seit gestern verfallen war. Ihre Arme, die aus einem schmutzigen und zerrissenen Gewand hervorragten, waren mager und passten zu den eingefallenen Wangen. Die Füße waren nackt und unbeschreiblich schmutzig.

Sie bot ihm keinen Platz an, genauso wenig wie die traditionelle Tasse Tee, die man üblicherweise jedem Besucher vorsetzte. Di war es recht, vor allem hinsichtlich des vorherrschenden Zustands. Sie selbst nahm ein Fläschchen zu Hand, ließ sich auf ein abstoßendes, ärmliches Bett fallen und nahm einen großen Schluck von einer Flüssigkeit, die er für Alkohol der minderwertigsten Sorte hielt. Dort verharrte sie in den Raum starrend, mit baumelnden Armen, die Beine ausgestreckt auf dem staubigen Boden, als wäre er überhaupt nicht anwesend.

Diese Szene hatte etwas unendlich Trauriges – nicht nur, weil diese Frau frühzeitig gealtert war, indem sie sich unglaublich hatte gehen lassen und sich in dieser Hütte, die man besser abgerissen hätte, der Trinksucht hingab, sondern weil dieser Ort viel mehr noch als Armut Verzweiflung und Einsamkeit ausstrahlte. Es gab keine Spur von Verwandten, eines Mannes oder von Kindern. Dies war ein Grab. Die arme Frau war eine lebende Tote, eine Art Gespenst, das unter den Lebenden umherirrte. Es hatte den Weg zur ewigen Ruhe noch nicht gefunden und verbrachte die noch verbliebenen Stunden damit, sich mit Getränken zu betäuben.

Als sich seine Augen an die herrschende Dämmerung gewöhnt hatten, entdeckte der Richter in einem Winkel des einzigen Raums plötzlich einen Gegenstand, der nicht zum Rest passte. Di näherte sich der Ecke, die als Küche genutzt wurde. Auf einem Stück Stoff, das den schmutzigen Boden verdecken sollte, lag ein kleiner Geschirrkasten in der Nähe einer Blechwanne. Dass es da diesen Gegenstand gab, war an sich nicht erstaunlich, auch wenn wohl jeder von dieser Frau erwartet hätte, dass sie ihre benutzten Schüsseln eher überall herumstehen ließ. Was ihn aber abgesehen von seiner absoluten Sauberkeit verwunderte, war die Schönheit, mit der er verarbeitet war. Der Kasten war aus feinstem, lackiertem

Edelholz. Ein Kunsttischler hatte seine Oberfläche mit Goldmalerei verziert: Reiher, die am Ufer eines Flusses auf Fischfang waren, die Wasserspiegelungen aus schillerndem Glitter. Ein solcher Kasten hätte einen Platz in seinem eigenen Salon verdient. Di wunderte sich, dass die Frau ihn nicht verkauft hatte, um sich Alkohol zu besorgen, den sie offenbar täglich in enormen Mengen konsumierte. Er wollte ihn öffnen, um zu sehen, ob sich darin das passende Geschirr befand.

„Fassen Sie das nicht an!“, brüllte seine Gastgeberin sofort, die mit der Geschwindigkeit einer Katze aufsprang und sich zwischen den Gegenstand und ihn stellte.

„Ein schöner Geschirrkasten“, sagte der Richter und trat zurück. „Ist das ein Familienerbstück?“

Ohne ihm zu antworten, nahm die Frau den wertvollen Kasten in die Arme und setzte sich wieder auf ihr schäbiges Bett.

„Es muss sehr angenehm sein, auf diesem lack- und goldverzierten Geschirr zu speisen, das er enthält“, fuhr er fort, in der Hoffnung, ihr irgendeine Reaktion zu entlocken, die jedoch nicht erfolgte. Die armselige Alte hielt weiter ihren Kasten im Arm – wie ein Kind, das seine Puppe hätschelt – und nutzte die freie Hand, um erneut Wein zu schlürfen.

Was die Neugier des Richters am meisten geweckt hatte, war das Siegel einer bürgerlichen Familie, das er für einen Moment auf einer der Seiten des Kastens als Intarsie im Lack erblickt hatte. Es handelte sich nicht um irgendeinen Gegenstand, den man jederzeit bei einem guten Handwerker oder Antiquar erwerben konnte. Er hatte einer reichen Familie gehört und war noch nicht so alt, dass er unter Abnutzung oder Beschädigung gelitten hatte.

„Darf ich Sie fragen, woher Sie Ihre Einkünfte beziehen?“, fragte er im Ton eines Steuereintreibers, der plötzlich herausfindet, dass eine angeblich mittellose Person das Gespann eines Prinzen besitzt.

„Hä?“, machte die Frau.

„Wovon leben Sie? Wie können Sie sich all den Alkohol hier kaufen?“, präzisierte er und deutete auf die leeren Krüge, mit denen der Boden übersät war.

„Die Leute geben mir, was ich brauche“, murmelte sie, fast ohne den Mund zu öffnen.

„Ach was!“, sagte der Richter mit derselben Gleichgültigkeit, als hätte man ihm soeben mitgeteilt, dass sich die Hausherrin mit großem Talent der Kunst des Blumenarrangements widmete. „Sie gehen also betteln?“

Die Frau warf ihm einen leeren Blick zu und zuckte mit den Schultern. „Man gibt mir, was ich brauche“, wiederholte sie.

„Was Sie für ein Glück haben“, entgegnete der Richter und dachte, dass er so gut wie nie etwas geschenkt bekam, und schon gar nicht von der Verwaltung, die ihn beschäftige.

„Wissen Sie, was da draußen passiert ist?“, fragte er.

Diese Frage, die auf das Ereignis von kurz zuvor anspielte, schien die Frau zu einer Meinung anzuregen: „Irgendein Dreckskerl hat sich einen Spaß daraus gemacht, meine Fassade zu schmücken“, brummte sie. „Es gibt schon Verrückte, wirklich! Wenn ich den erwische! Und auch all die anderen Idioten, die da rumstehen, um sich auf meine Kosten zu amüsieren! Lauter Nichtsnutze! Sie sollten sich lieber mal darum kümmern, was ihre Frauen so treiben, während sie sich bei meinem Haus rumtreiben und kichern.“ Sie lachte höhnisch, was dem Richter einen Blick in ihren zahnlosen Mund erlaubte.

„Haben Sie denn die Person gesehen, die diesen Unfug veranstaltet hat? Kannten Sie den Mann, dessen Kopf man der Vogelscheuche aufgesetzt hat?“

Die Frau spuckte verächtlich auf den Boden und antwortete, dass sie mit solchen Dreckskerlen nicht verkehre. Di wunderte sich: Wie konnte sie sich ein Urteil über den Toten erlauben, wenn sie ihn nicht gekannt hatte?

„Ein Gerichtsbüttel war er“, stieß sie dann hervor, und es klang wie eine Beleidigung. „Das sieht man doch an der Uniform! Er war ein Mistkerl von einem Büttel. Lauter Schweine sind das! Er hat bekommen, was er verdient hat. Bester Moment meines Tages!“ Sie unterbrach ihre Tirade mit weiteren kräftigen Schlucken, woraufhin ihr der Fusel übers Kinn und den Hals hinabtropfte, ohne dass sie sich bemüßigt fühlte, ihn abzuwischen.

Di sagte sich, dass sie Gründe haben musste, weshalb sie für Recht und Gesetz nichts übrig hatte. Angesichts ihrer Art zu leben, war dies aber auch nicht verwunderlich: Wie oft mochte man sie wohl schon aus der Gosse gefischt oder wegen Trunkenheit zum Wachhaus gebracht haben? Wenn er an die Menge Alkohol dachte, die sie während ihres Gesprächs zu sich genommen hatte, so hätte sie schon halb betrunken sein müssen. Ohne Zweifel konnte sie aufgrund der Gewohnheit einiges verkraften.

„Nun gut“, sagte er, „dann bleibt mir nur noch, mich von Ihnen zu verabschieden, liebe Frau.“ Er verbeugte sich leicht. „Machen Sie sich nicht die Mühe, mich hinauszubegleiten, ich kenne den Weg.“

Sie hatte sich ohnehin nicht gerührt.

Er zog durch seinen Ärmel an der fettigen Kordel, die als Türöffner diente, und machte dann mit dem Fuß hinter sich zu.

Die Menge stand noch immer da, begierig zu sehen, in welchem Zustand er aus der Hütte träte und ob er die Säuferin eventuell festgenommen hatte.

Er befahl seinen Leuten, die Menge unter dem Vorwand zu zerstreuen, dass ihre Anwesenheit einen störenden Auflauf verursache und dass es absolut nichts zu sehen gäbe. Dann bestieg er seine Sänfte.

Die Büttel hatten inzwischen die provokante Vogelscheuche ihrer Utensilien entledigt und aus dem Hügel vor der Hütte entfernt. Einer der Männer hielt die Bestandteile in den

Armen, während ein anderer mit offensichtlichem Ekel eine große braune Leinentasche trug. Dann zog der Trupp ab und schaffte alles zum Yamen.

Auf dem Rückweg erinnerte das Schild eines Stoffwarenhändlers Di daran, dass er ein Geschenk besorgen wollte. Er ließ die Sänfte vor dem Geschäft anhalten, um ein würdiges Mitbringsel auszuwählen, das zur Versöhnung mit seinen Gattinnen bestimmt sein sollte.

Als er in den Speisesaal seiner Residenz trat, sah er, dass diese ihn bereits erwartet hatten, um das Abendessen auftragen zu lassen. Er dankte ihnen und legte ihnen dann den sorgfältig verpacken Stoffballen vor; er hatte dabei die schönste Ware des Händlers ausgesucht. Er konnte es sich nicht leisten, um diese Versöhnung auch noch zu feilschen. Seine Erste Dame entfernte das Verpackungspapier und stieß einen Ausruf der Bewunderung aus, der einem derart herrlichen Geschenk auch angemessen war. Di spürte jedoch, dass sein diplomatischer Schachzug trotz allem fehlgeschlagen war. Die Frauen bedankten sich zwar bei ihm, wie es sich gehörte, aber es war offensichtlich, dass sie ihm sein Verhalten noch immer nachtrugen: Sie hatten ihm noch nicht verziehen. Seine Gattinnen waren viel zu gelassen, um ehrlich zu sein. Er war davon überzeugt, dass sie etwas im Schilde führten, um es ihm noch irgendwie heimzuzahlen.

Er verbrachte eine sehr üble Nacht. Für sein Unbehagen gab es drei Gründe: Zunächst lag es an dem harten Sofa, auf das ihn die drei Türen verbannt hatten, die zu seiner nicht allzu großen Überraschung erneut verschlossen gewesen waren. Dann verursachte der Anblick seines Beamten, den man in eine Vogelscheuche verwandelt hatte, ihm einen Alptraum und zuletzt plagten ihn auch die Bilder der bedrückenden Atmosphäre, die in der armseligen Behausung der alten Säuferin geherrscht hatte.

In seinen Träumen entblößten schamlose Frauen vor ihm ihre Brüste, andere schwangen Säbel, mit denen sie ihren Freiern drohten, ihnen die Köpfe abzuschlagen, ohne dabei eine Miene zu verziehen. Genauso gut hätten sie die Korken von Flaschen entfernen können. Andere versuchten, ihn auf den Mund zu küssen, wobei ihre fehlenden Zähne an die alte Bettlerin erinnerten. Schließlich erwachte er mitten in der Nacht schweißgebadet. Ohne Frage vereinnahmten Frauen momentan alles, womit er sich beschäftigte. Prostituierte, Ehegattinnen, betrunkene Stadtstreicherinnen – sie alle boten ein umfassendes Spektrum der verschiedensten Mittel, ihm auf die Nerven zu gehen – sogar im Schlaf. Er drehte sich auf seinem unbequemen Lager um und fragte sich missmutig, was sie am darauffolgenden Tag noch alles erfinden würden, um ihn ihm zu vermiesen.

VII

Di ermittelt gegen einen Heiligen
und stößt mit einer Dämonin zusammen.

Die erste Person, die zur morgendlichen Anhörung in der Sitzung erschien, war die Witwe des Hauptmanns. Sie verlangte die Leiche ihres Mannes, um ihn zu bestatten. Di teilte ihr zufrieden mit, dass sie Glück hatte: Die umfassende und mit großem Eifer durchgeführte Untersuchung hatte es ihnen ermöglicht, das fehlende Stück zurückzuerlangen. Sie konnte also nun darangehen, für die Ruhe seiner Manen zu sorgen und eine traditionelle Beerdigung vornehmen lassen.

Statt sich überschwänglich zu bedanken, fragte die Witwe, ob der verfluchte Mörder, der sich erlaubt hatte, ihm den tödlichen Hieb zu versetzen, bereits festgenommen worden sei. Dies gefiel dem Richter nun gar nicht. Deshalb nutzte er die Gelegenheit, sein Verhör fortzusetzen, nun, da der erste Schock angesichts der schlimmen Nachricht überwunden war.

„Hat Ihr Ehemann, der Oberste der Gerichtsbüttel", fragte er, „schlechten Umgang gepflegt? Hat er vielleicht die Haushaltskasse mit dem Besuch von Freudenhäusern strapaziert? Hatte er Schulden? Verborgene Laster? Hat er vielleicht seinen Lohn mit Gaunern verspielt?"

Die Frau war sichtlich peinlich berührt, als sie in aller Öffentlichkeit zu diesen abscheulichen Verdächtigungen befragt wurde. Sie schien jedoch alle diese Möglichkeiten rigoros ausschließen. Man würde einen Heiligen bestatten.

Wiederholt hatte Di festgestellt, dass der Tod diesen Effekt hatte: Die lieben Verstorbenen wurden von ihren engsten Angehörigen in der Regel umgehend heiliggesprochen. Hsueh Xan würde ihnen fehlen: Man teilt nicht sein ganzes Leben mit einer der glänzendsten Reinkarnationen Buddhas, ohne bei dessen Dahinscheiden eine gewisse Leere zu fühlen …

Der Richter nahm das Verhör wieder auf. Was hatte sie von dem Verstorbenen gehalten? Was für ein Typ Mann war er gewesen? Sie bezeichnete seinen Beamten als guten Ehegatten, guten Vater und guten Staatsdiener; der gemeinsame Sohn diene in der Armee, die Tochter sei mit einem seiner Untergebenen verheiratet. Frau Hsueh wusste jedenfalls nichts davon, dass er das Weidenviertel besucht hätte, außer um dort für Recht und Ordnung zu sorgen. Seine Anwesenheit im Zimmer einer Prostituierten war ihrer Ansicht nach die Verfehlung eines Augenblicks und stellte nichts als eine unbedeutende und einmalige Erfahrung dar.

„Einmalig, genau das war das richtige Wort!“, dachte der Richter. Man wollte, dass er glaubte, sein Beamter sei ein braver, rechtschaffener Mann gewesen, der einfach kein Glück gehabt habe. Di bezweifelte ganz entschieden, dass diese „erste Erfahrung“ – trotz der Lobrede der Witwe – nur aufgrund eines unglücklichen Zufalles auch zu seiner letzten geworden war. Der Zufall war eine unbarmherzige Gottheit, deren Pläne sich dem Verständnis der Sterblichen entzogen, die ihr unterworfen waren. Es musste unweigerlich einen Grund gegeben haben, der diesen vorbildlichen Familienvater dazu veranlasst hatte, sich an jenem Abend an jenen Ort zu begeben. Und eben dieser Grund hatte letztlich zu seinem Tod geführt.

Kurz nach Beendigung der Anhörungssitzung empfing Di die Antworten aus den Klöstern. Trotz seiner gegenteiligen Hoffnung war kein mit einem Beil bewaffneter Geisteskranker, der den Kopf voller Mordfantasien gehabt hätte, von dort entlaufen. Einer der Äbte betonte jedoch, dass all die gefährlichen Verrückten – aber auch andere Personen, die ihre Wut nicht unter Kontrolle hätten – nicht eingesperrt seien. Man könne sie jederzeit in der Stadt antreffen, „was Eure Exzellenz sicher schon bei Gelegenheit bemerkt haben dürften".

Di gab gern zu, dass es der Gründung vieler Klöster und des Baus vieler Gefängnisse bedurft hätte, all die gewalttätigen und aggressiven Personen aus der Gesellschaft zu entfernen, die ihn empfindlich störten.

Im Gegensatz zum vorherigen Tag schickten sich seine Gemahlinnen zu Hause bereits an, das Mittagessen einzunehmen, ohne sich darum zu kümmern, auf ihn zu warten. Sie hatten jemanden eingeladen – eine Dame von etwas zu aufdringlicher Eleganz, die ihm ungeniert schöne Augen machte, aus denen eine gewisse Respektlosigkeit sprach.

„Sie kennen Frau Sui bereits, wie ich meine?", fragte seine Erste Dame, als hätte sie eine Cousine vom Land empfangen.

Er kannte sie nur zu gut. Sie war die Gattin eines gutmütigen Kaufmanns, der ihr viel zu viel Eigenständigkeit erlaubte, und stand in dem Ruf, sehr freizügig zu sein. Denn sie ging aus, wohin und zu wem es ihr gefiel – und das ohne Anstandsdame. Im jetzigen Fall offenbar zu ihm.

„Wir werden gleich eine Bootsfahrt auf dem Kanal machen", kündigte seine Zweite Dame an, „denn wir wollen das schöne Wetter nutzen."

Mit dem Boot auf dem Kanal! Warum nicht gleich noch nackt baden? Di stellte sich bereits die niederträchtigen, lüsternen Spanner vor, die nicht zögern würden, sie hartnäckig wie leicht zu erlegendes Wild zu verfolgen. Was für ein Leichtsinn! Drei appetitliche Wachteln, die an einer Meute ausgehungerter Füchse vorbeischipperten …

„Ich bin mir nicht sicher, ob dies ein besonders schicklicher Einfall ist", entgegnete er düster. „Meine Verpflichtungen verhindern mich unglücklicherweise, Sie zu begleiten."

Frau Sui, die für diese kleine Aufsässigkeit verantwortlich war, mischte sich hier ein: „Es ist doch nichts Schlimmes dabei, das Haus für eine Spazierfahrt zu verlassen? Meinen Sie nicht, edler Herr Richter?“

Seine Frauen sahen ihn schief an, und er war der Ansicht, dass man in diesem Hause offenbar alles tat, um ihn so zu nerven, dass er schließlich die Fassung verlor. Wie lange würde es noch dauern, bis man anstößige Schauspiele mit Akrobaten, deren Körper eingeölt waren, oder Bankette veranstaltete, bei denen der Wein in Strömen floss? Was war das plötzlich für ein lockerer Lebenswandel? Er fragte sich allen Ernstes, ob er nicht schnellstens einen alten Weisen aus einem Tempel des Konfuzius herbeiholen lassen sollte, um seinen Gemahlinnen eine kleine Lektion in Bezug auf deren offenbar spurlos verschwundene Moral zu erteilen.

Es gelang ihm nicht, die Antwort zu geben, die er geben wollte: Die Empörung schnürte ihm die Kehle zu. Wenn es ihm gefallen hätte, dass seine Frauen sich so verhielten, dann hätte er sie genauso gut aus den Reihen der Mädchen von Frau Yu auswählen können. Was hätten wohl seine Eltern gesagt, wenn sie Zeugen geworden wären, welchen Lebenswandel das süße Mädchen, das sie für ihn vor fünfzehn Jahren als seine Erste Gemahlin auserwählt hatten, nun plötzlich führen wolle? Er hatte allerdings noch nicht sein letztes Wort gesprochen und nahm sich vor, auch weiterhin über ihre Moral zu wachen, ob sie es wollten oder nicht.

Als sie das Haus verließen, um sich zum Kanal zu begeben, stellten sie fest, dass er ein ganzes Bataillon von Gerichtsbütteln angewiesen hatte, ihnen wie Schatten zu folgen. Die Frauen bewegten sich daher in ihrem Boot zwischen zwei Reihen bewaffneter Männer, imstande, jeden Versuch eines verdorbenen Geistes, der ihnen unterwegs hätte begegnen können, abzuwehren.

Di wusste im Moment nicht recht, wo er bei seinen Ermittlungen weitermachen sollte. Er ließ sich zunächst die Akten der unerledigten Fälle bringen, in der Hoffnung, dass ihm während der Lektüre irgendein Einfall käme. Falls dies nicht der Fall sein sollte, würde er zumindest mit seinen laufenden Arbeiten weiterkommen. Dann nahm er sich vor, seinen Ersten Schreiber zu befragen. Souen Tsi war auch bereits bei seinen Vorgängern im Dienst gewesen, die Bezirksrichter wurden etwa alle drei Jahre ausgetauscht, um ihre Unparteilichkeit gegenüber den Bewohnern der jeweiligen Bezirke aufrechtzuerhalten. Die Mitarbeiter der Gerichte blieben jedoch vor Ort. Es war daher anzunehmen, dass dieser Mann ihm etwas weniger Luftiges über die Persönlichkeit seines verstorbenen Hauptmanns mitteilen konnte.

Di hatte sogleich eine ganze Menge Fragen für ihn: Ob er Feinde gehabt habe? Ob er im Dienst streng gewesen sei? Ob er jemanden verletzt habe? Wie er sich gegenüber Beschuldigten und Beschwerdeführern vor Gericht verhalten habe?

Der Sekretär deutete an, dass sein Vorgesetzter gegen kleinere Gratifikationen nichts einzuwenden gehabt habe, wenn es darum ging, einen Fall schnellstens abzuwickeln oder jene von reicheren Angeklagten mit größerer Sorgfalt zu behandeln. Es war durchaus üblich, dass die Büttel ausgerechnet von jenen Leuten entlohnt wurden, die sie festnahmen. Dies war eine Folge der niedrigen Gehälter, die das Bezirksgericht für das Funktionieren der Verwaltung bewilligte. Das Verhalten dieser Beamten unterschied sich natürlich von Fall zu Fall, je nachdem, ob es sich dabei um eine vermögende oder um eine mittellose Person handelte. Das Gleiche galt für den Aufenthalt in einem Gefängnis, in denen der Staat weder für ausreichende Verpflegung noch für kleinere Bedürfnisse der Inhaftierten sorgte.

Auf diese Weise hatten die Gerichtsbüttel viele Möglichkeiten, ihre Gehälter mehr oder weniger aufzubessern, abhängig vom Ausmaß ihres Entgegenkommens oder ihrer Dienstleistungen. Dieses korrupte System missfiel Richter Di sehr, doch sah er keine Möglichkeit, wie er es ändern konnte. Auch verfügte er nicht über die nötigen persönlichen Mittel, um das, was der Staatskasse fehlte, eventuell selbst auszugleichen.

Sicher war – nach Ansicht seines Untergebenen –, dass sein Herr, dieser Heilige, den die Menschheit für immer beweinen würde, niemals in jener Bescheidenheit gelebt habe, die sein Gehalt hätte mit sich bringen können. Sein Haus hatte eine angenehme Größe, lag günstig und in einem guten Wohnviertel, und seine Frau musste keiner bezahlten Arbeit nachgehen. Der Ort, an dem er getötet worden war, bezeugte, dass er sich, wenn ihm der Sinn danach stand, gelegentlich recht kostspielige Erholung bei jungen, sehr gefragten Damen leistete.

Was die Frage betraf, ob er sich Feinde gemacht hatte, so hatte er nicht gerade einen Beruf ausgeübt, bei dem man viele Freundschaften schloss. Wie oft hatte er einem Verdächtigen aufs Maul geschlagen, der seinen Richter nicht mit dem nötigen Respekt angesprochen hatte? Wie viele Peitschenhiebe hatte er im Laufe seiner Dienstzeit Verurteilten verpasst? Er wurde nicht dafür bezahlt, auf einem Sessel zu sitzen und selig zu lächeln … Die Zahl der in Frage kommenden Mitbürger, die ihm etwas verübelten, war einfach zu groß, als dass man sie hätte erfassen können.

Di dankte seinem Ersten Schreiber für seine Auskünfte und stürzte sich dann wieder in die üblichen Arbeiten des Katasteramts. Er war immer noch dabei, in seinem Büro darüber zu brüten, als Souen Tsi erneut erschien und rief: „Herr, Herr, Eure Exzellenz müssen sich ansehen, was gerade in der Hauptstraße passiert!“

Der Richter fragte sich, was für ein merkwürdiger Aufzug da auf dem Weg zu ihm sein mochte, der einen derartigen Aufruhr verursachte. Als er das Tor erreichte, machte er große Augen, denn ein schreckliches Schauspiel bot sich ihm: Seine drei Frauen kehrten soeben – zu Fuß! – zum Yamen zurück. Wie die letzten Landstreicher! Sodass sich jeder ihnen ohne Probleme nähern konnte! Die Gesichter waren nur dank kleiner Schirme aus geflochtenem Schilfrohr vor der Sonne geschützt. Der Trupp der Gerichtsbüttel, die Lanzen an den Schultern, folgte ihnen nach wie vor.

Die Erste Dame trat an ihn heran und schleuderte ihm unter etwas gezwungenem Lächeln und in eisigem Ton entgegen: „Wir bedanken uns für den Schutz, den Sie uns während dieses schönen Tages geboten haben. Die Bootsfahrt auf dem Kanal war einfach köstlich. Unsere Freundin, Frau Sui, war sehr erbaut, weil Sie sich so sehr um unsere Ruhe bemühen. Sie fragte sich, ob das morgen genauso sein wird, wenn wir die öffentliche Badeanstalt aufsuchen. Es ist der für Frauen reservierte Tag, wissen Sie? Ihre Wächter werden starken Eindruck machen."

Jetzt also auch noch die Bäder!

Konnten sie nicht zu Hause ein Bad nehmen? Im Kreise der Familie? Sie hatten wahrhaftig den Teufel im Leib! Er hatte also von Anfang an recht gehabt, als er vermutet hatte, dass alles in Nacktheit und Exhibitionismus enden würde.

„Ich werde zum Abendessen nicht da sein", sagte er zähneknirschend. „Ich werden den ganzen Abend weiter an meiner Ermittlung arbeiten müssen."

Seine Erste Dame machte eine Pause. „Wird Sie diese Ermittlung dann wieder ins Weidenviertel führen?", fragte sie spitz.

„Das ist gut möglich", erwiderte er trotzig.

„Sehr gut", sagte sie.

„Ein weiterer Punkt", dachte er und schaute ihr nach, wie sie sich jetzt in einer Gangart entfernte, die er als beschämend wiegend empfand. Paradoxerweise musste er tatsächlich erneut im Etablissement von Frau Yu ermitteln, wenn er seine Annahmen überprüfen wollte. In jedem Fall konnte es nicht schaden, sich ein wenig mit den Damen zu unterhalten. Vielleicht hatte ja die eine oder andere von ihnen am Abend des Dramas irgendein nützliches Detail bemerkt.

Di bediente sich einer schmucklosen Robe und einer einfachen Kappe, dann steckte er ausreichend Geld ein und begab sich zu Fuß in das anrüchige, am Fluss gelegene Ostviertel.

Das Abendlicht tauchte alles in goldfarbene Strahlen, als er an das bekannte Tor trat. Der Pförtner saß wie immer an die Wand gelehnt da, stand aber umgehend auf, als er Di unter seiner einfachen Kleidung erkannte.

„Es ist niemand hier, edler Herr Richter", vermeldete er. „Die Damen sind in der Vorstellung."

Frau Yu hatte die Angewohnheit, ihre Mädchen zwei- oder dreimal im Jahr in eine Theatervorstellung auszuführen. Diese Gelegenheit bot sich, wenn ein reisendes Ensemble durch die Stadt zog. Derzeit führte die Theatergruppe *Blühende Mandelbäume* das Stück *Die Missgeschicke der mutigen Ho-lan auf*, ein stattliches Programm.

„Sie sollten bald zurück sein. Falls Eure Exzellenz vielleicht ein bisschen später wiederkommen wollen ..."

Di, der gerade nichts Besseres zu tun hatte, beschloss, sie direkt aufzusuchen. Er ließ sich daher kurz den Weg zum Standort des Theaters am Rande des Vergnügungsviertels beschreiben und ging dann ohne Eile in jene Richtung. Am Ende einer Straße erblickte er bald eine Gruppe von Frauen, die fröhlich Beifall klatschten. Sie trugen ziemlich schöne und geschmackvolle Kleider, die jedoch etwas zu auffallend waren. Ihre komplizierten Frisuren waren mit Bändern und Federn geschmückt, außerdem trugen sie breite, straffe Gürtel, die bis unterhalb des Busens reichten.

„Edler Herr Richter", rief Frau Yu, deren Haar unter einem hohen und leuchtenden, rosafarbenen Federbusch steckte. „Sie hätten vorhin mit uns kommen sollen! Das Stück war ganz wundervoll! Wir haben alle wie die Schlosshunde geheult. *Pfirsichblüte* hat jetzt noch ganz rote Augen, schauen Sie nur!"

Bei dem Stück handelte es sich um ein sogenanntes klassisches Drama, wobei die weiblichen Rollen von verkleideten Männern gespielt wurden. Die „mutige Ho-lan", die ihren Eltern in ihrer Kindheit verloren gegangen war, erlebte verschiedene und gefährliche Abenteuer, bevor sie schließlich ihrer großen Liebe begegnete und ihr Lebensglück in den Armen jenes tapferen Kriegers fand, den ihr der allmächtige Himmel für die Ewigkeit zugedacht hatte.

„Ich muss sagen, dass jede von uns dieses tapfere Mädchen realistischer als dieser schlanke Junge dargestellt hätte", kommentierte Frau Yu nun. „Aber gut, ich schätze, dass die unvollkommene Illusion den zauberhaften Charme des Theaters ausmacht. Das verstärkt das Gefühl von Gemeinsamkeit zwischen Publikum und Schauspielern. Ich frage mich oft, was geschehen würde, wenn wir Frauen die Männer bäten, unsere Aufgaben im *Blumenpalais* zu übernehmen. Wer wäre wohl am besten dafür geeignet, was meinen Sie?"

Di dachte, dass er dieses Weib Frau Sui vorstellen sollte: Sie schwang genau jene Art Reden, die ihr sicherlich gefallen würde. Er hatte das Gefühl, dass jene schreckliche, schamlose Person, die derzeit dabei war, seine Gemahlinnen auf einen gefährlichen Weg zu führen, zu ihm aus dem Munde der Bordellbetreiberin sprach, umgeben von ihren raschelnden Wachteln, und fühlte sich regelrecht verhext.

So war es: Frau Sui musste eine Hexe sein, die bewirkt hatte, dass er zu jeder Stunde des Tages ihre Stimmen hören musste, wer auch immer sein Gesprächspartner war, um ihn dazu zu bringen, dass er blindlings all den verdrehten Grundsätzen zustimmte, die sie so in seinem bisher so friedlichen Inneren einzupflanzen gedachte.

Er brauchte diesen kleinen Abend außer Haus tatsächlich, um auf andere Gedanken zu kommen!

„Nicht wahr, edler Herr Richter?", fuhr Frau Yu inzwischen fort, die einfach weitergeredet hatte, ohne darauf zu achten, ob er ihr zugehört hatte oder nicht.

Sie waren angekommen. Der Pförtner öffnete ihnen und fragte, ob sich die Vorstellung gelohnt habe, was eine Flut überschwänglichen Lobs seitens der Damen auslöste.

Frau Yu bereitete dem ein Ende, indem sie alle in den Garten führte. Von der Veranda aus eilten die Mädchen fröhlich auf ihre Zimmer, um sich für den Abend vorzubereiten. Eine Dienerin zündete die Außenlaternen an, die anzeigten, dass das Etablissement nun geöffnet war. Die Bordellinhaberin schlug ihrem hohen Besucher vor, im Salon mit ihr eine Tasse Tee zu trinken, wo er den Grund seines Kommens mit ihr besprechen könne – falls es sich dabei, wie sie befürchtete, nicht um bloße Höflichkeit handelte.

Di, der den Abend, den er als Kunde im Bordell verbracht hatte, abscheulich gefunden hatte, musste nun zugeben, dass es ihn hingegen sehr interessierte, die Abläufe hinter den Kulissen zu beobachten.

Von Zeit zu Zeit durchquerte ein Mädchen den Raum, nur halb bekleidet, auf der Suche nach irgendeinem Hygieneartikel. Von überall her wurden Fragen an Frau Yu gerichtet, die darauf antwortete, ohne sich aus ihrem Sessel zu erheben. Die Dienerinnen bereiteten den Salon für den Empfang der Gäste vor, bedeckten die Sofas mit Kissen und ordneten hier und da Blumen und Kerzen an. In dieser kleinen Welt waren alle emsig wie die Bienen in ihrem Stock – wobei Bienen auf den Sonnenaufgang warten, während die Damen hier auf den Einbruch der Nacht lauerten, um sich dann ihrem Hochzeitstanz mit eventuell beschwipsten Drohnen hinzugeben.

„Ich sehe, dass Eure Exzellenz Gefallen daran finden, uns zu besuchen“, sagte Frau Yu mit unverhohlener Genugtuung, während sie ihnen Tee einschenkte.

Der interessanteste Augenblick kam, als die Kunden erschienen und sich in alle vier Ecken des Salons niederließen. Sie erkundigten sich nach der einen oder anderen Frau, woraufhin man sie in ein bestimmtes Boudoir schickte. Wenn sich ein Pärchen gefunden hatte, verzog es sich anschließend in das Zimmer der jungen Damen.

Sehr häufig warfen diese Männer jedoch auch neugierige Blicke hinter Vorhangzipfel, die eine Tür verschleierten. Di begriff rasch, dass sich die Mädchen, die bereit und verfügbar waren, auf der anderen Seite aufhielten, und die Kunden die

Möglichkeit hatten, sie zu beobachten, ohne selbst gesehen zu werden. Hatten sie eine Wahl getroffen, so bestellten sie bei Frau Yu „das Mädchen in Zartlila“ oder „das Mädchen in Grün“ und die Bordellinhaberin arrangierte das Treffen mit der ausgewählten Dame des Herzens in einem der angrenzenden Alkoven.

In welchem Moment das Geld den Besitzer wechselte, konnte Di nicht herausfinden. Er wusste bereits, dass die Mädchen den Betrag nicht direkt in die Hand bekamen, ein Gebot des Anstands, wie ihn sich die Inhaberin zurechtlegte. Dieser Teil des Rituals war so gut einstudiert, dass man hätte glauben können, die Männer verließen das Etablissement, ohne auch nur eine einzige Sapeke bezahlt zu haben – was natürlich illusorisch war.

Wann immer sie konnte, nahm seine Gastgeberin unmittelbar vor ihm Platz, um ihm von dem köstlichen aromatischen Tee nachzuschenken, bevor er selbst um eine weitere Tasse bitten musste.

„Ich bitte um Entschuldigung“, sagte sie. „Wie Sie sehen, ist mein Beruf nicht einfach, wenngleich ich meine eigene Person nur ganz selten einbringen muss …“ Der Blick, den sie ihm bei diesen Worten zuwarf, ließ im Kopf des Richters eine Alarmglocke schrillen.

„Aber ich bitte Sie“, entgegnete er. „All das hier ist sehr lehr- und abwechslungsreich. Ich fühle mich so recht wohl“, schloss er und begleitete seine Worte mit einem gezwungenen Lächeln.

„Wie Sie sehen, geschieht hier alles ganz taktvoll, unter Wahrung respektvollen Anstandes und in Harmonie“, fuhr die Frau fort. „Meine Mitarbeiterinnen sind so glücklich, wie man es in diesem Beruf sein kann. Was übrigens den Akt als solchen angeht, so ist er auch nicht unangenehmer als der, den man in den Fesseln der Ehe vollzieht. Sie wechseln mehrmals am Tag die Gatten, das ist alles. Die Gefragtesten unter ihnen können es sich sogar erlauben, ihre Partner selbst zu wählen, und das ist bei Eheschließungen niemals der Fall, wie Sie wissen. Und noch etwas, schauen Sie", fügte sie nach einer Weile hinzu und neigte sich näher zu ihm, als wolle sie ihm ein großes Geheimnis anvertrauen: „Wie viele Frauen müssen ein Leben lang einen rohen und unangenehmen Menschen ertragen, während hier die lästigsten aller Arbeiten nie anfallen: Wir müssen ihnen weder die Mahlzeiten herrichten, noch ihre Hosen waschen! Welche Ehefrau würde uns nicht beneiden?"

Der Richter fand es interessant, dass sich die Prostitution als so moralisch und in jedem Fall bequemer herausstellte, als eine legale, den guten Sitten angemessene Verbindung. Es kam ihm in letzter Zeit allerdings so vor, dass die unterschiedlichsten Frauen es sich auch in der Ehe angenehm leicht machten. Vielleicht lag diese Situation an der Tatsache, dass inoffiziell die Kaiserin die Zügel des Landes in den Händen hielt.

Frau Yu verriet ihm hin und wieder diskret kleine Details zu den Männern, die den Raum durchquerten und dem merkwürdigerweise mit der Inhaberin an einem Tisch sitzenden Herrn zunickten: „Ach, das ist Herr Tan, unser Lieblingsgast", flüsterte sie. „Ein treuer Kunde! Außergewöhnlich treu! Er hat alle seine Konkubinen weggeschickt, um nur noch Beziehungen zu uns zu unterhalten. Der Mann ist der Meinung, dass wir ihn viel weniger kosten. Und wir haben niemals Migräne!"

Sie lachte zufrieden.

Di fragte sich, wie es um ihre Welt bestellt wäre, wenn jeder Mensch sich so verhielte wie diese Frau: Sie würde wohl zerfallen in einen Teil lüsterner Gäste und einen anderen unterwürfiger Prostituierter. Und dann versuchte er, den Unterschied zum aktuellen Zustand der chinesischen Gesellschaft auszumachen.

„Aber ich rede und rede ... Vielleicht möchten sich Eure Exzellenz für eine Weile in Gesellschaft eines meiner Mädchen zurückziehen? Für eine etwas angenehmere Befragung, meine ich?"

Di erriet, dass sie keineswegs von einem Verhör sprach.

„Schauen wir mal“, fuhr sie hartnäckig fort, „wer da infrage kommen könnte. Also, da ist einmal *Zartes Veilchen*, mit der Sie zusammen waren, als … Und *Pfirsichblüte*, das arme Kind … Dann *Rote Päonie*, unsere glänzendste Neuerwerbung, aber sie ist für den Abend von einem ihrer zahlreichen Stammkunden gebucht worden. *Kamelie* hätte sehr gut zu Ihnen gepasst, aber die Unglückliche fühlt sich nicht wohl, dauerhaft, wie ich fürchte … Ein dummer Unfall, der leider in unserem Beruf von Zeit zu Zeit vorkommt …“

Di begriff, dass die Unglückliche ein Kind erwartete, was sie – als noch Zeit dazu gewesen wäre – nicht zu verhindern gewusst hatte.

„Aber ich würde Ihnen *Blasser Lotus* empfehlen. Ich weiß allerdings nicht, ob sie Ihnen zu dem Fall, in dem Sie ermitteln, etwas sagen kann, doch versteht sie es immerhin, angenehm zu plaudern. Sie ist eines meiner intelligentesten und bestererzogensten Mädchen. Kein solcher Bauerntrampel vom Lande, wie man sie nahezu überall hier im Weidenviertel antrifft. Sie werden sehen: Sie ist sehr interessant. Sogar, wenn man sich mit den subtilen Freuden der Unterhaltung zufriedengibt …“

In diesen Worten klang eine offensichtliche Anspielung mit. Di vermutete, dass *Zartes Veilchen* so indiskret gewesen war zu erzählen, dass zwischen ihr und ihm nichts passiert sei, und zwar weder vor, noch nach jenem Vorfall, der ihr Stelldichein so jäh unterbrochen hatte.

Weil der Richter nichts anderes zu tun hatte und auch nicht so früh zum Yamen zurückkehren wollte, wo er doch nur auf seine verärgerten Gemahlinnen stoßen würde, war er damit einverstanden, sich mit *Blasser Lotus* zu treffen. Er ließ sich deshalb in ihr Zimmer führen, wonach Frau Yu sich behutsam entfernte, nicht ohne ihm vorher noch einen verschwörerischen Blick zugeworfen zu haben.

VIII

Di unterhält sich mit einer Blume und begegnet einer Königin.

Blasser Lotus war zart und schmächtig und zweifellos von kränklichem Naturell. Die Schleier, in die sie geschmackvoll gehüllt war, verstärkten den Eindruck von Zerbrechlichkeit, den sie vermittelte. Die Blumennamen, die man den jungen Frauen gab, wenn sie erstmals diesen Beruf ergriffen, sollte ein Merkmal ihres Aussehens oder ihres wesentlichsten Charakterzugs enthalten. So sehr *Zartes Veilchen* ihm wesentlich entschlossener vorgekommen war, als es ihr Pseudonym hätte vermuten lassen, so sehr drückte der Name *Blasser Lotus* nun geradezu perfekt diese durchscheinende Haut und die Geschmeidigkeit eines Schilfrohrs im Wind aus, das beim zartesten Hauch umzuknicken drohte.

Sobald sie beide jeweils an einem Ende des Bettes Platz genommen hatten, bat der Richter das Mädchen, ihm doch ein wenig von ihren Mitbewohnerinnen zu erzählen.

„Ich bin glücklicher dran als andere“, sagte sie und strich dabei mechanisch mit ihren Fingern einige Falten im Betttuch glatt. „*Kamelie* erwartet zum Beispiel ein Kind. Was kann uns Schlimmeres passieren? Halsschmerzen dauern meist nur ein paar Tage, schwangere Frauen aber wirken auf Männer nicht gerade anziehend. Das sind sechs Monate, in denen sie kein Geld verdienen kann. Und das bedeutet, dass sie weniger gut isst und vielleicht sogar aus ihrem Zimmer gejagt wird, wenn es gebraucht wird. Sie ist das letzte Glied in der Kette, das ist die Strafe dafür, dass sie nicht genügend Vorsichtsmaßnahmen ergriffen hatte. Dabei hat sie sie geschluckt, die Arzneien der Hebammen! Sie wird gerade mal genug Zeit haben, ihr Baby zur Welt zu bringen und in den ersten Tagen zu stillen. Wir können hier ja wohl kaum Kinder großziehen. Frau Yu wird es verkaufen, vielleicht an diese umherziehenden Schauspieler, denen wir vorhin noch applaudiert haben, wenn es ein Junge ist. Sie kaufen nämlich nur männliche Kinder, um sie für ihren Beruf auszubilden. Sie selbst bekommen keinen Nachwuchs, denn Frauen haben sie nicht. Wenn *Kamelie* ein Mädchen bekommt, hat sie mehr Chancen, es zu behalten. Frau Yu wird in etwa fünfzehn Jahren einen hohen Preis für ihre Jungfräulichkeit erzielen."

Blasser Lotus seufzte, da die Situation sie vermutlich auch an eigene Erfahrungen erinnerte.

„Aber dies ist noch nicht einmal das größte Unglück im Leben meiner armen Gefährtin. Sie war auch verheiratet, wissen Sie, hatte eine Familie, einen Hausstand und Freunde und führte ein ganz normales Leben. Sie liebte ihren Mann, oder respektierte ihn zumindest, und glaubte, auch von ihm geliebt zu werden. Was ihr nicht klar war, ist, dass er sie nur geheiratet hatte, weil ihr Vater seinem Geschäft nützlich sein konnte. *Kamelie*s Vater war nämlich ein sehr reicher Kaufmann, der von einem geschickten Bankier hereingelegt wurde. Sein großes Vermögen hatte er dank des Kanals im Handel mit den südlichen Regionen aufgebaut. Er war Reeder und besaß eine bedeutende Flotte. Da aber starb er plötzlich zum Leidwesen der ganzen Familie, die ihn sehr geliebt hatte. Am Tag seines Todes stellte man fest, dass sein gesamtes Vermögen, wofür es keinerlei Erklärung gab, mit schweren Hypotheken belastet war; es war nicht mehr übrig! Als *Kamelie*s Mann das erfuhr, begriff er, dass er damit nicht nur die Unterstützung des Mannes verloren hatte, von dem er bisher profitierte, sondern dass auch seine Frau kein Geld erben würde. Eine andere Gattin, jünger und frischer dazu, auserwählt aus einer anderen reichen Familie, hätte seiner Karriere also zweifellos besser gedient. Aber wie konnte er eine vorteilhafte Ehe schließen, wenn er einer solchen Partnerin nur den Platz einer Nebenfrau anbieten konnte? Der niederträchtige Mensch zögerte nicht lange und ließ sich kurzerhand von *Kamelie* scheiden – oder eher: Er hat sie verstoßen. Er warf sie von heute auf morgen auf die Straße, kurze Zeit, nachdem sie ihren geliebten Vater verloren hatte, und heiratete innerhalb weniger Wochen erneut – als wäre seine erste Ehe nichts weiter als eine Art Zwischenspiel gewesen, ein abgeschlossenes Kapitel.

Die arme *Kamelie*, die damals natürlich noch nicht so hieß, war auf einmal zur Waise und mittellos geworden. Schließlich musste sie Frau Yu ihre Dienste anbieten, die natürlich nichts anderes tat, als sie aufzunehmen. Das ist jetzt schon viele Jahre her. Normalerweise sparen die Mädchen, die sich verkaufen, so viel Geld an wie sie können, um zurück zu ihren Eltern aufs Land zu gehen und dort zu heiraten. Es gibt eine stattliche Anzahl von alleinstehenden Männern, die nicht sehr genau auf die Vergangenheit ihrer Zukünftigen schauen, vorausgesetzt, sie bringt genug mit, dass sie es sich bequem machen können. Aber *Kamelie* ist angewidert von der Ehe. Davon abgesehen, was könnte sie schon tun? Ihrem Mann einen Verkaufsstand mit eingelegtem Gemüse oder ein Fischerboot anbieten? Wie sollte sie sich an ein solches Leben ohne Glanz und Bequemlichkeit gewöhnen – mit einem Hinterwäldler als Herrn und Meister –, sie, die während der gesamten Zeit ihrer ersten Existenz im Luxus gelebt hat? Jetzt ist sie hier und träumt davon, ihr Kind zu behalten, dieses Kind, das niemals einen Vater haben wird. Ich bezweifle, dass man es ihr erlauben wird. Am besten wäre es, wenn sie es irgendwo in Pension geben würde. Den wenigsten gelingt das. Aber es ist nicht dasselbe, wie eine neue Familie zu gründen, nicht wahr?"

Di dachte, dass die Erzählung der jungen Frau für ein Melodram geeignet wäre, das die *Blühenden Mandelbäume* als Theaterstück aufführen könnten. *Kamelies* Abenteuer würden sich ebenfalls gut als Stück im Sinne von *Die Missgeschicke der mutigen Ho-lan* eignen. Zudem hatte *Blasser Lotus* den Wahrheitsgehalt in ihrer Erzählung so betont, dass man beinahe glauben konnte, sie habe die traurigen Schicksale ihrer Freundin selbst erlebt.

Als Di nicht antwortete, setzte das Mädchen, den Kopf gegen ein Kissen gelehnt und den Blick vage im Zimmer schweifen lassend, seinen Monolog fort. „Oft träume ich am Morgen – denn wir schlafen am Morgen – von einem schönen Heim, das von einem guten und weisen Patriarchen geführt wird, der jeder seiner Partnerinnen die Freiheit lässt zu leben, wie sie es wünscht. Er hat zwei Frauen und zwei Konkubinen, jede von ihnen hat ihm mehrere Kinder unterschiedlichen Alters geschenkt, deren Geschrei und Spiele ihm einen glücklichen häuslichen Rahmen bieten. Er besitzt zahlreiche Dienstboten, die unter der Befehlsgewalt eines zuverlässigen Verwalters stehen, dem sie treu ergeben sind. Das Leben verläuft ausgeglichen und ruhig. Und ich wünsche mir, dass dieses Glück für immer anhält – für immer! – und dass kein Sturm dieses Haus erschüttern möge, der seine Bewohner in alle vier Ecken eines feindlichen Landes verschlägt. Manchmal wache ich dann mit Tränen in den Augen auf."

Sie sah wirklich tief bewegt aus. Di ahnte, dass dieses Bild des vollkommenen Glücks in ihren Augen viel mehr bedeutete als einen Traum; es handelte sich dabei um ihr Ideal, um einen Grund, ihr Leben überhaupt weiterzuführen.

„Ich bin mir sicher, dass dieser süße Traum einmal wahr werden wird", sagte der Richter liebenswürdig. „Jeder bekommt das, was er verdient, so ist es in der Welt."

Sie warf ihm einen seltsamen Blick zu, als wäre es eindeutig, dass dieses Glück für immer unerreichbar bleibe, als hätte er nicht verstanden, was sie hatte sagen wollen: Das Haus würde zwangsläufig in Flammen aufgehen, und alle Harmonie wäre zerstört, trotz ihrer innigsten Gebete. Die Geschichte endete nämlich jedes Mal so, wenn dieser Traum ihren Schlaf heimsuchte. Di war bewusst, dass es sich hier um den geheimen

Wunsch jeder Prostituierten handelte: endlich den Überfluss, die wiederhergestellte Würde und Sicherheit des bürgerlichen Lebens zu genießen.

Nur der Freikauf durch einen reichen Mann, entschlossen, sie zu seiner Konkubine zu machen, könnte dieses ehrgeizige Ziel möglich machen. Aber bei wie vielen von ihnen wurde dieser Wunsch Wirklichkeit? Er dachte, dass *Blasser Lotus* bei ihrem kränklichen Aussehen trotz ihrer Intelligenz oder besonderen Verführungskünste recht wenig Chancen haben durfte, dereinst in seidenen Laken und umgeben von aufmerksamen Dienen und mit Enkeln überschüttet ihre Tage zu beschließen.

Obwohl ihn der lange Monolog der Kurtisane recht nachdenklich gemacht hatte, fragte er sie schließlich, ob sie irgendetwas über den Mord wisse, der da im Nachbarraum begangen worden war. Glaubte sie, dass sich da jemand an ihrer jungen Gefährtin hatte vergreifen wollen?

Sie machte eine Geste der Verneinung: „Oh, das glaube ich nicht! *Pfirsichblüte* ist zu anständig und unschuldig, als dass sie Feinde haben könnte, edler Herr Richter."

Di wandte ein, dass die junge Frau doch einen Geliebten gehabt haben könnte – und zwar schon zu der Zeit, als sie noch bei ihren Eltern gelebt hatte oder etwas später. Dieser Mann hätte sie ja bis hierher verfolgen können, wobei er möglicherweise durchgedreht war, als er von der Tätigkeit erfuhr, die sie ausübte.

Blasser Lotus bezweifelte das stark: „*Pfirsichblüte* ist jetzt gerade zwanzig Jahre alt, sie ist der letzte Neuzugang von Frau Yu. Wenn Eure Exzellenz mir versprechen, das nicht weiterzuerzählen, was ich Ihnen jetzt sage …"

Di nickte. Es handelte sich ja um keine offizielle Anhörung, er konnte also Zugeständnisse machen.

„Frau Yu hat sie in einem dieser Freudenhäuser in der Gosse entdeckt, die der Regierung gehören. Eure Exzellenz wissen aufgrund Eurer Stellung, dass bestimmte Frauen zum

Nutzen des Staates zu sexuellen Diensten verurteilt werden können, das ist auch *Pfirsichblüte* passiert. Sie wurde erwischt, als sie im Begriff war, etwas zu stehlen, um sich Nahrung zu beschaffen, und der Richter, der vor Ihnen hier im Amt war, hat sie deshalb zur Prostitution verurteilt. Dies war ein relativ logisches Urteil, denn es bot den Vorteil, ihr Unterkunft und Verpflegung zu sichern. Das Gericht scheint der Ansicht zu sein, dass dies ein bequemer Weg ist, junge, mittellose Frauen von der Straße und der Kriminalität fernzuhalten. Das große Glück von *Pfirsichblüte* war, dass Frau Yu überall ihre Informanten hat, die sie sofort benachrichtigen, wenn sie irgendwo Mädchen ausfindig machen, das für sie in Frage kommen könnte. Und Sie werden zugeben, dass *Pfirsichblüte* hier besser aufgehoben ist als etwa in einer Taverne voller Soldaten!“

Der Richter bemerkte einen Wandschrank, der genauso aussah wie jener, den er bei *Zartes Veilchen* und auch am Tatort gesehen hatte. *Blasser Lotus* erklärte ihm, dass diese großen Möbel ihre Hoffnung auf ein baldiges Ende ihrer Tätigkeit symbolisierten. Jede von ihnen besäße einen solchen Schrank, die alle exakt gleich aussähen.

Die Mädchen vom Lande, aus denen sich der Bestand dieser Häuser gewöhnlich zusammensetzte, übten diesen Beruf einige Jahre lang aus, solange sie frisch und zart waren, um dann mit ihren geringen Ersparnissen zurückzukehren, um sich zu verheiraten. Dabei war es üblich, dass das Etablissement, in dem sie sich verkauft hatten, ihnen diesen Schrank für die Aussteuer zur Hochzeit schenkten. Dies war ein regelrechter Brauch geworden, auch wenn sie nicht vom Land gekommen waren oder gar nicht die Absicht hatten zu heiraten.

In der Tat hatte Di festgestellt, dass einige Mädchen des Hauses etwas gröbere Gesichtszüge aufwiesen, die mit denen seiner Gesprächspartnerin nicht zu vergleichen waren. Jene waren die berühmten Mädchen aus den Reisfeldern, die die Schlepper aus den Dörfern holten, nachdem sie den Eltern für einen armseligen Bissen Brot abgekauft worden waren. Man brachte sie in die Stadt, wo die Schönsten an die Freudenhäuser verkauft wurden, und zwar in einer schmutzigen Art von Auktion. Diejenigen, die von der Natur nicht sonderlich gesegnet worden waren, wurden als Dienstmädchen bei den Bürgern von Puyang verdingt, das heißt mehr oder weniger versklavt; ihr Los war also auch nicht beneidenswerter.

„Unsere Welt ist doch recht grausam", dachte der Richter. „Warum kann nicht jeder Mensch auf Erden glücklich sein und in Ruhe leben?"

Er suchte in seinem Gedächtnis, was Konfuzius zu diesem Thema gesagt hatte, doch der Meister hatte sich vor allem auf Ehrlichkeit in der Arbeit und Pflichten gegenüber der Gesellschaft bezogen. Er sprach von Recht und Gerechtigkeit in einer Welt, in der seine Worte doch nur selten Anwendung fanden. Er sprach viel von Gehorsam, was zumindest erklärte, warum man seine Gedanken zum Sockel der kaiserlichen Zivilisation gemacht hatte. Di fragte sich, ob es nicht nützlich wäre, wenn jetzt ein neuer Weiser dieses Formats käme, um von Glück und individueller Freiheit zu sprechen. Zugegeben rühmte die konfuzianische Lehre, dass man sich mit gewissen Dingen abfand, und gestattete es ihm somit, zumindest jene kleinen Freiheiten zu dulden, die seine Gemahlinnen sich seit einiger Zeit herausnahmen – auch wenn es ihm unangenehm war. Es fiel dem Richter leider schwer, seinen Großmut gegenüber der Menschheit – und besonders gegenüber dem weiblichen Teil dieser Menschheit – in seinem eigenen Haus zu zeigen.

Da er keine Lust hatte, den Verlockungen bezahlter Liebesspiele nachzugeben, es aber auch nicht eilig hatte, zum Yamen und seinem unbequemen Sofa zurückzukehren, und da außerdem immer noch eine Ermittlung durchzuführen war, bat er *Blasser Lotus*, ihn durch den *Blumenpalais* zu führen.

Ihm die Zimmer der anderen Damen zu zeigen war nicht sonderlich interessant und wäre im Übrigen auch problematisch gewesen, da die meisten von ihnen zu diesem Zeitpunkt beschäftigt waren. *Blasser Lotus* begnügte sich daher damit, ihm das schönste von allen zu öffnen. Es war im Moment leer, da seine Mieterin gerade eine Verpflichtung außer Haus hatte. Sie erklärte ihm, dass Frau Yu ein Notizbüchlein führe, worin sie eintrage, wie viel die Mädchen verdienten. Es sei üblich, dass die Begehrteste von ihnen, also diejenige, deren Dienste am teuersten waren und die folglich im letzten Monat am meisten verdient hatte, das geräumigste Zimmer bekam, das sogenannte Ehrenzimmer. Es war das Mädchen namens *Rote Päonie*, das seit dem Beginn der Saison dieses Zimmer bewohnte. In dem Raum hatten mindestens zwölf Matten Platz. Er war mit größerer Sorgfalt möbliert als alle anderen. Anstelle der üblichen Porträts nackter Frauen in zweideutigen Posen schmückten hübsche Blumenbilder die Wände.

„Eure Exzellenz werden zweifellos das Vergnügen haben, *Rote Päonie* bei einem Eurer nächsten Besuche anzutreffen. Sie ist nicht nur die Attraktivste von uns, wie ich Ihnen ganz ehrlich sage, sondern vor allem auch diejenige, die das größte Talent in den angenehmen Künsten aufweist, in denen die Kurtisanen der Ersten Kategorie ausgebildet werden. Sie wird von den angesehensten und besten Ausbildern von Puyang als begabt bezeichnet. Die Investition hat sich in ihrem Fall gelohnt. So groß der Diamant auch sein mag, er funkelt erst, nachdem man ihn mit der größten Sorgfalt geschliffen hat."

Nun führte sie ihn in das Wirtschaftsgebäude, in dem verschiedene Speisen und kleine Häppchen vorbereitet worden waren, die die Kunden sich servieren ließen, wenn sie in Gesellschaft ihrer Eroberungen speisen wollten.

Plötzlich hörte Di ein intensives, aufdringliches Surren. „Bedient man etwa um diese Zeit einen Mahlstein?", fragte er erstaunt. „Es ist also doch nicht jede von Ihnen im Dienst?"

Blasser Lotus seufzte. „Ich habe Ihnen doch gesagt, dass *Kamelie* kein Glück hat. Frauen, die schwanger sind, werden bestraft, weil sie nichts mehr einbringen. Um die Kosten für ihren Unterhalt zu decken, beschäftigt man sie mit dem

Zerkleinern von Tee in einer Kammer im rückwärtigen Teil des Hauses. Fünf oder sechs Monate lang diesen verdammten Mahlstein ankurbeln, stellen Sie sich das mal vor! Und das in ihrem Zustand! Es ist eine wirklich mühsame Arbeit. Man muss die Blätter auf die richtige Größe zerkleinern, die Stückchen dürfen weder zu groß noch zu klein sein, und das dauert unglaublich lange. Ich glaube, dass Frau Yu ihr diesen Auftrag erteilt hat, um andere abzuschrecken, denselben Weg einzuschlagen."

Weil sich sein Besuch langsam dem Ende zuneigte, sagte Di zu *Blasser Lotus*, dass er sie für die Zeit, die sie ihm gewidmet hatte, entschädigen wolle. Sie willigte ein, als wäre sie es gewöhnt, bezahlt zu werden, um als Führerin zu dienen oder ihre Kunden mit nostalgischen Vertraulichkeiten zu überschütten.

„Ich hoffe, dass ich Sie nicht beleidigt habe, weil ich Ihre Reize, die Sie zweifellos haben, nicht in Anspruch genommen habe", entschuldigte sich der Richter.

Blasser Lotus widmete ihm ein leichtes Lächeln. „Eure Exzellenz können sich nicht vorstellen, wie viele Männer hierherkommen, um sich dem Vergnügen der Konversation zu widmen. Entweder finden Sie anderswo niemanden, der ihnen zuhört, wie es eigentlich nur Frauen können, oder sie wollen einfach nur in galanter Gesellschaft gesehen werden, wenn auch ohne sich einer Aktivität hinzugeben, die ihrem Alter, ihrem Geschmack oder ihren Möglichkeiten nicht mehr angemessen scheint. Wie auch immer, die Liebhaber der Plauderei sind nicht selten. Frau Yu schickt sie für gewöhnlich zu mir."

Di fühlte sich manipuliert. Die Bordellinhaberin hatte ihn also wissentlich zu dieser charmanten Person geschickt. Hatte sie den Bericht des *Zarten Veilchens* benötigt, um ihre Entscheidung zu treffen? Er war sich sicher, dass sie sich darauf verstand, die Männer zu beurteilen und ihre Anliegen einzuschätzen.

„Der ist eine Plaudertasche“, hatte sie sich gesagt und ihn deshalb in die Pfoten einer Spezialistin dieser Tätigkeit gegeben, so wie ihre Kolleginnen sicherlich alle eine Begabung im einen oder anderen Bereich aufwiesen.

So blieb ihm also jetzt nichts anderes übrig, als zum Yamen zurückzukehren, so wenig es ihn auch danach verlangte, sein von Bitterkeit getrübtes Heim wieder aufzusuchen. Eine prächtige Sänfte hielt vor dem Haupteingang, als Di es gerade zu Fuß erreichte und im Vorbeigehen unterwürfigst vom Portier gegrüßt wurde. Eine schöne, elegante Frau stieg aus, während sie die Träger zurechtwies, die ihre liebe Mühe damit hatten, ihr zu helfen, ohne den hohen, kunstvollen Kopfschmuck der Dame zu beschädigen. Im Licht der Laternen stellte Di fest, dass die Sänfte das Wappen einer der großen Familien Puyangs trug.

Er vermutete, dass dieses hochmütige Geschöpf von majestätischer Körperhaltung die berühmte *Rote Päonie* sein musste – die Kurtisane mit den tausend Talenten, die soeben von ihrem Engagement außerhalb des Hauses zurückkehrte. Zweifellos hatte ein reicher Herr ihre Dienste zur Bereicherung eines Banketts in Anspruch genommen, das er zu Ehren seiner Freunde oder zur Pflege von Geschäftsbeziehungen ausgerichtet hatte. Die Anwesenheit einer solch jungen und schönen Frau, begabt im Gesang, Lautenspiel und in der Dichtkunst, trug ganz entscheidend zum Erfolg einer solchen Abendveranstaltung bei, deren Bedeutung für das Ansehen dessen, der das Ganze organisierte, nicht zu vernachlässigen war.

Rote Päonie warf den etwas unbeholfen wirkenden Dienern mit herablassender Geste ein bescheidenes Trinkgeld zu, das sie sich unter Zuhilfenahme von Laternen aus dem Staub der Straße fischen mussten. Als sie sich umdrehte, um den *Blumenpalais* zu betreten, erstarrte sie plötzlich.

Eine krumme, zerzauste, in Lumpen gekleidete Frau stand in der Nähe der Mauer, halb verdeckt von der Dunkelheit der Nacht. Di hatte sie bis zu diesem Zeitpunkt überhaupt nicht bemerkt. *Rote Päonie* näherte sich ihr und grüßte sie dann ehrerbietig. Der Richter sah, wie sie aus ihrer Börse, die ihre nächtlichen Verehrer vermutlich zuvor reichlich gefüllt hatten, ein paar Münzen hervorholte. Sie nahm die Hand der Bettlerin und gab ihr die Geldstücke, wobei sie irgendetwas zu ihr sagte, das Di nicht verstehen konnte. Er hatte diese mittellose Frau schon einmal gesehen, ihr Gebaren erinnerte ihn an jemanden. Dann fiel es ihm wieder ein: Es war die Säuferin aus der Sumpfgegend, mit der er sich am Tag zuvor unterhalten hatte.

Rote Päonie, die sich noch eben den Trägern gegenüber so hochmütig und herablassend verhalten hatte, fand für die armselige Frau ganz offensichtlich zärtliche Worte.

„Was sind diese Frauen doch kompliziert!", dachte der Richter. Er fragte sich, ob es sich nicht vielleicht um eine Art weiblicher Solidarität handelte, als Reaktion auf die Rolle, die die männliche Macht ihnen zuwies, der sie unterworfen waren – zumindest dem Anschein nach.

Nachdem sie der Bettlerin eine gute Nacht gewünscht hatte, als hätte es sich um eine spazierende Herzogin gehandelt, ging die Kurtisane an dem Richter vorbei, ohne ihn eines Blickes zu würdigen, und schritt unter hohen Bäumen entschlossen davon.

Di entschied, zu Fuß zum Yamen zurückzukehren. Dies war die letzte Möglichkeit, den entscheidenden Moment hinauszuzögern. Der Spaziergang würde ihm die Gelegenheit geben, über die Informationen, die er erhalten hatte, nachzudenken. Das war alles schön und gut, aber war er in seiner Ermittlung weitergekommen? Da war noch immer der Mord im Zimmer eines wehrlosen Mädchens und da war eine Witwe, die jedem, der es hören wollte, erzählte, dass ihr Mann ein Glückseliger gewesen sei, der im Begriff stand, vom buddhistischen Klerus heiliggesprochen zu werden. Wie sollte er diese stinke Frucht ausquetschen, damit die Wahrheit zum Vorschein kam?

Di fing an, die Kühle der Nacht zu spüren, als er an der Tür seines Hauses angelangt war. Ein Wachmann öffnete ihm und zeigte sich sehr überrascht, ihn so spät noch draußen zu sehen.

„Ich vermute, dass alle schlafen?", fragte der Richter und trat an ihm vorbei in den Innenhof.

„Ich … ich glaube nicht", stammelte der Soldat verlegen. Tatsächlich brannte trotz der späten Stunde noch Licht, und aus den Gemächern seiner Gemahlinnen drang Lärm. Die Tür war weit geöffnet. Er traf sie versammelt um einen Tisch an, mit ein paar Krügen und Gebäck aus Mandeln und Honig. Sie waren eben dabei, ein Dominospiel zu beenden, und zwar in Gesellschaft der unvermeidlichen Frau Sui, ihrer neuen ständigen Begleiterin bei all ihren Ausschweifungen. Die Frauen blieben sitzen und wandten sich bei seinem Eintritt kaum vom Spiel ab.

„Ich habe gehört, dass Eure Exzellenz sich gerade mit einem sehr komplizierten Fall beschäftigen, mit einem Mord", sagte die Besucherin, bevor sie einen Becher an ihre Lippen setzte. Der Richter vermutete, dass es sich bei dem Getränk um seinen besten Wein handelte. „Das ist wahrscheinlich der Grund, warum Sie so schlechte Laune haben. Sind Sie mit den letzten Ergebnissen nicht zufrieden?"

„Na, das ist ja allerhand!", dachte der Richter. „Jetzt erlaubt sie sich sogar, mich auszufragen! Man hat ja schon alles Mögliche erlebt. Warum beförderte sie sich nicht gleich zum Inspektor des Ministeriums, wo sie schon dabei war?"

„Meine Untersuchung entwickelt sich ganz annehmbar, vielen Dank", murmelte er und versuchte, seinen Ärger so gut wie möglich zu verbergen. „Und Sie? Wie steht es mit Ihren Liebschaften?"

Ohne sich von dieser Grobheit einer verheirateten Frau gegenüber auch nur einen Augenblick aus der Ruhe bringen zu lassen, antwortete Frau Sui, dass es ihren „Liebschaften“ prächtig ginge, da sie das Vergnügen habe, *ihn* zu sehen, was seine Gemahlinnen gleichzeitig erfreut loskichern ließ. Weil sich hier offenbar niemand mehr für irgendwas schämte, fragte Di ganz unverblümt, welche von ihnen denn die Güte hätte, ihn in dieser Nacht bei sich zu empfangen.

„Ich bin unpässlich!“, verkündete seine Erste Dame in energischem Ton.

„Ich ebenfalls!“, fügte die Zweite hinzu, gefolgt von der Dritten, die bei dieser Lüge kaum errötete.

Stand nun zu erwarten, dass sie ihre „Unpässlichkeiten“ mehrmals im Monat bekamen? Schweren Herzens überließ er seine Gemahlinnen ihrem Festessen und fragte sich, ob er wohl bald den Mut aufbrächte, diese ganze Runde mit dem sprichwörtlichen Besen zurück in Richtung ihrer eigentlichen Pflichten zu kehren. Di sagte sich, dass eigentlich sie ein Freudenhaus hätten besuchen sollen, um dort eine Unterrichtstunde im Gehorsam gegenüber Männern zu nehmen.

Sein Hausdiener hatte diesen Verlauf des Abends vorhergesehen, denn er hatte ihm sein Nachtlager in der Bibliothek vorbereitet. Nachdem er sich mit kaum mehr Komfort als in der vergangenen Nacht eingerichtet hatte, versuchte er einzuschlafen, während er darüber nachdachte, dass gewisse Männer in seinen Augen einiges an Hochmut eingebüßt hatten, seit er mit der Realität der weiblichen Macht konfrontiert war …

IX

Eine Leiche fleht den Richter an, ihr Gerechtigkeit widerfahren zu lassen, und Di lernt das erstaunliche Milieu der Reeder kennen.

Di träumte gerade, dass er die Hinterteile seiner Ehefrauen und auch das von Frau Sui mit einer Peitsche, versehen mit eisernen Dominosteinen, versohlte, als er spürte, dass ihn jemand an der Schulter berührte.

„Herr Richter!", rief sein Majordomus halblaut. „Ein neues Drama ist geschehen!"

Di setzte sich ächzend auf den Rand seines Diwans. Die Decken waren auf den Boden gerutscht und überall herrschte Durcheinander. „Sag mir, dass eine Frau umgebracht wurde", brummte er.

„Äh, hm, das weiß ich nicht", entgegnete der Diener. „Man hat mich lediglich benachrichtigt, dass ein abscheulicher Mord passiert ist. Der neue Leiter der Gerichtsbüttel wartet im Vorzimmer, um Eurer Exzellenz Bericht zu erstatten. Man hat ihn bereits beim ersten Licht des Morgengrauens gerufen. Er hat die Fakten festgestellt. Eure Exzellenz brauchen nur noch anzuordnen, was zu tun ist."

Wie üblich entschied „Seine Exzellenz", sich zunächst selbst ein Bild von dem Geschehen zu machen. Deshalb wusch er sich schnell, kleidete sich an und trank dann eine Tasse starken Tee, die ihm seine Arbeit erleichtern sollte. Anschließend legte Di die grüne Richterrobe an, die ihm sein Diener gereicht hatte, band sich die Haare zu einem Knoten und setzte seine schwarze Flügelkappe auf.

Währenddessen setzte ihm der Hauptmann auseinander, was er gesehen hatte. In einem ehrbaren Domizil der Stadt sei die Leiche einer Standesperson von beachtlichem gesellschaftlichem Ansehen entdeckt worden. Die äußeren Umstände dieses Fundes seien recht merkwürdig gewesen.

Di unterbrach mit einer Geste den Bericht; er zog es vor, unvoreingenommen den Tatort, an dem sich ein Mord zugetragen hatte, zu begutachten – wenn es sich denn überhaupt um einen Mord handelte. Er verließ sich von jeher mehr auf sein eigenes Urteil als auf das seiner Untergebenen. Auch befürchtete er, dass sein erster Eindruck durch subjektiv geprägte Vorabüberlegungen beeinträchtigt werden könnte.

Nichts war so wertvoll wie der direkte Kontakt, denn er stellte gleichzeitig auch eine Verbindung zum Mörder her. Di war der Ansicht, dass jede Leiche eine Botschaft beinhaltete, die der Täter – mehr oder weniger bewusst – hinterlassen hatte. Ein Mord war eine Kommunikationskunst wie jede andere: Es genügte, wenn der Ermittler, seine Sinne öffnete, um für mögliche Signale empfänglich zu sein. Er gab sich daher zunächst damit zufrieden, den Leiter der Büttel zu fragen, wo man diese makabre Entdeckung gemacht habe. „Es war nicht zufällig bei Kaufmann Sui?“, fragte er mit vergeblicher Hoffnung.

Di nahm in einer Sänfte Platz, und seine persönlichen Träger brachten ihn unverzüglich zum Tor eines geräumigen Wohnhauses in bester Lage. Einer der Träger bediente den bronzenen Türklopfer, der dort am Eingang hing. Bald darauf zeigte sich ein neugieriges Paar Augen hinter einer Klappe.

„Öffnen Sie Seiner Exzellenz, Richter Di!“, befahl der Büttel. Dann trat er beiseite, um das Gefährt des Richters vorbeizulassen. Das zweiflügelige Tor wurde respektvoll geöffnet und ein vorbildlicher Hausverwalter verneigte sich, als die Sänfte hineingetragen wurde, bevor er den Herrn des Anwesens benachrichtigte.

Di gelangte in einen gepflegten Hof, in dem man allerdings schnell bemerkte, dass er schon bessere Tage gesehen hatte: Die Bemalung der Säulen, die das Dach des Hauptgebäudes stützten, hätte dringend eine Auffrischung benötigt. In den Keramikvasen, die auf beiden Seiten der Freitreppe standen, fehlten die Blumen, und die Bodenfliesen waren wohl auch schon länger nicht mehr gesäubert worden – ein Zeichen dafür, dass man das Dienstpersonal reduziert hatte. An den Balken einer überdachten Promenade baumelten die Reste von Lampions, die von ihren eigenen Kerzen in Brand gesetzt worden waren.

„Wo sind wir hier?“, fragte Di.

„Bei den Brüdern Wang, reichen Reedern, edler Herr Richter“, antwortete der Büttel.

„Sie haben ein paar Schicksalsschläge erlitten, nicht wahr?“, sagte der Richter und sah sich um.

„Die Familie Wang stand nach alter Tradition an der Spitze der Gilde der Binnenschiffer, wie schon die Größe und die privilegierte Lage dieses Hauses zum Ausdruck bringen“, entgegnete der Beamte, der in dieser Stadt bereits seit seiner Geburt lebte, ganz im Gegensatz zu seinem Arbeitgeber. „Seit etwa zehn Jahren ist das nicht mehr der Fall. Ich glaube, dass sie noch immer von ihrer glorreichen Vergangenheit zehren, wenn Sie mir dieses unhöfliche Urteil gestatten.“

Ein großer, hagerer Mann in bequemer Hauskleidung beeilte sich nun, den hohen Besucher zu empfangen, gefolgt von dem Hausverwalter, der das Tor geöffnet hatte.

„Eure Exzellenz! Seien Sie willkommen in unserem bescheidenen Heim“, sagte der Hausherr und vollführte unzählige tiefe Verbeugungen. „Ich heiße Wang Gu-li und bin der Besitzer dieser Stätte. Es ist für uns eine große Ehre, den Besuch Eurer Exzellenz zu empfangen, sogar unter solch dramatischen Umständen.“

Bald darauf trat ein kleiner, dicker Mann durch eine andere Tür, der sich ebenfalls mehrmals beflissen verbeugte.

„Dies ist mein jüngerer Bruder Wang To-ma“, sagte der Ältere. „Wir sind Geschäftspartner in diesem Familienunternehmen, das unser erhabener Vater uns vor etwa zehn Jahren hinterlassen hat.“

Wang der Jüngere verbeugte sich erneut mit einem dümmlichen Lächeln. „Es ist lange her, dass unserem Hause eine solch große Ehre zuteilwurde“, sagte er, als wäre der Mord begangen worden, um ihnen das Vergnügen zu verschaffen, den Obersten Richter des Bezirks zu treffen. „Wenn wir das vorhergesehen hätten“, fügte er hinzu, „hätten wir uns entsprechend vorbereitet.“

Nun wirklich – wie hätten sie denn vorhersehen können, dass vor ihrer Nase ein Mord passieren würde? Der Richter empfand diese Bemerkung als ausgesprochen töricht. Der ältere Bruder mochte das vermutlich genauso sehen, denn er schnitt seinem jüngeren Bruder das Wort ab und führte den hohen Besucher kurzerhand in das Innere des Gebäudes.

Die beiden Wangs waren gleich gekleidet, als trügen sie eine Art Uniform. Di fragte sich, ob sie in die Hausschuhe ihres verstorbenen Vaters geschlüpft waren, die sie ebenso wie dessen Hauskleidung auch zehn Jahre nach seinem Tod noch verwendeten.

Im hinteren Teil eines Innenhofs, in der Nähe der äußeren Mauer, ruhte ein an Händen und Füßen gefesselter Mann. Er lag auf der Seite und seine Hände waren in einer Stellung erstarrt, dass es aussah, als würde er einen unsichtbaren Angreifer anflehen. Man hätte ihn für einen Bittsteller halten können. Oder für eine Statue, die bei einem Erdbeben umgekippt war. Am merkwürdigsten an ihm aber war der riesige Bauch. Beim Nähertreten sah der Richter, dass man dunkle Tränen auf seine Wangen gezeichnet hatte. Die Augen waren schwarz umrandet, und seine Wangenknochen trugen Spuren von Rouge, wie es Frauen verwendeten. Di hob das Gewand an und sah, dass man ihn um den Bauch herum mit Stroh ausgepolstert hatte. Da hatte sich offensichtlich jemand um eine Inszenierung bemüht, die Di an ein ähnlich düsteres Schauspiel erinnerte: die Zurschaustellung des Kopfes seines Hauptmanns auf einer Vogelscheuche in der Nähe der Hütte der Säuferin. Di ahnte, dass beide Morde vom gleichen Täter begangen worden waren. Vielleicht zur besonderen Erbauung der Zeugen, die die Leichen entdeckten? Er fragte die Bewohner des Hauses, ob sie irgendetwas gehört hätten.

„Dieses abscheuliche Verbrechen ist nicht bei uns begangen worden, edler Herr Richter!“, rief Wang der Ältere. „Die Dienstboten sind auf ihn gestoßen, als sie vor knapp zwei Stunden ihre Arbeit aufnahmen.“

Er versicherte, dass die Leiche über die Außenmauer geworfen worden sei, was durchaus glaubwürdig klang. Di fragte, ob man diese Person kenne. Die Wang-Brüder runzelten die Stirn.

„Das ist Cheng Mi-tsung, unser Nachbar“, sagte der Ältere. „Er besitzt ein schönes Haus auf der anderen Seite der Straße. Auch er ist Reeder, allerdings ist sein Unternehmen nur von bescheidenem Umfang. Wir standen früher in Geschäftsbeziehungen mit ihm. Er hat eine junge Frau und kleine Kinder. Wie traurig! Und was für eine Schande, wirklich!“

„Ja, ein Mann, der eine Familie zu unterhalten hat, das ist beklagenswert“, stimmte Di zu.

Wang Gu-li schien peinlich berührt zu sein. „Ich wollte sagen: Es ist eine Schande, dass man es gewagt hat, mit dieser Leiche unser Grundstück zu besudeln. Die räudigen Hunde, die sich diesen abscheulichen Scherz erlaubt haben, wollen unserem Ansehen als Binnenschiffer schaden, das ist sicher. Wir genießen, wenn ich mir erlauben darf, das zu sagen, eine zentrale Stellung in der besten Gesellschaft Puyangs. Unseretwegen wird jetzt die gesamte Gilde der Reeder in Verruf geraten! Ich hoffe, dass Eure Exzellenz diese Elenden bald so bestrafen wird, wie sie es verdienen. Nur eine öffentliche Hinrichtung, der alle Foltern vorausgegangen sind, die das

Gesetz vorsieht, kann die Schmach beseitigen, die man uns zugefügt hat."

Sein dicker Bruder bekräftigte jeden seiner Sätze mit einem kräftigen Kopfnicken, das ihn ebenso albern und gehorsam aussehen ließ wie ein kleiner Hund. Di sagte sich, dass diese beiden ein prächtiges Duo abgaben: Der Große schien unglaublich egoistisch zu sein, der Dicke nur Stroh im Kopf zu haben. Und zweifellos waren das noch nicht einmal ihre größten Mängel.

„Erweisen uns Eure Exzellenz vielleicht die Ehre, zu dieser morgendlichen Stunde eine Tasse Tee mit uns zu trinken?", fragte Wang der Ältere, als wäre der Richter zu einem Höflichkeitsbesuch erschienen. Di akzeptierte die Einladung, ohne zu wissen, warum er bereit war, diesem unangebrachten gesellschaftlichen Zwang Folge zu leisten.

Die Empfangshalle, durch die man ihn führte, war riesig und geschmackvoll eingerichtet, obwohl ihr Blumenarrangements oder Fantasie bei der Dekoration gut getan hätten. Es war deutlich zu erkennen, dass bei der gesamten Inneneinrichtung der weibliche Einfluss gefehlt hatte. Dies war typisch für Häuser, in denen Frauen sich vor allem in ihren privaten Wohnräumen aufzuhalten hatten.

Sie setzten sich an einen Tisch, auf den der Hausdiener bald darauf ein hübsches Teeservice aus rotem und schwarzem Lack stellte.

„Es gab eine Zeit, als alles, was Rang und Namen in diesem Distrikt hatte, bei uns verkehrte", sagte Wang Gu-li wehmütig. „Heutzutage läuft alles andersherum, die Menschen haben kein Gefühl mehr für Hierarchie, der Respekt vor den alten Familien wurde vom Winde verweht."

Di dachte, dass es lediglich der Respekt vor ihrer eigenen Familie war, der nicht mehr existierte. Bei seiner war nämlich alles in Ordnung, vorausgesetzt, Frau Sui mischt sich nicht weiter ein, um darüber zu herrschen.

„Ich erinnere mich an eine Zeit, die noch nicht lange zurückliegt, in der alle Schiffseigner von Puyang unserem Vater ihre Wünsche vortrugen, denn er war der Präsident der Gilde“, fuhr Wang fort. „Wir haben auf dieses Amt verzichtet, denn die Welt gefällt uns nicht mehr, so wie sie heute ist. Wir haben es vorgezogen, uns in unseren Elfenbeinturm zurückzuziehen.“

Di sagte sich, dass sie auf den Vorsitz „verzichtet“ hatten, weil sie nicht als Ersatz ihres Vaters gewählt worden waren, daher ihre Bitterkeit.

„Diese Zeit wird wieder kommen, lieber Bruder!“, sagte der Jüngere und lächelte dabei. „Eure aufgeklärte Politik wird eines Tages die ihr gebührende Anerkennung erhalten! Es gibt nämlich eine Verschwörung gegen uns, wissen Sie, Herr Richter? Die Leute beneiden uns um unseren Erfolg. Wenn Sie erfahren, dass Sie, Eure Exzellenz, gekommen sind, um uns zu besuchen, werden sich die Dinge ändern. Da werden sich viele Dinge ändern, jawohl!“ Er wackelte mit dem Kopf, so sehr begeisterten ihn seine eigenen Worte.

War es möglich, dass er nicht begriffen hatte, dass Di lediglich aus Ermittlungsgründen da war und keinerlei Lust verspürte, jemals wiederzukommen?

„Wissen Sie, edler Herr Richter“, ergriff der Ältere nun wieder mit schneidender Stimme das Wort, „es ist sehr schwer, den Glanz eines Familiennamens zu erhalten, vor allem gegen die Angriffe von Neidern aller Art! Aber wir tun unser Möglichstes und gehen davon aus, dass unsere Bemühungen gewiss bald belohnt werden.“

Di erwiderte, dass er dies nicht bezweifle, und formulierte steif ein paar sinngemäße Wünsche, was seine Gastgeber erneut zu einer Reihe von dankbaren Bücklingen veranlasste.

„Mögen mich die Götter davor bewahren, solche Leute regelmäßig aufsuchen zu müssen“, dachte der Richter. Vorsichtig äußerte er den Wunsch, „diesen prächtigen Besitz“ von außen besichtigen zu wollen. Die Brüder überließen es ihrem

Haushofmeister, diesen Rundgang mit ihm zu machen, und begleiteten ihn noch bis zur Freitreppe. Er versprach ihnen, so schnell wie möglich Anordnungen für die Beseitigung der Leiche zu erteilen, und verabschiedete sich dann mit einer gewissen Erleichterung. Die Luft draußen auf der Straße war im Vergleich zu der dekadenten und angestaubten Atmosphäre dieses im Verfall begriffenen Hauses rein und duftete angenehm.

Di ging durch mehrere kleine Straßen, begleitet von dem Majordomus, einem Menschen, der genauso unsympathisch war wie seine Arbeitgeber, nur noch schweigsamer. Auf der anderen Seite der Mauer, die den Hof abschloss, in dem die Leiche lag, fand er einen Stapel Ziegel, der es zwei entschlossenen Männern offenbar ermöglicht hatte, von dort aus die Leiche auf das Grundstück zu werfen. Der Hausdiener zeigte ihm nun das Haus des Toten, das auf der anderen Seite der Straße stand. Di beschloss, der Witwe sein Beileid auszusprechen, was ihm gleichzeitig erlauben würde, sich ein Bild von der Persönlichkeit und dem zeitlichen Tagesablauf des verstorbenen Reeders zu verschaffen.

Frau Cheng hatte bereits durch die Dienstboten der beiden Häuser von dem Drama erfahren. In den Gängen waren Klagerufe zu hören. Di wurde schon bald von der Dame des Hauses persönlich empfangen, die ganz in traditionelles Weiß zum Ausdruck ihrer Trauer gekleidet war und ihren Gatten ohne jegliche Zurückhaltung beweinte. Man erkannte in ihr die Nachfahrin einer alten Familie von einwandfreier Bildung, die ihre Rolle, ungeachtet des Unglücks, das sie getroffen hatte, pflichtbewusst erfüllte und stets in der Lage war, ihren Aufgaben gegenüber einer Person von hohem Rang nachzukommen.

Sie erklärte, dass ihr Mann gewohnheitsgemäß bei Tagesanbruch ausgegangen sei, um seine Schiffe zu inspizieren. Sie habe ihn deshalb vor dem Abend nicht zurück erwartet. Offenbar sei er nicht weit gekommen. Seine Ermordung müsse ganz in der Nähe und bald nach seinem Weggang erfolgt sein, denn er sei bereits beim ersten Tageslicht von den Dienern der Wangs entdeckt worden.

Als Di nach den Leuten fragte, bei denen die Leiche ihres Mannes gefunden worden war, bekam Frau Chengs zur Schau getragener Anstand einige Risse. Sie entwarf ein düsteres Bild der beiden Brüder, die ihrer Meinung nach geschäftsuntüchtig waren und es gerade mal so geschafft hatten, knapp zehn Jahre von dem geerbten Kapital ihres Vaters seit dessen Tod zu leben. Sie selbst könne dies sehr gut einschätzen, weil sie ebenfalls einer alten Reederfamilie entstamme.

Die geschäftlichen Beziehungen zwischen den Wangs und ihrem Mann seien seit Langem erloschen, seit der Wangs' Vater – der aus ganz anderem Holz geschnitzt gewesen sei – plötzlich verstorben war. Sie waren das Gespött der ganzen Gilde und taten nichts anderes, als das väterliche Vermögen aufgrund schlechter Geschäfte zu verschwenden.

Der Ältere sei zu prätentiös, zu geringschätzig und zu eingenommen von sich selbst, um einen guten Riecher zu haben, der Dicke dagegen sei ein impulsiver, gewalttätiger Dummkopf, der seine Zeit damit verbringe, dem älteren Bruder nachzulaufen – sein einziger Daseinszweck. Beide zusammen versuchten ständig, ihre Mitarbeiter und Schuldner über den Tisch zu ziehen.

„Was wohl mein Mann mit den beiden zu schaffen gehabt hat, frage ich mich! Aus dem Umgang mit ihnen kann man keinen Gewinn schlagen, zumindest nicht, wenn man ehrlich bleiben möchte."

Di sagte, dass Cheng sich nicht aus freien Stücken dorthin begeben habe. Seine Leiche sei zufällig dort gefunden worden. Er fragte die Witwe schließlich, ob der Tote Feinde gehabt habe, die zu einer solchen Tat fähig gewesen wären. Sie versicherte ihm, dass ihr Mann in seinem Beruf ein ehrenvolles Ansehen genossen habe. Seine Karriere sei genau gegenteilig zu jener der Wangs verlaufen:

„Er konnte hart und kalt erscheinen, aber das lag daran, dass er alles darauf konzentriert hat, sein Lebensziel zu erreichen – aus seinem Unternehmen das bedeutendste der ganzen Stadt zu machen. Man kann ihm ja nicht vorwerfen, dass er seine Mittel für seine Ambitionen eingesetzt hat, nicht wahr?“, fragte sie. „Die Götter neigen dazu, jenen beizustehen, die hart arbeiten. Cheng hat in den letzten zehn Jahren ständig an Einfluss und Reichtum gewonnen. Zum großen Teil verdankte er das auch der Unterstützung seitens meiner Familie. Er war voller Hoffnung, innerhalb einer angemessenen Frist schon bald zum Präsidenten der hiesigen Gilde gewählt zu werden. Und jetzt haben sich alle seine Träume in Rauch aufgelöst.“

Sie fing wieder an, in ihre Ärmel zu schluchzen. Di befand, dass er sie genug beansprucht hatte, und beschloss, die Unterhaltung zu beenden, allerdings nicht, ohne ihr zu versichern, dass die Mörder bald überführt, verurteilt und bestraft würden, was sich gleichwohl als problematisch herausstellte.

„Eine letzte Frage“, sagte er, als er bereits im Begriff war zu gehen. „Hatte Ihr Mann Kontakt zum Hauptmann meiner Gerichtsbüttel, einem Mann namens Hsueh Xan?“

Die Witwe warf ihm einen erstaunten Blick zu. „Nein, keinen, edler Herr Richter. Mein Mann hatte keine Verbindung zum Gericht, außer es gab einmal Streit mit Lieferanten, was aber nur selten der Fall war. Im Allgemeinen arrangiert man sich persönlich, um Eure Exzellenz nicht mit unwichtigen Problemen bei der Arbeit zu stören.“

Di begriff, was sie sagen wollte: Wer sich an das Gericht wandte, musste mit allen möglichen Gebühren rechnen sowie mit dienstlichen Verzögerungen, bis alle Aspekte des Falles untersucht und bewertet worden waren und ein Urteil gesprochen wurde. Eine gemeinsame Einigung, selbst eine nur mittelmäßige, war immer noch besser als so ein Rechtsstreit, denn sie ging schneller und war nicht so teuer.

Als er das Haus der Chengs verließ, um seine Sänfte zu besteigen, sagte er sich, dass in dieser Stadt wohl eine regelrechte Mordepidemie an kleinen Heiligen ausgebrochen sein musste, die all ihren Nächsten niemals auch nur das kleinste Unrecht zugefügt hatten. Auch wenn der Leiter seiner Büttel eine Reinkarnation Buddhas gewesen war, so stand ihm dieser Cheng hinsichtlich gesellschaftlicher und familiärer Tugenden in nichts nach.

Er war ein guter, sicher ein wenig zu ehrgeiziger Kaufmann gewesen, den seine Frau geliebt und respektiert hatte und heftig verteidigte. Ihre letzten Worte hatte er irgendwo schon einmal gehört, doch er war nicht in der Lage, sich zu erinnern, bei welcher Gelegenheit ihm Ähnliches zu Ohren gekommen war.

Eine Stunde später erhielt er in seinem Büro den Bericht des Leichenbeschauers. Cheng Mi-tsung, der Tote, sei siebenunddreißig Jahre alt gewesen und mit einem Säbelhieb in den Rücken getötet worden; der Tod musste kurze Zeit, bevor er gefunden worden war, eingetreten sein. Die Klinge sei ihm ins Herz gedrungen, was den sofortigen Exitus zur Folge gehabt habe. Erst danach habe man Cheng für die Position gefesselt, in der er gefunden worden sei, dies bezeuge das Fehlen von Hämatomen an Handgelenken und Knöcheln. Die Stricke hätten lediglich dem Zweck gedient, die Leiche in dieser flehenden Haltung darzustellen. Das Gewand sei mit Stroh ausgestopft worden, worauf man ihn wie ein einfaches Bündel auf die andere Seite der Mauer geworfen habe.

Dass man einen Reeder hatte töten wollen, dessen aufsteigender Stern ebenso ehrgeizige Konkurrenten beunruhigt hatte, konnte Di nachvollziehen. Doch fragte er sich, warum der Täter sich die Mühe gemacht hatte, sein Opfer über die Mauer auf das Grundstück der Wangs zu werfen. Dadurch war die Entdeckung ja in keiner Weise verzögert worden, eher im Gegenteil. Oder sollte dies eine Botschaft an die Wangs sein, die gleichfalls Binnenschiffer waren? Handelte es sich um ein Verbrechen aus den Reihen der Gilde, das von einem Binnenschiffer begangen worden war, der sich lukrativere Geschäfte unter den Nagen reißen wollte? Hatte der Mord mit ihnen persönlich zu tun? Und welcher Zusammenhang bestand zwischen diesem Mord und dem des Hauptmanns der Gerichtsbüttel?

Die Witwe hatte recht: Die beiden Opfer hatten kaum engere Beziehungen unterhalten können, sie lebten in verschiedenen Welten; der eine gehörte dem reichen Bürgertum an, der andere war ein kleiner Gerichtsbeamter gewesen. Und sie verkehrten auch nicht in den gleichen Lokalen, geschweige denn in den gleichen Freudenhäusern, wenngleich es galt, gerade dieses Detail zu überprüfen.

Gab es irgendeinen dunklen Punkt in ihrem Leben, der die beiden miteinander verband und womöglich sogar ihren Tod verursacht hatte? War irgendein Unrecht begangen worden, das nun plötzlich wieder an die Oberfläche gekommen war, weswegen die Opfer nun nach Rache schrien?

Di unterbrach seine Gedanken, als er Kopfschmerzen verspürte.

Sicher war nur eines: Dieses letzte Verbrechen konnte kaum das Werk seines verrückten Einzelgängers mit der Axt gewesen sein, es sei denn, er war ein Lastenträger von einer Statur, mit der er jedoch kaum unbemerkt geblieben wäre. Es hatte zwei Personen benötigt, um die Leiche des Reeders hochzuhieven und über die Mauer zu werfen. Das Ganze war höchst kompliziert! Es eröffneten sich ihm nun neue Möglichkeiten, das Knäuel zu entwirren.

Seine Frauen kehrten bald darauf von ihrem Besuch des Badehauses zurück, natürlich erneut in Begleitung der unvermeidlichen Frau Sui. Er fragte höflichkeitshalber, ob sie sich wenigstens amüsiert hätten.

„Wir danken Ihnen besonders dafür, dass Sie sich die Mühe gemacht haben, das Haus von Ihren Beamten bewachen zu lassen“, entgegnete seine Erste Dame.

Di hatte nämlich seinen Männern befohlen, sich vor der Tür der Anstalt zu postieren, um jeden abzuschrecken, der auf die schlechte Idee käme, eintreten zu wollen, während seine Frauen dort ein Bad nahmen.

„Wir hatten die Wannen ganz allein für uns, das war sehr angenehm, wenn auch vielleicht etwas zu ruhig“, sagte die Zweite Dame.

„Sie haben von der Ruhe profitiert, um weitere Unternehmungen dieser Sorte zu planen, und zwar zweifellos wieder unter dem Einfluss von dieser Sui!“, dachte der Richter.

Er fragte Frau Sui, ob ihr Mann nicht zufällig die Absicht habe, in das Geschäft mit der Binnenschifferei einzusteigen, und hegte dabei die gemeine Hoffnung, auch sie eines Tages an Händen und Füßen gefesselt zu sehen, ebenfalls in bittender Position und so tot wie möglich …

Merkwürdigerweise löste seine Frage bei Frau Sui eine unerwartete Reaktion aus. Ihr Gesicht erstarrte und sie schaute ihn an, als wäre er ein Hellseher, der soeben ein wichtiges Geheimnis aus ihrer Vergangenheit enthüllt hatte.

„Meine Vorfahren waren Reeder“, antwortete sie, „aber mein Mann hat überhaupt nichts mit diesem Beruf zu tun. Darf ich Sie fragen, wie Sie das erraten haben?“

Er hatte überhaupt nichts erraten und pfiff auf die gesellschaftliche Abstammung dieser guten Frau, die ihm mit ihren Besuchen so auf die Nerven ging. Andererseits konnte er sich den forschenden Blick nicht erklären, den sie ihm zuwarf. Es verbarg sich wohl kein großes Geheimnis darin, mit Reedern verwandt zu sein. Das war ja in dieser Hafenstadt durchaus nichts Besonderes. Also warum starrte sie ihn dann so an? Man hätte meinen können, dass sie versuchte, seine Gedanken zu ergründen, um seinen intimsten Überlegungen nachzuspüren.

Er sprach den erstbesten Gedanken aus, der ihm in den Sinn kam: „Ich ermittle in dem tragischen Tod eines Unternehmers der Binnenschifffahrt. Könnte es sein, dass Sie ihn vielleicht kennen? Es handelt sich um einen gewissen Cheng Mi-tsung. Da Sie ja so viel Zeit bei anderen verbringen …"

Frau Sui blieb so ungerührt, dass sie an eine aufsässige Heranwachsende erinnerte, die nach einer schallenden Ohrfeige beschloss, aus Trotz gegenüber ihren Eltern keinerlei Gefühle zu zeigen.

„Nein, ich kenne ihn nicht", sagte sie mit leiser Stimme. Da sie nun ausnahmsweise mal ohne Verzögerung plötzlich verschwand, beglückwünschte sich Di, dass er offenbar endlich ein Mittel gefunden hatte, wie man sie loswerden konnte: Es genügte, die Rede auf ihre familiäre Abstammung zu bringen, die für sie offenbar mit schmerzlichen Erinnerungen verbunden war. Wenn er es recht bedachte, dann war es übrigens seltsam, dass ihr Chengs Name angeblich nichts sagte. Hatte er nicht kurz davor gestanden, zum Präsidenten der Gilde gewählt zu werden?

Di hatte den unangenehmen Eindruck, dass sie ihm lediglich die erstbeste Antwort gegeben hatte, die ihr eingefallen war, da ihr die Zeit gefehlt hatte, eine glaubhafte Lüge zu ersinnen. Ganz so, als ob sie aus irgendeinem unbekannten Grund um jeden Preis vermeiden wollte, mit ihm über den Toten zu reden.

War dieser Cheng Mi-tsung womöglich doch etwas anderes gewesen als jener Heilige, als den ihn seine Witwe beschrieben hatte? Hatte die Sui diesbezüglich eine andere Meinung? Er nahm sich vor, sie beim nächsten Zusammentreffen erneut darauf anzusprechen, und sei es nur, weil er mit dem Thema scheinbar Einfluss auf sie ausüben konnte.

Was für ein Glück es wäre, wenn die Sui auf irgendeine Art mit diesem Fall zu tun hatte! Er stellte sich lebhaft vor, wie sie, eine Kriegerin im Unterrock, diese abscheulichen Morde mit dem Schwert in der Hand beging. War sie nicht zu noch

Schlimmerem imstande, sie, die seine geliebten und unschuldigen Ehefrauen vom rechten Weg abgebracht hatte?

Der Gedanke an eine verurteilte Frau Sui, die am Pranger stand mit einem Schild über ihrem Kopf, auf dem stand *Ich bin ein eitriges Geschwür*, wärmte ihm das Herz.

X

Di verhört eine Witwe und krönt eine Blume.

An jenem Nachmittag untersuchte Di den Fall Cheng Mitsung mit seinem Ersten Schreiber, den er damit beauftragt hatte, die Zusammenfassungen der verschiedenen Gespräche aufzuschreiben, die der Richter geführt hatte, um eine Akte anzulegen. In seinem Bemühen, hinter diesem Verbrechen eine Logik aufzudecken, sprach Di die Annahme aus, dass der Mörder, indem er Chengs Gewand mit Stroh ausstopfte, vor allem seinen Hass gegen die reichen Genießer und Fettwänste hatte ausdrücken wollen.

Souen Tsi wirkte nachdenklich. „Entschuldigen Sie, edler Herr Richter", meinte er, „aber es scheint mir, als könne man das auch noch anders verstehen. Indem man die Augen und Wangen des Toten geschminkt hat, wollte man vielleicht seine Männlichkeit infrage stellen. Man hat eine Frau aus ihm gemacht, genau genommen eine schwangere Frau."

Di schwieg eine Weile angesichts dieser Offensichtlichkeit. „Ich sehe, dass Sie gelernt haben, meine Kombinationsprinzipien anzuwenden", sagte er dann. „Das scheint in der Tat alles sehr schlüssig zu sein. Ich gratuliere Ihnen zu diesen Folgerungen, wobei ich Ihnen das Problem so gut dargestellt zu haben scheine, dass es für Sie nicht einmal nötig war, die Szene mit eigenen Augen zu sehen, um sie richtig zu beurteilen."

Der Sekretär war überzeugt, dass es nicht lange dauern würde, bis sich sein Herr die Urheberschaft seiner brillanten Schlussfolgerung zu eigen machte. Plötzlich legte sich ein Schatten über sein Gesicht. Eine trauernde Frau, die die

Wangs um etwas angeflehte, das erinnerte ihn an etwas, eine alte Episode, die einen bitteren Geschmack bei ihm hinterlassen hatte.

„Es ist zu hoffen, dass Eure Exzellenz die Verantwortlichen bald zur Rechenschaft ziehen werden“, sagte er. „Wirklich sehr bald …“

Souen Tsi schien zu befürchten, dass noch weitere Morde begangen würden. Niemand wäre sicher, solange man nicht den Verantwortlichen für diese schrecklichen Untaten hinter Schloss und Riegel gebracht hatte. Bis dahin konnte es buchstäblich jeden erwischen, das Gerichtspersonal eingeschlossen.

Di betrachtete seinen Sekretär eine Zeitlang, dessen Blick sich im Ungewissen verlor. Dann nahmen sie ihre Arbeit wieder auf, die sie bis zur Abendaudienz fortsetzten.

Gleich bei der Eröffnung näherte sich Frau Cheng dem Podium. Sie kam in vollständiger Trauerkleidung, in Milchweiß, und war ungeschminkt. Auch auf Schmuck hatte sie im Wesentlichen verzichtet. Außer einem Perlenkollier aus Elfenbein, das eine großartige Wirkung erzielte, trug sie lediglich ein Gehänge aus durchsichtigen Glasperlen, die von der Haube herabhingen, die ihren Haarknoten bedeckte. Gestützt von zwei verweinten Dienerinnen, kniete sie beschwerlich vor dem richterlichen Tisch nieder. Mit einer kaum hörbaren Stimme verlangte sie offiziell die Festnahme des oder der Mörder ihres Mannes, die ihr ehrenhaftes Geblüht verunglimpft hatten.

Nachdem er ihr formal versichert hatte, dass die kaiserliches Gerechtigkeit ihre Pflichten keinem Untertan des Reiches gegenüber verletzen würde, nutzte Di die Gelegenheit, ihr ein paar angebrachte Fragen zu stellen: Er wollte wissen, ob ihr Mann eine Konkubine gehabt habe, die er verstoßen habe, als sie schwanger geworden sei. Die Witwe antwortete, dies sei keinesfalls möglich gewesen, denn ihre Eltern hätten nie akzeptiert, dass er sich eine Nebenfrau genommen hätte: Es sei bereits bei der Verlobung deutlich erklärt worden, dass sie seine einzige Gattin bleiben würde, die einzige Herrin des Hauses, ausgenommen bei Unfruchtbarkeit. Doch dies spiele keine Rolle, da sie ihm zwei Kinder geschenkt habe, darunter einen Stammhalter, einen gesunden und lebhaften Jungen.

„Ich schäme mich nicht zu sagen, dass ich von einer Familie abstamme, die derjenigen meines Mannes hinsichtlich Vermögen und Ansehen etwas überlegen ist“, fuhr sie mit ihrer leisen, aber entschlossenen Stimme fort. „Meine Eltern konnten damals ihre Bedingungen stellen, als wir unsere Verbindung eingingen. Unter unserem Dach hat es zu keiner Zeit eine Konkubine gegeben, und ich hätte sie auch nicht toleriert. Mein lieber Mann ist im Übrigen nicht das Risiko eingegangen, mich jemals danach zu fragen.“

Alle diese Verneinungen erschienen dem Richter etwas zu kategorisch; er hatte das Gefühl, dass sie ihm nicht alles sagte. Er hatte allerdings keinerlei Ahnung, was es sein konnte, dass sie ihm verheimlichte. Er stellte diese Überlegungen deshalb zunächst zurück und bedankte sich trotzdem für ihre Aussagen. Die beiden Dienerinnen halfen ihrer Herrin aufzustehen und begleiteten sie langsam, wie bei einem Trauerzug, zurück zu ihrer Bank.

Di sah, dass auch Frau Yu anwesend war: Sie saß in der Nähe der Tür und hatte die Vernehmung mit leidenschaftlichem Interesse verfolgt. Kurz entschlossen flüsterte er einem seiner Büttel zu, sie nach vorn zu holen. Als sie in ihrem leuchtend roten Rüschenkleid vor ihm kniete, fragte Di sie, ob ihr „Haus“ – es war unnötig klarzustellen, um welche Art Haus es sich handelte – jemals von dem Reeder Cheng Mitsung besucht worden sei.

Die Witwe, die nicht darüber im Zweifel sein konnte, welches Gewerbe von dieser übermäßig aufgedonnerten Frau betrieben wurde, hob die Augenbrauen unter ihrem Gehänge aus Glasperlen.

Nachdem die Matrone einen Augenblick überlegt hatte, sagte sie, dass dies nach ihrem Wissen nicht der Fall gewesen sei. Es sei aber natürlich möglich gewesen, dass dieser Cheng dort unter einem anderen Namen verkehrt habe, was oft vorkomme. Da aber alle Reeder sich gut untereinander kannten, hätte einer von ihnen sicherlich sein Inkognito bald aufgedeckt. Das Verlangen nach Diskretion der einen verhinderte nicht zwangsläufig die Schwatzhaftigkeit und den Spott der anderen.

Di war verärgert. Es war, als bemühte sich jeder, sämtliche Verbindungen zwischen den einzelnen Toten zu zerstören. Das verwirrte ihn. Die Opfer kannten einander nicht, sie hatten nicht an denselben Orten verkehrt und nichts miteinander zu tun gehabt. Und trotzdem machten diese Morde wenig den Anschein, zufällig begangen worden zu sein: Der Leiter der Gerichtsbüttel war im Zimmer von *Pfirsichblüte* heimgesucht, der Reeder vor seinem eigenen Haus abgefangen worden.

Frau Yu, die noch immer vor ihm kniete, hustete, um die Aufmerksamkeit des Richters auf sich zu lenken. „Werden Eure Exzellenz zu uns kommen, um uns beim Fest der Blumen zu bewundern und zu unterstützen?“, fragte sie mit ihrer Flötenstimme.

Das „Fest der Blumen“ war anders, als es sein Name vermuten ließ, kein Wettbewerb mit Blumenarrangements. Es handelte sich dabei um eine jährliche Leistungsschau, an der die verschiedenen Bordelle der Stadt teilnahmen. Die Kurtisanen wurden einer Art Schönheits- und Talentwettbewerb unterzogen, den man die *Blumenprobe* nannte und aus dem dann die alljährlich zu wählende Blumenkönigin hervorging. Dabei wurde das Vokabular literarischer Wettbewerbe parodiert, denen man zukünftige Funktionäre unterzog: Die Schönen „bestanden ihre Prüfung“ und erhielten die Möglichkeit, „eine Lizenz“ zu ergattern oder gar „erste Preisträgerin“ zu werden. Die Inhaberinnen ermutigten ihre Mädchen, sich um diesen Titel zu bemühen, da die Auszeichnung auf das jeweilige Etablissement abstrahlte – und gegen gute Werbung hatte ja niemand etwas einzuwenden.

Die Blumenkönigin wurde außerdem zur aktuell gefragtesten Kurtisane überhaupt und erhielt fortan die besten Honorare für ihre Dienste.

„Wir würden uns sehr geehrt fühlen, wenn wir Sie unter den Experten unseres kleinen Wettbewerbs sehen dürften“, fügte die Matrone schmeichlerisch hinzu.

Di hatte gehört, dass jedes Etablissement einen Juror bestimmte, und gemeinsam fällten sie dann ein Urteil. Nach einem kurzen Augenblick des Nachdenkens antwortete er, dass er entzückt sei, dass man hierbei an ihn gedacht habe, und er erkläre sich erfreut einverstanden.

Frau Yu schenkte ihm ein begeistertes Lächeln. Sie hatte für die Jury soeben den Bezirksrichter der Stadt gewonnen, dessen Meinung ganz sicher die endgültige Wahl beeinflussen würde. Sie rechnete fest damit, dass ihre Chancen dadurch erheblich verbessert würden.

Sobald er mit seinen dienstlichen Aufgaben fertig war, beeilte er sich, die Gemächer seiner Gattinnen aufzusuchen. Er verspürte ein geradezu perverses Vergnügen dabei, ihnen mitzuteilen, was für ein Amt er beim Fest der Blumen zu übernehmen gedachte. Schließlich hatte er sich nur aus diesem Grund dazu entschieden.

Die scheinbare Gleichgültigkeit, mit der sie diese Neuigkeit aufnahmen, konnte ihn nicht täuschen: Sie waren wütend.

„Unser Herr wird bestimmt einen angenehmen Abend im Kreise dieser anständigen Damen verbringen!“, meinte seine Erste Dame.

Er nickte und strich sich über das Kinn. Die Stimme seiner Gattin änderte sich schlagartig. „Sind Sie sich bewusst, dass Sie die Grenzen überschreiten?“, schrie sie und stieß mit wütender Geste die vor ihr stehende Teekanne mitsamt den Tassen um.

Es folgte ein typischer Ehekrach, der den Richter geradezu erfreute. Er jubelte innerlich, denn er war glücklich zu sehen, dass er noch imstande war, die Stimmung seiner Gattinnen entscheidend zu beeinflussen, wenn auch im negativen Sinne. Doch Di zog es vor, ihren Zorn heraufzubeschwören, bevor sie ihm völlig entglitten.

Als es Abend war, warf er sich in Schale, um bei der Zusammenkunft der Zuhälter und Dirnen, unter denen er die nächsten Stunden verbringen würde, eine gute Figur abzugeben. Der Wettbewerb sollte an einem neutralen Ort stattfinden, im größten Salon des Weidenviertels: Im Theater *der Blühenden Mandelbäume*. Die Fassade war mit Spruchbändern geschmückt, die das Ereignis mit schmeichlerischen Worten anpriesen. Rote Lampions, die mit den Namen und Emblemen der verschiedenen Freudenhäuser bemalt waren, hingen auf beiden Seiten des Eingangs.

„Fast könnte man meinen, im Palast irgendeines hohen Edelmannes zu sein, der alle örtlichen Honoratioren empfängt", dachte der Richter, als er durch die hell erleuchtete Vorhalle des kleinen Theaters schritt.

Die zehn Juroren, die man bestellt hatte, saßen im Ersten Rang des Parterres auf großen Lederkissen, die aufgrund ihres Alters etwas rissig waren. Diener der verschiedenen Etablissements eilten geschäftig hin und her, boten Getränke an oder fächelten Kühlung zu; sie waren bestrebt, sicherzustellen, dass alle sich wohl fühlten, um völlig entspannt die Qualitäten der Bewerberinnen einschätzen zu können. Di hatte sich nie bedeutender gefühlt, noch eine solche Genugtuung dabei verspürt.

Der Salon war zum Bersten voll mit Freudenmädchen und eingeladenen Personen aus allen gesellschaftlichen Bereichen sowie reichen Gönnern, die die Beliebtesten unter ihnen offiziell aushielten. Als Di sich umdrehte, um all die eleganten Anwesenden zu mustern, entdeckte er im Hintergrund seinen persönlichen Sekretär, der mit aufgesetzter ernster Miene geradeaus starrte und etwas lächerlich aussah.

Der Richter hatte bis dato nicht gewusst, dass Souen Tsi, dieser Geheimniskrämer, im Weidenviertel verkehrte, und nahm sich fest vor, ihn bei nächstbester Gelegenheit damit zu necken. Die Konkurrentinnen stellten sich nun vor, um die Jury zu begrüßen. Es war eine Blumenlese gefeierter Schönheiten, allesamt stolz und selbstzufrieden. Es handelte sich um die schönsten leichten Mädchen von Puyang und die vornehmsten des ganzen Viertels. *Rote Päonie* verteidigte dabei die Interessen und die Ehre des Hauses Yu.

In ihrem weiten ochsenblutfarbigen Kleid, dessen gestärkter Kragen bis zu ihren fein umrahmten Ohren reichte, wirkte sie ganz wie eine Dame vom Hofe, hätte geradezu eine Konkubine des Kaisers sein können. Die edle Kunst der erstklassigen Kurtisanen war exakt dieses Auftreten, mit dem sie sich weit über ihren sozialen Stand erhoben. Das beeindruckte den Großteil ihrer Kundschaft, der sich geschmeichelt fühlte, bei ihren Banketten diese nicht nur schönen, sondern hochmütigen, fast unerreichbaren Frauen zu empfangen. In ihren kostbaren Brokatkleidern sahen sie wie Orchideen eines exquisiten Sammlers aus. Im Vergleich zu ihnen wirkten die von den Reisfeldern oder aus den Bergen kommenden Mädchen wie Klatschmohn oder Löwenzahn, also wie einfache Blumen, die zwar auch ihre Verehrer hatten, jedoch von anderer, deutlich anspruchsloserer Art.

Was Di betraf, so war er stets der Meinung gewesen, dass die Gemeinsamkeit aller Orchideen in ihrem mangelnden Duft bestand.

Frau Yu war darauf bedacht gewesen, ihm ihre Favoritin noch vor dem Eintreffen des Publikums vorzustellen. *Rote Päonie* hatte sich zwar vor ihm verneigt, ohne jedoch ihre königliche Haltung auch nur für einen Augenblick aufzugeben. Di hatte den Eindruck, dass es eher eine Ehre für ihn war, ihr vorgestellt zu werden, als umgekehrt. Er war plötzlich nicht mehr der Erste Bezirksrichter seiner Stadt, sondern nichts als ein kleiner Beamter, von denen es unzählige im Kaiserreich gab, dem das unermessliche Privileg zuteilwurde, eine der anmutigsten Künstlerinnen der Region zu treffen.

Inhaber und Inhaberinnen der Etablissements, die sich in Bezug auf Organisation und Ablauf der Veranstaltung abgesprochen hatten, hatten einen Hofnarren beauftragt, die Atmosphäre zwischen den einzelnen Nummern etwas aufzulockern, und ein Zeremonienmeister, ein etwas steifer Mensch, kündigte mit großem Ernst den Namen jeder einzelnen Bewerberin sowie den Titel des Stückes an, das sie vortrug. Im Hintergrund der Bühne saß ein Musikensemble, das die Gesänge und traditionellen Tänze begleitete.

Der Ruf dieser Wettbewerbe reichte weit über die Grenzen des Weidenviertels hinaus; er hatte die ehrenwerte Gesellschaft erreicht. Di bemerkte, dass Frauen anwesend waren, die sich verkleidet hatten, die Gesichter hinter Schleiern verborgen. Zweifellos handelte es sich bei ihnen um Bürgerinnen, die selbst gern einmal in anrüchiger Gesellschaft sein wollten, vielleicht sogar Adelige, neugierig, sich ein Bild davon zu machen, wozu gefallene Mädchen fähig waren.

Die Türen blieben geöffnet, jeder konnte jederzeit eintreten. Unentwegt wurden kleine Imbisse oder Erfrischungen gereicht, die der Werbung der jeweiligen Häuser dienten.

Di bemerkte, dass man eine ganz illustre Jury gebildet hatte. Er entdeckte den derzeitigen Präsidenten der Gilde der Binnenschiffer, einige andere Großkaufleute und ein Mitglied der örtlichen Hocharistokratie, einen betagten Mann mit weißem Haarknoten, der die Frauen, die ihn umringten, unentwegt lüstern anlächelte.

Das Programm beinhaltete verschiedene musikalische Wettkämpfe instrumentaler Art – hauptsächlich mit der Laute, dem beliebtesten Instruments der kultivierten Elite –, aber auch des Gesangs, des Vortrags, der poetischen Improvisation zu vorgegebenen Themen und des Tanzes. Dabei wurde alles Mögliche berücksichtigt: etwa die Bewegungen der Teilnehmerinnen, der Schnitt ihrer Kleider, die Wahl des Schmuckes, aber auch die Feinheiten ihrer Schminke. Diese jungen Frauen hatten von ihrem Unterricht erheblich mehr profitiert als die breite Masse der Mädchen in den Freudenhäusern. Das, was Di jetzt geboten wurde, war weitaus hochwertigere Kunst als die lächerlichen Darbietungen, die die Zöglinge von Frau Yu an jenem Abend präsentierten, den er bei ihr in Gesellschaft von Richter Lo verbracht hatte. Man erreichte ein nahezu perfektes Niveau, das selbst in den besten Etablissements von Chang'an, der kaiserlichen Hauptstadt, nicht besser hätte sein können, und Di konnte das gut beurteilen. Schließlich hatte er ja dort seine „stürmische Jugend" verbracht, wie es Lo bezeichnet hatte, vornehmlich, weil in diesem Rahmen vier oder fünf Beförderungen seiner engsten Freunde gefeiert wurden.

Rote Päonie schnitt bei der Prüfung außerordentlich ehrenhaft ab. Es fiel ihr sicher nicht leicht, die übliche Steifheit ihres Wesens abzulegen, die einen Teil ihres Charmes ausmachte, doch es war zu erkennen, dass sie offenbar von den besten Lehrmeistern unterrichtet worden war – namentlich im literarischen Bereich. Ihre Talente in dichterischer Hinsicht bewiesen deutlich ihre umfassende und wache Intelligenz. Sie strahlte ein derartiges Selbstvertrauen, ein derartiges Gefühl von Überlegenheit gegenüber allen anderen Freudenmädchen aus, dass es schwer fiel zu glauben, sie gehöre nicht einem der ersten Häuser dieser Provinzmetropole an. Nach dem Abschluss der Darbietungen setzte sich die Jury im Theaterfoyer zusammen, um sich zu beraten, was – wie es aussah – nicht einfach werden würde, denn jeder Juror hatte seine eigene Favoritin. Der alte Edelmann plädierte hartnäckig für eine junge Frau, die offenbar sein offizieller Schützling war. Während der einzelnen Nummern hatte er nicht aufgehört, ihr ungezügelte Ermutigungen zuzurufen. Der Präsident der Gilde der Binnenschiffer votierte für ein Mädchen, das so geschickt gewesen war, ein altes Flussschifferlied vorzutragen, das ihren Mut pries und sie quasi zu legendären Helden erhob.

Di seinerseits stimmte für *Rote Päonie*, um die guten Beziehungen mit dem Hause Yu zu bewahren, auf dessen Mitwirkung er wegen seinen Ermittlungen auch weiterhin angewiesen war. Es war ihm jedenfalls völlig unmöglich, eine der Grazien aus der Gruppe der Bewerberinnen auszuwählen. Nach dem dritten Wahlgang hatte sich ein Ergebnis herauskristallisiert.

Die Kaufleute trafen Absprachen, sich gewisse kleine Dienste zu erweisen, die rein gar nichts mit dem Verlauf des Wettbewerbs zu tun hatten, und wurden sich schließlich einig, ihre Stimmen der Kandidatin des Intrigantesten unter ihnen zu geben – einer Schönheit im Übrigen, die genauso würdig war, den Titel zu tragen, wie die Mehrheit der Bewerberinnen.

„Es tut mir leid, dass ich nicht so viel Einfluss gehabt habe, wie Sie es vermutlich erwartet hatten“, entschuldigte sich Di später bei Frau Yu, während die neue Königin gekrönt wurde. Die Bordellvorsteherin antwortete mit ihrer üblichen Gleichgültigkeit, dass dies nichts weiter als ein seichter Wettbewerb gewesen sei, der nicht die geringste Bedeutung habe. Insgeheim hoffte Sie trotzdem, dass ihr nächster Juror mehr Glück haben würde, seinen Standpunkt durchzusetzen und die Qualitäten ihres Hauses anzupreisen. Sie bedauerte, nicht daran gedacht zu haben, *Rote Päonie* ins Bett des Bezirksrichters zu schicken. Dies wäre eine horizontale Nummer gewesen, die zwar nicht zum Programm gehörte, ihrer Meinung nach aber gewiss bei der Preisverteilung eine Rolle gespielt hätte.

Nachdem er seine Mission erfüllt hatte, sah der Richter keinen Anlass, noch länger in dieser Gesellschaft zu verweilen, die trotz allem weit unter seinem üblichen Umgang war. Während er sich anschickte, seine Sänfte zu besteigen, wurde seine Aufmerksamkeit von der Unterhaltung zweier Männer auf der anderen Straßenseite geweckt. Einer von ihnen war sein Erster Schreiber. Als sich der andere, offensichtlich in großer Erregung, in seine Richtung wandte, erkannte Di in ihm den Majordomus der Wangs. „Was macht denn dieser Bursche hier?“, fragte er sich. Er hätte nicht gedacht, dass ein verklemmter Mensch wie dieses lichtscheue Individuum für die Art von Freuden und Vergnügungen empfänglich war, die in diesem Teil der Stadt geboten wurden. Es gab definitiv ein Problem mit diesen Wangs. Er nahm sich fest vor, sich intensiv mit ihrem Fall zu beschäftigen, sobald er dazu Gelegenheit haben würde.

Wieder zu Hause angekommen, bemerkte Di auf einem Stuhl eine ähnliche Aufmachung, wie sie die verkleideten Damen in den hinteren Reihen des Theaters getragen hatten. Diese vermutlich gar nicht so zufällige Entdeckung traf ihn wie ein Blitz. Es bestand kein Zweifel daran, dass seine Gemahlinnen sich heimlich in das Theater der *Blühenden Mandelbäume* begeben hatten, ohne Frage dazu animiert von dieser verdammten Frau Sui. Er hätte niemals gedacht, dass seine Ermittlung derartige Auswirkungen auf sein Privatleben hätte haben können.

Er hätte es vorgezogen, wenn diese zwei entgegengesetzten Welten voneinander getrennt geblieben wären. Aber offenbar waren sie dies überhaupt nicht mehr. Seine Gemahlinnen hatten an einer Zurschaustellung von Personen mit lockerem Lebenswandel teilgenommen. Wie lange würde es dauern, bis sie in ihren Gemächern Kurtisanen empfingen oder bis sich seine drei besseren Hälften gar einer Kupplerin bedienten, um selbst schändliche Geschäfte mit unmoralischen Schürzenjägern zu unterhalten?

Di errötete vor Scham und wünschte von Herzen, dass niemand von diesem ehrlosen Treiben erführe. Was würde man von einem Bezirksrichter halten, der von seinen eigenen Ehefrauen hintergangen wurde und der nicht einmal imstande war, bei sich zu Hause für Ordnung zu sorgen?

Da er in seinem eigenen Heim noch immer nicht willkommen war, beschloss er, während der Nacht seine Ermittlungen fortzuführen. Er nahm eine Lampe, begab sich in sein privates Arbeitszimmer und versank in einer trostlosen Dunkelheit.

XI

Di setzt seine Ermittlungen in der schlafenden Stadt fort, und es kommt zu seltsamen Begegnungen.

Zurück in seinen verlassenen persönlichen Gemächern stellte der Richter die Lampe auf ein Möbelstück und zog seine schöne Zeremonienrobe aus, die er über die Lehne eines Sessels legte. Er öffnete einen Kleiderschrank und untersuchte sorgfältig den Bestand darin. Für das Vorhaben, das er plante, empfahl es sich, etwas möglichst Durchschnittliches, vor allem Unauffälliges anzuziehen. Seine Wahl fiel auf ein dunkles, kastanienbraunes Gewand sowie eine Mütze undefinierbarer Farbe, durch die er sich von seinen Mitbürgern so gut wie gar nicht unterscheiden würde. Sein prächtiger Bart nach Art der Mandarine verlieh ihm zwar noch immer ein edles Aussehen, doch stand zu erwarten, dass niemand in den vom Mondlicht erleuchteten Straßen darauf achten würde. „Auch ich verstehe es, mich zu verkleiden!“, sagte er sich und dachte an die Dreistigkeit, die seine lieben und teuren Gemahlinnen an den Tag gelegt hatten. Wenn sich nun jeder in diesem Hause so verhielt wie sie, sollte er dann damit rechnen, dass sich seine Söhne bald als kleine Mönche schminkten, um Passanten Geld für Süßigkeiten abzuluchsen?

Derart ausgestattet begab sich der Richter nun zur Rückseite des Gerichtsgebäudes und verließ seine Residenz durch eine kleine Pforte, für die nur er einen Schlüssel besaß. Er ging mit festen Schritten in Richtung des Wohnhauses der Wangs. Sein Ermittlerinstinkt sagte ihm deutlich, dass der scheinbar unentwirrbare Knoten nur dort gelöst werden konnte. Die Entdeckung einer Leiche in ihrem Innenhof war nur der Anfang und zweifellos ein Zeichen. In diesem Gebäude musste sich jemand befinden, der auf dieses Ereignis reagieren würde. Nun, das nächtliche Halbdunkel war günstig für strafbares Handeln.

Di folgte der Umfassungsmauer, erreichte das Haupttor und stellte sich unter den Vorbau eines Nachbarhauses, um auf ein möglicherweise verdächtiges Kommen und Gehen zu lauern.

Die Nacht war nicht allzu frisch. Das Kleidungsstück aus Leder, das er unter dem braunen Gewand trug, hielt ihn warm genug, dass er so lange geduldig aushalten konnte wie er imstande war, seinem Schlafbedürfnis zu widerstehen. Auf alle Fälle bevorzugte er jede Situation, so unbequem sie auch sein mochte, wenn er dadurch nur vermeiden konnte, auf sein unfreiwillig zölibatäres Sofa zurückzukehren.

Nach einiger Zeit, die ihm relativ kurz vorkam, bestätigte sich seine Vermutung: Er vernahm das leichte Quietschen einer Türangel und bemerkte die Silhouette eines Mannes, die dem Majordomus stark ähnelte, der einen Blick in die Straße warf. Di kauerte sich so tief in seine Ecke, dass er völlig im Schatten der Mauer verschwand.

Nachdem er sich vergewissert hatte, dass die Straße leer war, wagte sich der Mann hinaus, ohne irgendein Leuchtmittel, was höchst verdächtig war.

Was hatte er draußen zu dieser späten Stunde vor? Di nahm an, dass ihm das Glück gewogen war, und beschloss spontan, dem Mann quer durch die schlafende Stadt zu folgen. Als er sah, dass der Hausmeister kein Schwert am Gürtel trug, war er erleichtert, und zwar sowohl hinsichtlich der Sicherheit seiner Mitbürger als auch seiner eigenen.

Es bedurfte großer Geschicklichkeit, nicht bemerkt zu werden, denn der Diener sah sich immer wieder sorgfältig um, wie ein Mann, der befürchtete, verfolgt zu werden. Seine Kleidung stand derjenigen des Richters in nichts nach, was die Diskretion anbelangte. Lediglich die metallenen Absätze seiner Schuhe verrieten ihn, denn sie klapperten auf den Holzwegen. Aber auch dieses Geräusch war schon bald nicht mehr zu hören, als sie in die Armenviertel kamen, deren verwinkelte Gassen aus festgestampfter Erde bestanden.

Jetzt wurde es immer schwerer, seiner Zielperson zu folgen. Di glaubte schon, sie aus den Augen verloren zu haben, als der Lärm eines heftigen Wortwechsels an seine Ohren drang. Er schlich näher. Schließlich erkannte er zwei Schemen, die einander gepackt hatten und wütend schüttelten.

„Ich war mir ganz sicher!“, brüllte Zhao Ding, der Hausdiener der Wangs.

„Nehmen Sie die Hände von mir!“, entgegnete eine raue und unterdrückte Stimme, die der Richter nicht kannte.

„Wie wollen Sie mich davon abhalten?“

„Damit!“

Der Diener stieß einen durchdringenden Schrei aus. Di hörte, dass man in seine Richtung stürzte und fand gerade noch Zeit, sich in eine Ecke zu werfen. Da sah er auch schon, wie der Majordomus flüchtend an ihm vorbeieilte und sich den Arm hielt, verfolgt von einer bewaffnete Silhouette, die in beiden Händen ein langes Schwert hielt.

„Was ist denn das für eine Pantomime?“, fragte sich der Richter. Plötzlich durchzuckte ihn ein Gedanke. „Das ist das Schwert! Das Schwert, mit dem das Verbrechen begangen wurde!“

Sofort heftete er sich an die Fersen der beiden, ohne zu überlegen, wie er einem bewaffneten und zu allem entschlossenen Mörder gegenübertreten sollte, während ihm selbst nur seine Hände zur Verteidigung blieben.

Die beiden Streitenden waren davon gesaust wie der Wind, der eine von Furcht gepackt, der andere vom Zorn angetrieben. Nachdem er um mehrere Straßenecken gebogen war, gelangte Di in eine verlassene Sackgasse. Die beiden Flüchtigen waren ihm entwischt. Wahrscheinlich hatten sie nicht einmal bemerkt, dass er ihnen auf den Fersen gewesen war.

Er sagte sich, dass er in der nächsten Nacht einige Patrouillen in diesen Teil der Stadt entsenden musste, um des Schattens mit dem Schwert habhaft zu werden, der hier offensichtlich etwas zu schaffen hatte.

Die Gegend war dem Richter nicht unbekannt. Der Mond trat wieder hervor, und sein Licht ließ ihn feststellen, dass er sich ganz in der Nähe des Hauses jener Bettlerin befand, dort, wo man den Kopf des Hauptmanns seiner Gerichtsbüttel aufgespießt auf einer Vogelscheuche gefunden hatte.

Konnte es sein, dass es sich bei der Stimme, die er vernommen hatte, um die jener Frau gehandelt hatte? Das schien nun doch ziemlich unwahrscheinlich zu sein, denn er konnte sich nicht vorstellen, dass diese Säuferin in solchem Tempo durch das Viertel rannte, noch dazu mit einer Waffe in der Hand. Außerdem müsste sie sich um diese Zeit kaum noch auf den Beinen halten können.

Er schickte sich eben an umzukehren, als er ein entsetzliches Geheul vernahm. Eine betrunkene Stimme stieß mit der ganzen Kraft ihrer Lungen Schmähufe aus: „Schuft! Mörder! Ich werde dir das Fell über die Ohren ziehen!“

Di begriff, dass die Unglückselige gerade überfallen wurde, außer es handelte sich um die Wahnvorstellung einer Alkoholikerin. Er versuchte, der Richtung, aus der die Schreie kamen, zu folgen.

Der Schlamm dieses unwegsamen Geländes erschwerte sein Vorwärtskommen, zumal der Boden außerdem uneben war und man auf Schritt und Tritt gegen Abfälle stieß, die teilweise unangenehm an den Schuhen kleben blieben.

Er hatte soeben die Bruchbude erreicht, als etwas höchst Merkwürdiges geschah. Die baufällige Behausung begann plötzlich zu schwanken, als würde sie von einem unsichtbaren Riesen geschüttelt. Sie neigte sich von rechts nach links, die Wände begannen zusammenzuklappen, das Dach wölbte sich. Die Fensterläden sprangen aus ihren Befestigungen und fielen auf den Boden. „Ist das ein Erdbeben?", fragte sich der Richter. Aber um ihn herum war alles friedlich und bewegungslos. Lediglich die elendige Hütte zitterte wie ein Tier, das kurz davor war, dem Sumpffieber zu erliegen. Die Tür löste sich aus den Angeln und brach krachend auseinander. Im Inneren hatte das Schreien nachgelassen, dafür schien sich dem Lärm nach ein Kampf abzuspielen.

„Da drin wird jemand umgebracht", sagte sich Di.

Seine Amtspflicht als Richter befahl ihm einzugreifen, und so lenkte er seine Schritte in Richtung der weit aufklaffenden Öffnung. Er hielt sich dabei an den schwankenden Mauern fest, um nicht auf irgendwelchem Schutt auszurutschen. Aber schon bald blieb ihm nichts anderes mehr übrig, als zurückzuweichen, denn die baufällige Behausung drohte nun, endgültig einzustürzen. Er hatte kaum noch Zeit, ein paar Schritte zurück zu tun, als das elende Loch zu implodieren schien. Die Wände brachen zusammen, während das Dach auf das Mobiliar und die sich unter ihm befindenden Personen hinabstürzte.

Di schirmte sein Gesicht mit den Ärmeln ab: Aufgrund dieses Vorgangs hatte sich eine beeindruckende Staubwolke gebildet; man konnte nun überhaupt nichts mehr sehen. Es war kaum noch möglich zu atmen. Es hätte nicht schlimmer sein können, wenn ein heftiger Windstoß in eine offene Scheune zur Lagerung von Reispulver gefahren wäre. Di begann zu husten, denn seine Bronchen waren gereizt und die Lunge mit Schmutzpartikeln gefüllt.

„Ist da jemand?", fragte er und versuchte, in dem Haufen der herumliegenden Bretter zu erkennen, ob sich etwas bewegte.

„Du Taugenichts!", krächzte eine halb unter von dem Trümmerhaufen erstickte Stimme.

Er stieg durch den Schutt und sah eine Hand aus dem Haufen hervorragen. Di schob und drückte einige Trümmer der Hütte beiseite, dann entdeckte er den Körper der armseligen Alten. Sie war über und über mit grauem Staub bedeckt, schien aber nicht schwer verletzt zu sein. Lediglich in ihrem Haargestrüpp zeigte sich eine rote, schmierige Blutspur. Ihre Hütte, die über ihrem Angreifer zusammengebrochen war, hatte ihr vermutlich das Leben gerettet.

Jetzt arbeitete sie sich wütend aus all dem Schutt hervor, ihren prächtigen Geschirrkasten in den Händen haltend. Di wollte ihr behilflich sein.

„Lassen Sie mich in Ruhe!“, rief sie. „Sie Gauner!“

„Ich bin Ihr Bezirksrichter!“, entgegnete er. „Und zwar der, der Sie vor ein paar Tagen besucht hat. Erinnern Sie sich?“

„Den Bezirksrichter habe ich nie gesehen!“, brüllte sie. „Machen Sie, dass Sie davonkommen!“

Da sie wankte und nicht imstande schien, ohne ihn aufstehen zu können, fasste er sie spontan am Arm, zog sie ganz aus den Trümmern hervor und half ihr, sich auf die Böschung zu setzen.

„Die Diebe werden immer frecher!“, brummte sie. „Ich werde mich beim Richter beschweren.“

Di wollte gerade sagen, dass der Mann, mit dem sie sprechen wolle, vor ihr stehe, doch dann verzichtete er darauf. Als er sich von dem Staub etwas befreit hatte und auch nicht mehr husten musste, ging er daran, die jämmerlichen Überreste auf der Suche nach dem Angreifer zu inspizieren. Während er ziellos herumbuddelte, hoben sich am anderen Ende ein paar Bretter. Er nahm die gräulichen Konturen einer Person wahr, die sich auf dem unwegsamen Gelände davonschlich, und machte sich entschlossen sofort an die Verfolgung. Diesmal sollte er ihm nicht wieder entwischen, zumal der Flüchtling zu hinken schien.

An der Biegung einer Gasse lief ihm eine Gestalt in langem Mantel und mit Kapuze praktisch in die Arme.

„Jetzt habe ich dich, du Schlingel!“, schrie er und umklammerte den Unbekannten mit aller Kraft.

„Edler Herr Richter, Eure Exzellenz tun mir weh!“, jammerte die bedeckte Person.

Diese Stimme war dem Richter vertraut. Er entfernte ihre Kopfbedeckung und erkannte erstaunt ein Gesicht, mit dem er hier – mitten in der Nacht und in diesem verrufenen Viertel von Puyang – am allerwenigsten gerechnet hätte, nämlich das von Frau Sui, die ihn beleidigt anstarrte.

„Was machen Sie denn hier?“, wollte er wissen und fragte sich zugleich, ob diese Frau sich geschworen hatte, ihm sein gesamtes Leben zu verpfuschen, inklusive seiner Arbeit.

„Ich verrichte eine gute Tat, Herr Richter!“, antwortete sie und massierte sich ihren Arm, den Di ihr recht schmerzhaft gedrückt hatte.

„Ich bin gekommen, um eine entfernte Verwandte zu besuchen, die in bitterer Not lebt. Von Zeit zu Zeit helfe ich ihr.“

„Um diese Nachtzeit?“, fragte der Richter ungläubig, der viel eher ein außereheliches Verhältnis dahinter vermutete, obwohl er sich nur schwer vorstellen konnte, dass irgendein Mann Lust hatte, diese Harpyie ihrem unglückseligen Ehemann streitig zu machen.

Die Spaziergängerin sah verlegen aus. „Ich muss Ihnen ein kleines Geheimnis anvertrauen, edler Herr Richter. Ich nutze den Schlaf meines Mannes aus, und die Dunkelheit. Die gute Seele legt kaum Wert darauf, dass jemand herausfindet, dass es in unserer Verwandtschaft eine bedürftige Person gibt. Ich muss leider anerkennen, dass er für meine Selbstlosigkeit keinerlei Verständnis aufbringt.“

Di war überrascht zu erfahren, dass es offenbar Dinge gab, die jener Mensch mit seiner Engelsgeduld an seiner Frau missbilligte. Gern hätte er ihm eine Liste mit Dingen zur Verfügung gestellt, die es ihr darüber hinaus zu verbieten galt, wie zum Beispiel die Gemahlinnen des Bezirksrichters zu Ausschweifungen zu verführen.

Und was diese dunklen Gassen betraf, so waren sie wohl neuerdings der letzte Schrei unter den angesagten Orten: zu jeder Tages- und Nachtzeit drängten sich dort die Massen.

„Und Sie gehen so ganz in Schwarz, ohne Begleitung und ohne Licht spazieren?“, wunderte sich Di. „Um Ihre Werke der Barmherzigkeit zu tun? Halten Sie mich für einen Armleuchter?“

„Ich hatte ja eine Laterne“, erklärte Frau Sui und wies auf einen Lampion, der vollständig zerstört auf der Erde lag. „Da ist plötzlich ein Rüpel aufgetaucht und hat mich angerempelt, gerade eben erst. Beim Hinunterfallen ist sie erlischt.“

Sie bückte sich, um die Papierfetzen aufzusammeln, die verstreut auf dem Boden lagen. Die zerbrechliche Bambusleuchte war zerstört, der Angreifer musste sie bei seiner Flucht zertreten haben.

„Ich werde Sie begleiten, um Ihnen weitere üble Begegnungen zu ersparen“, sagte der Richter. „Wo wohnt denn Ihre Verwandte?“

Frau Sui bezeichnete ihm den Weg, und der Richter hatte den Eindruck, auf seinen eigenen Fußstapfen zurückzulaufen. An der zerstörten Hütte trafen sie auf die arme Alte, die in den Überresten herumwühlte, um Alkohol zu finden.

„*Tante Lia*?“, rief Frau Sui und kämpfte sich eilig durch die Trümmer. „Was ist passiert?“

Die Bettlerin antwortete, ohne ihre Wühlarbeit im Mondschein zu unterbrechen: „Jemand hat geklopft, ich dachte, du wärst es. Ich hab aufgemacht, wer hätte es denn sonst sein sollen? Der Verbrecher hat sich auf mich gestürzt, aber ich hab mich gewehrt! Nur, mein Haus hat den Kopf hinhalten müssen. Verflucht soll er sein! Und dann hatte ich denn da auch noch am Hals!“, fügte sie mit einer Geste in Richtung des Richters hinzu. „Die haben sich alle heute Nacht verabredet, um mich zu bestehlen …“

In den Armen hielt sie noch immer fest den unvermeidlichen Geschirrkasten, den sie vor der Katastrophe gerettet hatte; er war in ein schmutziges Tuch gehüllt.

„Liebe Tante!“, sagte Frau Sui und knetete unruhig ihre Hände. „Wie oft habe ich Ihnen schon vorgeschlagen, in unser Haus zu kommen, wo Sie es warm hätten und gut gepflegt würden!“

Die Tante zuckte nur mit den Schultern und barg ein Schnapsfläschchen aus den gespaltenen Holztrümmern. „Dein Mann ist zwar ein Dummkopf, zugegeben, aber das ist kein ausreichender Grund, als dass ich ihn mir den ganzen Tag antun würde! Am Ende ist er imstande, von mir zu verlangen, dass ich nur noch Wasser trinke, dieses Weichei! Hier mache ich wenigstens, was ich will. Ich bin frei.“

Angesichts all der Trümmer, auf die er einen flüchtigen Blick warf, erahnte Di bereits schmerzhaft die künftigen Umstände, die diese Freiheit mit sich bringen würde.

„Sie brauchen ein Dach über dem Kopf während der Nacht!“, erklärte er dann. „Sie können nicht in dieser verlassenen Gegend bleiben, außerdem könnte Ihr Besucher noch mal wiederkommen. Was wollte er von Ihnen?“

Die Betrunkene warf ihm einen misstrauischen Blick zu. „Ich will verdammt sein, wenn ich das wüsste! Auf den Straßen treiben sich in letzter Zeit immer mehr Diebe herum. Und was macht die Justiz?“

„Ich werde mich um sie kümmern“, sagte Frau Sui peinlich berührt. „Es gibt ein Nonnenkloster in der Nähe, nur ein paar Schritte von hier. Sie nehmen Bedürftige auf. *Tante Lia* wird dort wenigstens für ein paar Tage Unterkunft finden. Währenddessen können Sie diese Übeltäter festnehmen, die sich an wehrlosen Frauen vergreifen“, fügte sie in einem Anflug von Kritik hinzu, der aus ihr die würdige Nichte dieses entsetzlichen Schmutzfinks machte, der ihn höchst übellaunig anstarrte.

Bemüht, seine Pflichten selbst unter größten Widrigkeiten zu erfüllen, begleitete Di die beiden Frauen bis vor die Klostertür. Nachdem er mit dem am Türstock hängenden hölzernen Türschlegel angeklopft hatte, vertraute er sie der sorgsamen Pflege einer Nonne mit glattrasiertem Schädel an, die ihnen geöffnet hatte.

Anschließend setzte er seinen Rundgang in den besseren Stadtvierteln fort, um zu sehen, was bei den Wangs vor sich ging. Die Verfolgungsjagd mit jenem Schwert tragenden Schatten beunruhigte ihn. Er war mittlerweile davon überzeugt, dass die raue Stimme, die er vernommen hatte, einer Frau gehörte. Die Möglichkeit, dass der unbekannte Mörder weiblichen Geschlechts war, musste grundsätzlich in Betracht gezogen werden. Eine ihm unbekannte Frau. Andererseits – war sie das wirklich?

Für einen kurzen Moment erfüllte ihn die Vorstellung, wie Frau Sui zitternd vor seinem Richtertisch kniete, kurz davor, Bambusschläge auf die Fußsohlen zu erhalten, damit sie ihre Schändlichkeiten gestand, mit diabolischer Freude.

Als der Tag über den Dächern von Puyang anbrach, gestand er sich ein, dass er sich verlaufen hatte. Ein Kupferschmied überquerte die Straße und schob einen mit Waren voll beladenen Karren vor sich her. Di fragte ihn, ob er den Weg zum Hause der Wangs kenne.

„Das Haus der Wangs? Sie stehen doch davor, mein guter Herr“, antwortete der Handwerker. Di betrachtete die bescheidene Fassade. Sie hatte nichts mit jener gemein, aus deren prächtigem Portal vor einigen Stunden Zhao Ding, der Hausdiener, gehuscht war.

„Dieses Haus gehört den Brüdern Wang?“, wunderte er sich.

„Den Reedern? Ach so, nein, überhaupt nicht. Sie stehen vor dem Hause ihres Halbbruders Wang Ji. Der wohnt hier mit seiner Mutter. Seine Brüder wohnen weiter weg, am Ende der Straße.“

Es gab also noch einen dritten Wang! Di fragte sich, ob er wohl genauso seltsam sein mochte wie die beiden, die er bereits kannte. Er blieb noch etwas stehen und starrte auf die Fenster, in denen gerade Licht gemacht wurde. Wahrscheinlich zündeten die Diener ein Feuer an, um den Morgenreis vorzubereiten. Di dachte dran, dass sein eigenes Zuhause auch dabei sein musste zu erwachen, und beschloss zurückzukehren.

Aus einem unbekannten Grund ging ihm die Entdeckung dieses dritten Bruders nicht aus dem Sinn. Konnte es sich bei alldem um eine Art familiäre Abrechnung handeln? Wenn der Mord an Cheng irgendetwas mit dem Wang-Clan zu tun hatte, musste er auch in dieser Richtung ermitteln.

Jetzt spürte er langsam, wie müde er war. Er hatte überhaupt nicht geschlafen, sondern war unentwegt durch die Straßen gelaufen, um Räuber und ihre Opfer zu verfolgen. Der Richter beeilte sich, um sich wenigstens ein bisschen zu erholen, bevor ihm sein Diener eine Tasse starken Tee servieren würde. Die würde es ihm dann erlauben, so hoffte er, mit frischer Kraft in den neuen Tag zu starten, voller erfolgreicher Untersuchungen.

XII

Die Morgenaudienz bringt Di zum Gähnen und der Richter verursacht eine Entbindung.

Di hatte ein paar Stunden geschlafen, bevor Wachtmeister Hong, der energischer als seine anderen Mitarbeiter war, es schaffte, ihn aus dem Bett zu holen, indem er ihm kurzerhand die Decke wegzog. Da stand er auf, setzte sich an seinen Schreibtisch und begann damit, langsam seinen Tee zu trinken. Er hoffte, dadurch die Nebel zu vertreiben, die seinen schläfrigen Geist umlagerten.

Inzwischen bemühte sich Souen Tsi, ihn über die Tagesordnung zu informieren. Es stand immer noch diese verzweifelte Katasteramtsstreitigkeit zwischen zwei Bauern, die offenbar nie beendet würde, weil immer wieder neue Einwände laut wurden. Dann galt es auch, von den laufenden Ermittlungen zu berichten, denn es stand zu erwarten, dass die Familien der Opfer zur Audienz erscheinen und kampfbereit die Aufklärung der Verbrechen erwarten würden, als könne er die Lösung wie ein Jahrmarktsunterhalter aus seiner Flügelkappe zaubern.

Plötzlich hob sich der verschlafene Blick des Richters und wurde wach: Er hatte bemerkt, dass sein Erster Schreiber deutlich ein Bein nachzog.

„Hinken Sie, Souen?“, fragte er.

Souen Tsi erstarrte. „Ich habe mir den Knöchel bei einer falschen Bewegung verstaucht“, antwortete er.

Di betrachtete ihn argwöhnisch.

„Ich glaube, dass wir beide uns mal unterhalten sollten, sobald ich einen Moment Zeit habe", sagte er.

„Wie Sie meinen, Exzellenz", entgegnete der Erste Schreiber verdrossen. Dann verbeugte er sich und verließ den Raum, wobei er offensichtlich versuchte, sein Hinken abzumildern.

Di war sich sicher, dass auch dieser Mann ihm etwas verheimlichte. Er überließ sich nun den Händen seines Kammerdieners, der es ausgezeichnet verstand, ihn mit den offiziellen Insignien auszustatten und ihm ein entsprechend repräsentatives Aussehen zu verschaffen, damit er auf der Audienz vor der Bürgerversammlung einen guten Eindruck machte.

Kurze Zeit später warf er einen Blick auf die Anwesenden, konnte aber aufgrund seines Mangels an Schlaf nur sehr wenig erkennen. Als sein Blick dann dem der Brüder Wang begegnete, verbeugten sich die beiden Männer, als wäre er ihretwegen da. Er hütete sich davor, ihren Gruß zu erwidern.

Auf der anderen Seite des Ganges entdeckte er die Gruppe der Witwen, Frau Hsueh und Frau Cheng. Sie wirkten steif und hatten von Tränen gerötete Augen – wie um ihn daran zu erinnern, dass er seiner Pflicht noch nicht nachgekommen war, ihnen die Mörder ihrer Gatten an Händen und Füßen gefesselt zu übergeben, damit sie ihnen mit bloßen Händen das Herz aus dem Leib reißen konnten, auf dem Altar der ehelichen Liebe.

In der Nähe der Tür saß Frau Yu, wie immer lächelnd und herausgeputzt. Sie machte ihm ein kleines diskretes Zeichen, das nach Ermutigung aussah. Sie alle stellten eine Mischung aus Bittstellern und Bewunderern dar; die Anwesenden achteten genau auf alle seine Bewegungen. Allerdings bemühte sich diese kleine Welt sorgfältig, einander nicht zu beachten, wie sie sich auf beiden Seiten des Gerichtssaales in Lager aufteilte.

Di war überzeugt, dass es aufgrund der Morde eine Verbindung zwischen ihnen gab, die aber noch unsichtbar war und die keiner von ihnen wirklich aufgedeckt sehen wollte, weshalb es ihm auch nur schwer gelingen würde. Am einfachsten wäre es ja gewesen, sie alle gemeinsam der Folter zu unterwerfen oder miteinander einzusperren, bis sie sich entweder gegenseitig umbrachten oder aber dazu entschlossen, die Wahrheit zu sagen. Aber diese Methoden waren in juristischer Hinsicht nicht möglich und in den Gebräuchen des Himmlischen Reiches nicht vorgesehen. Folglich musste er sich wie gewöhnlich auf seine bescheidenen persönlichen Mittel beschränken. Leider mangelte es dem Richter an diesem Morgen an Fantasie. Es war eben nicht einfach, nach einer schlaflosen Nacht eine ergiebige Untersuchung durchzuführen.

Der Vortrag der Katasterstreitsache brachte ihn beinahe vollends zum Gähnen; er hatte die größte Mühe, sich zurückzuhalten. Auch die Klage eines Kaufmannes gegen seinen Korbgeflecht-Lieferanten, der ihn um ein paar elende Tael betrogen hatte, konnte nur sehr mäßiges Interesse bei ihm wecken.

Nachdem er mit einer ungeschickten Geste die verschiedenen vor ihm befindlichen Arbeitsmaterialien – Pinsel, Hammer und den Kasten mit den Urteilsvorlagen – umgeworfen hatte, verkündete er, um die Familien zufriedenzustellen, dass er mit den Mordermittlungen gut vorankäme, und erklärte die Audienz für beendet.

Er verließ den Raum durch einen Vorhang, der hinter dem Podium angebracht war, und begab sich in seine Wohnung. Dabei fragte er sich, ob er noch Zeit finden würde, vor dem Mittagessen ein kleines Nickerchen zu machen.

Nach dem Mittagsreis streckte sich Di auf seinem Sofa aus, in der Absicht, sich eine kurze Erholungspause zu gönnen, ohne aber dabei richtig zu schlafen. Denn es gehörte sich nicht zu schnarchen, während in der Stadt Mörder frei herumliefen. Er schloss die Augen und ließ seine Gedanken in jene Gegenden abschweifen, die kein rücksichtsloser Mörder jemals wagen würde, mit Blut zu besudeln.

„Oh, oh, oh!“, dachte er, als er einige Zeit später die Augen aufmachte und die Sonne nicht mehr so hoch am Horizont stand. Er hatte gut zwei Stunden geschlafen. Er schlug energisch auf den Gong auf seinem Arbeitstisch und befahl seinem Diener, ihm den Ersten Schreiber zu schicken. Der antwortete ihm, dass dieser in einer Ermittlung zu Frau Yu gegangen sei.

„Weshalb das denn?“, wunderte sich der Richter. „Was soll denn passiert sein, um diese für die Frau so morgendliche Uhrzeit?“

Nun musste er nicht mehr nur Missetäter ausfindig machen, sondern auch noch seine Untergebenen im Auge behalten, deren Handeln ihm immer unschlüssiger erschienen. Er kleidete sich ausgehfertig an, schlüpfte in seine Stiefel, setzte sich eine Kappe auf und verließ das Yamen zu Fuß. Er war begierig, persönlich zu erfahren, was Souen Tsi im Weidenviertel so brennend interessierte.

Als er am buddhistischen Tempel der Tugend vorbeikam, bemerkte er eine Menge von Leuten, die sich auf den Stufen des Eingangs und entlang der überdachten Promenade drängten, die das Gebäude umgab. Er wandte sich an den Nächststehenden, um die Ursache dieses Menschenandrangs zu erfahren.

„Heute ist Ausgangstag bei Frau Yu“, sagte der Mann und lächelte komplizenhaft. Er erklärte, dass die Bordellmädchen an festen Tagen freien Ausgang hätten, um an religiösen Veranstaltungen in den benachbarten Tempeln teilnehmen zu können. Derjenige, der dem Etablissement von Frau Yu am nächsten lag, war der Tempel der Tugend, mit dem passenden Namen zu seinem Standort ganz am Rande des Weidenviertels.

Di bahnte sich einen Weg in das Innere, um zu sehen, was genau diesen Ort für all diese Männer so interessant machte. Der Andachts- und Gebetsort war in diesem Moment Schauplatz eines kuriosen Spektakels. Auf der einen Seite walteten die Bonzen inmitten von Weihrauch mit größtem Ernst ihres Amtes, auf der anderen verrichteten die Mädchen ebenso ernsthaft ihre Gebete. Ihre Aufmachung aber, mit all ihrem Firlefanz, stand in krassem Gegensatz zu der Sachlichkeit der Mönche. Sie mochten noch so sehr die artigste Frömmigkeit vorgeben, ihre Anwesenheit ließ doch nur an Leichtsinn und Ausschweifungen denken.

Diese Mädchen stellten nicht nur einen gewissenhaften Respekt vor den kaiserlichen Gesetzen unter Beweis, sie bemühten sich auch, aller Welt zu zeigen, dass sie vorbildliche Buddhistinnen waren, die in völligem Einklang mit den Göttern und streng nach den Vorschriften des Erleuchteten lebten, den sie mit Bitten überhäuften, sie bei all ihrem Handeln zu beschützen.

Dieser rituelle Ausflug in den Tempel der Tugend bot auch eine Gelegenheit, sich hervorzuheben und herumzustolzieren. Die Mädchen von Frau Yu hatten sich mit ihren schönsten – will sagen, ihren auffälligsten – Kleidern herausgeputzt und gingen prunkvoll aus: mit hohem Kopfschmuck aus glänzenden Steinen und verzierten Fächern, deren Wedeln an das Flügelschlagen bunter Vögel erinnerte.

Nun kam der Augenblick, in dem die Gläubigen ihre Opfer brachten. Di begriff schnell, warum die Mönche sie so bereitwillig im Tempel empfingen, obwohl diese Versammlung von Prostituierten zu einem solchen Durcheinander führte. Die Almosen, die sich in ihren Holzschälchen sammelten, waren nämlich mehr als großzügig. Es existierten offensichtlich große Sünden, die man auf diesem Wege auszugleichen hoffte. Keine von ihnen hatte Lust, ein oder zwei Jahrhunderte lang als Regenwurm wiedergeboren zu werden, weil sie ihr Leben der Schamlosigkeit gewidmet hatte. Sie hatten sich für die Mönche herausgeputzt, die sie im Gegenzug mit den liebenswertesten Zeichen von Achtung bedachten.

So mancher Bürger hatte sich schließlich auch nicht weniger vorzuwerfen, ohne sich aber am Tag der Opferzeremonie gleichermaßen großzügig zu zeigen. Religion und Laster passten offenbar gut zusammen, sie ergänzten sich geradezu harmonisch. Als man auch Di eine Holzschale reichte, legte der Richter, der davon überzeugt war, für keine größeren Sünden büßen zu müssen, ein paar kleinere Kupfermünzen hinein, um der Form Genüge zu tun. Reich würden die Mönche von seiner Gabe nicht.

Ein anderes großes Ereignis war der Auszug aus dem Tempel. Keines der Mädchen ging unbeachtet hinaus; der Reiz des Spiels bestand darin, auf jede nur mögliche Art besonders auf sich aufmerksam zu machen. Die hochdotiertesten Kurtisanen wurden von einer Zofe begleitet, die einen Sonnenschirm für sie hielt. *Rote Päonie* bewegte sich wie gewöhnlich, ohne auf die jungen Leute zu achten, die sich neben ihrem Weg aufgestellt hatten. Ihr Mund war geöffnet, die Augen blickten herausfordernd. Sie setzte wie immer auf ihre hochnäsige und herablassende Art, um das Interesse der Umstehenden zu erringen, und das funktionierte vorzüglich. Die betuchte Jugend von Puyang, die zuverlässig zu dieser heiligen Zusammenkunft erschien, die nur entfernt mit Frömmigkeit zu tun hatte, strömte geradezu herbei, um diese weibliche Prozession der Damen in schillernden Gewändern zu bewundern. Es war für alle eine ausgezeichnete Gelegenheit, neue Kontakte zu schließen, die sicherlich in einträglichen amourösen Abenteuern münden würden.

Abgesehen von *Roter Päonie*, die von ihrem hohen Rang so überzeugt war, als hätte sie den Wettbewerb der Blumen tatsächlich gewonnen, waren alle Mädchen sehr damit beschäftigt, den Umstehenden zärtliche Blicke zuzuwerfen und hier und da mit leisem Kichern zu antworten. Oder sie erwiderten die mehr oder weniger nachdrücklich vorgebrachten Anspielungen und Komplimente ihrer Verehrer mit den Mienen verschüchterter Jungfrauen, auf die niemand hereinfiel.

„Wir sind in einem Hühnerhof, voll mit Hennen und aggressiven jungen Hähnen", dachte der Richter und betrachtete desillusioniert den Eifer der angelockten Galane.

Eine der jungen Frauen fiel ihm besonders auf, weil sie viel langsamer als die anderen ging, verlegen aufgrund ihres Leibesumfangs. Vermutlich handelte es sich bei ihr um besagte *Kamelie*, die das Pech gehabt hatte, schwanger zu werden. Ein Mann näherte sich ihr, packte sie am Ärmel ihres Kleides und versuchte, sie aus der Gruppe zu ziehen. Di erkannte in ihm seinen Ersten Schreiber Souen Tsi, der angeblich im Auftrag des Gerichts dabei war zu ermitteln. Er schien sehr nervös, beinahe wahnsinnig. Die Prostituierte sah rein gar nicht so aus, als wollte sie seinen Bemühungen nachgeben.

Stattdessen klammerte sie sich geradezu an ihre nächsten Begleiterinnen, woraufhin er sich mit einem Großteil der Prozession konfrontiert sah. Als die Gereiztheit der Frauen ihren Höhepunkt erreicht hatte, fingen sie an, mit ihren Fächern auf ihn einzuschlagen, wie ein Schwarm Schwalben, der sich über ein frisch ausgesätes Feld hermachte. Er musste also unter den missbilligenden Augen der Bordellherrin den Rückzug antreten.

Frau Yu schien zu denken, dass die jungen Leute immer dreister wurden und dass es wohl bald bewaffneter Begleiter bedurfte, um ihren frommen Pflichten nachkommen zu können.

Di war sich nicht sicher, ob wirklich Begierde der Grund für Souen Tsis Anwesenheit war. Ohne Frage verbarg der Mann etwas vor ihm. Erst der Hauptmann der Gerichtsbüttel, und nun sein Sekretär … Stand zu befürchten, dass auch der Koch oder der Hofreiniger des Gerichts irgendein Geheimnis mit den Mädchen dieses Etablissements teilten?

Di lenkte seine Schritte in Richtung des Weidenviertels und marschierte zum Bordell, fest entschlossen, sich gewisse Dinge erklären zu lassen. Dort angekommen, suchte er augenblicklich die Inhaberin auf und fragte – diesmal ohne die üblichen Höflichkeitsformeln – unverblümt und fast barsch: „Was wollte mein Erster Schreiber von Ihnen?“

Frau Yu schenkte ihm ihr geschäftsmäßiges Lächeln: „Was wollen Sie? In unserem Haus verkehren alle Männer mit gutem Geschmack, edler Herr Richter! Ich stelle übrigens fest, dass auch Eure Exzellenz es inzwischen zum bevorzugten Ziel Eurer Spaziergänge gemacht haben."

Di ging nicht darauf ein, sondern fragte, ob er *Kamelie* besuchen könne, denn bisher hatte sich keine Gelegenheit ergeben, sie zu befragen. Doch musste er erfahren, dass sie augenblicklich und wider allen Erwartens einen Freier empfing. Man bat ihn, im großen Salon Platz zu nehmen und servierte ihm Tee, während er warten musste. Als er nach einer halben Stunde den Flur hinunter zum Vorraum blickte, sah er zu seiner Überraschung den Majordomus der Wangs vorbeigehen. Er hatte es eilig, zum Ausgang zu gelangen, und sah reichlich düster drein. Zhao Ding sah überhaupt nicht aus wie ein Mann, der sich soeben amüsiert hatte, sondern eher wie ein Rüpel, der gerade eine stürmische Auseinandersetzung verlassen hatte.

Di rief eine Dienerin zu sich und bat sie herauszufinden, ob *Kamelie* nun endlich verfügbar war. Einige Augenblicke später teilte ihm die junge Frau mit, dass das Fräulein leidend sei. Man wolle ihm stattdessen ein anderes Mädchen anbieten, um seinen Wünschen entsprechen zu können.

„Oh, nein!", rief der Richter. Er stand auf und schritt durch den Gang, um nach *Kamelie* zu suchen. Alle Türen waren geschlossen. Am Ende angekommen, hörte er wieder das monotone Geräusch des Mahlsteins, das er schon bei seinem ersten Besuch in Gesellschaft von *Blasser Lotus* vernommen hatte. Unter den erstaunten Blicken der Köchinnen ging er durch das Wirtschaftsgebäude und schlug einen Vorhang zur Seite, der zu einem schlecht erleuchteten Alkoven führte. Dort gab es eine Kammer, in der an einer Mauer eine große Anzahl von Leinenbeuteln gestapelt war. In der Mitte des Raums befand sich ein kleiner Teemahlstein. In einer Schale lagen die Blätter, und eine junge Frau im Schneidersitz stopfte sie mit energischen Handgriffen in den Apparat, wonach sie zerkleinert in einen bereitgestellten Topf fielen. Dieser ermüdenden Tätigkeit gab sie sich im bleichen Licht einer einzigen Dachluke hin.

Die Atmosphäre dieses Ortes war erstickend, Teestaub lag in der Luft. Dies war die Strafe, von der *Blasser Lotus* gesprochen hatte. Keines der Mädchen dieses Hauses durfte Lust verspüren, hierzu verurteilt zu werden. Die Unglückliche hatte aufgrund ihres vorstehenden Bauchs Schwierigkeiten, sich nach vorn zu beugen. Die Anstrengung brachte sie reichlich ins Schwitzen, große Schweißtropfen rannen ihr über die Stirn hinab zur Brust. Ihr Gesicht drückte übrigens große Trauer aus, und Di vermutete, dass diese unangenehme Tätigkeit nicht der Hauptgrund dafür war. Das Gespräch mit dem Hausdiener der Wangs musste unangenehm gewesen sein.

„Entschuldigen Sie mein Eindringen hier, Fräulein", sagte der Richter und ließ den Vorhang hinter sich wieder zugleiten. „Ich musste Sie unbedingt treffen."

Kamelie hob ihren Blick zu ihm. Sie musste früher sehr schön gewesen sein. Aber der Aufenthalt in diesem Haus und die Behandlung, die sie in den letzten Monaten erfahren hatte, dieses doppelte Unglück in ihrem Leben, hatte ihre Züge mehr als deutlich geprägt. Die Schwangerschaft, während der sie derartigen Anstrengungen ausgesetzt gewesen war, ließ sie aussehen wie ein schläfriges Nilpferd, das Gesicht aufgedunsen und schlaff. Nichts erinnerte mehr an die fromme Buddhistin, die aus dem Tempel der Tugend herausgekommen war. Nachdem sie ihre Schminke entfernt, das Festgewand abgelegt und den Knoten aufgelöst hatte – ihre Haare fielen nun über ihre Schultern –, war sie nur noch eine Sklavin, gefesselt an eine erschöpfende Zwangsarbeit.

„Was kann ich für Sie tun, edler Herr Richter?", fragte sie mit müder Stimme und nahm das monotone Drehen des Mahlsteins wieder auf.

Di setzte sich ihr auf einem dreibeinigen Hocker gegenüber. „Zunächst", begann er, „möchte ich wissen, was der Mann von Ihnen gewollt hat, der soeben gegangen ist."

Kamelie zuckte mit den Schultern. „Ein Kunde …", murmelte sie ohne große Überzeugung. Di aber war nicht in diesen Hinterraum gekommen, um sich mit Kinderlügen einer Fünfjährigen abspeisen zu lassen.

„Ich ersuche Sie, mir die Wahrheit zu sagen", antwortete er. „Sie sollten wissen, dass ich nicht zögern werde, Sie trotz Ihres Zustandes vor mein Gericht beordern zu lassen. Meine Büttel haben nicht so viel Geduld wie ich. Es könnte gut sein, dass sie sie weichkochen, falls Sie sich widersetzen oder mich gar anlügen sollten. Sie sind mit Bambushieben schnell bei der Hand."

Der Richter war nicht stolz darauf, mit einer schwangeren Frau auf diese Weise zu sprechen, aber dies schien ihm der einzige Weg zu sein, ans Ziel zu gelangen.

Kamelie, die nicht wirklich an die Wirksamkeit ihrer Lüge geglaubt hatte, seufzte verdrossen. „Ich gebe zu, dass es sich um keine Begegnung der üblichen Art gehandelt hat", sagte sie dann. „Es war in gewisser Hinsicht vielmehr so was wie ein Familienbesuch. Zhao Ding ist der Majordomus eines Hauses, das ich früher mal sehr gut gekannt habe. Er hat mich wegen der bevorstehenden Geburt meines Kindes aufgesucht."

Di stellte fest, dass sie vorankamen, wenn auch vielleicht nur mit Halbwahrheiten. „Und was hat Souen Tsi gewollt, mein Sekretär, der sich ihnen vorhin genähert hat?", fuhr er fort. „Wollte er auch Neuigkeiten über das künftige Kind erfahren? Es sah ganz so aus, als wollte er Sie wegziehen, um Ihnen etwas Schwerwiegendes mitzuteilen."

„Wenn wir uns jedes Mal Fragen stellen müssten, wenn ein Mann die Grenzen der Schicklichkeit überschreitet", entgegnete die junge Frau, „dann würden wir niemals damit fertig. Dieser Souen Tsi ist ein Rüpel, der nicht warten konnte, mir seine abwegigen Wünsche mitzuteilen. Eure Exzellenz brauchen sich darüber nicht zu wundern."

„Meine Exzellenz wundert sich, worüber sie will", brauste Di auf. „Ich verlange von Ihnen zu wiederholen, was der Hausdiener gesagt hat. Los, sprechen Sie!"

Kamelie drehte wieder am Mahlstein, bevor sie antwortete. „Es ist so, dass ich vor langer Zeit einmal zum Hause der Wangs gehört habe ... als Dienerin. Zhao war damals schon Majordomus. Er macht sich Sorgen um mich. Ich habe ihm gesagt, dass das nicht nötig ist."

Wieder betätigte sie den Mahlstein, dessen Geratter in der Kammer widerhallte. Ein Tropfen fiel in die Schale mit den Teeblättern. Di glaubte zuerst, dass sie schwitzte, doch dann bemerkte er, dass *Kamelie* lautlos weinte.

„Verzeihen Sie, bitte", sagte sie und trocknete sich die Tränen mit dem Handrücken ab. „In meinem Zustand fällt es mir schwer, meine Stimmungsschwankungen zu kontrollieren."

Sie sah sehr aufgewühlt aus, trotz ihrer Anstrengungen, unbewegt zu erscheinen. Di fragte sich, ob dies der Besuch des Hausdieners bewirkt haben mochte oder aber die Erinnerung an ihre Vergangenheit bei den Wangs.

„Welcher Art sind Ihre Beziehungen zur Familie Wang?", fragte er weiter.

„Ich habe davon keine mehr, wie Eure Exzellenz sich denken können", sagte sie und wischte sich mit dem Ärmel Schweiß und Tränen vom Gesicht. Di vermutete, dass sie das tat, um Mitleid zu erregen, um keine Fragen mehr beantworten zu müssen.

„Vorwärts, reden Sie schon! Hören Sie auf, das Opfer zu spielen! Ich verlange von Ihnen, dass Sie mir sagen, aus welchem Grund diese beiden Männer Sie heute tatsächlich aufgesucht haben!"

Statt zu antworten, schnitt die junge Frau eine Grimasse. Sie legte die Hand auf ihren Bauch. „Ich fürchte, dass sich

Eure Exzellenz gedulden müssen“, sagte sie. „Ich habe hier jemanden, der sich vordrängeln will …“

Sie ließ sich auf die Seite fallen, das Gesicht leidvoll verzerrt, die Hände hielt sie auf den schmerzenden Unterbauch gepresst. Verwirrt erhob sich Di von seinem Hocker; er war unsicher, was er tun sollte. Einen Augenblick lang dachte er, dass es sich um ein Ausweichmanöver handeln könnte. Natürlich konnte er vor dieser Frau jetzt nicht untätig bleiben, deren Wehen vielleicht gerade eben eingesetzt hatten. Er schlug den Vorhang zurück und befahl den Köchinnen, Frau Yu darüber zu informieren, dass es *Kamelie* nicht gut ginge. Da der Richter nicht wusste, welche Haltung er einnehmen sollte, verließ er die Kammer. Was nun?

Auf dem Gang begegneten ihm die Bordellherrin und einige Mädchen, die offensichtlich recht erschrocken waren; sie drängten in Richtung des Wirtschaftsgebäudes. Die Atmosphäre des Hauses hatte sich mit einem Schlag verändert. Man schrie, man verlangte nach Tüchern, und zwei Angestellte trugen die Gebärende in eines der Zimmer. Es war klar, dass es an diesem Tag kein weiteres Stelldichein geben würde. Di verzichtete darauf zu erfahren, ob es sich um einen Jungen oder um ein Mädchen handelte; er verließ das Etablissement, ohne dass ihm jemand die geringste Aufmerksamkeit schenkte.

XIII

Eine Lieferung entsetzt alle
und eine alte Dame erinnert an die Untaten eines Gespensts.

Dieses Gespräch zwischen der Prostituierten und dem Majordomus konnte nicht harmlos gewesen sein. Weil ihm nun eine der Hauptpersonen fehlte, beschloss Di, sich auf die andere zu stürzen. Er rief nach ein paar Sänftenträgern und ließ sich rasch zur Residenz der Wangs bringen. Dort trommelte er gegen die Tür, bis ihm ein Diener öffnete. Dieser teilte ihm mit, dass der Vorsteher des Personals etwa seit Mittag abwesend war. Da verlangte der Richter, mit den Hausherren zu sprechen. Der Diener beeilte sich zu gehorchen und ließ die Tür weit offen.

Einige Augenblicke später erschien Wang der Ältere, bald darauf auch sein jüngerer Bruder.

„Ich möchte so schnell wie möglich mit Zhao Ding sprechen. Wissen Sie, wo er sich gegenwärtig befindet?", fragte der Richter.

Die beiden Männer, die aufgrund dieser unerwarteten Bitte recht verwirrt waren, antworteten, dass sie keine Ahnung hätten, was Di in seiner Annahme bestärkte, dass es mit diesem Haus immer mehr bergab ging. Gefolgt von den Wangs ging er auf die andere Straßenseite, um auch die Chengs aufzusuchen, wo ihm eine Dienerin die gleiche Antwort gab. Auch sie hatte den Majordomus nicht gesehen und wusste nicht, an welchem Ort er momentan sein könnte.

„Wohin ist er gegangen?", fragte der Richter, sehr verärgert.

„Ich weiß es nicht“, antwortete der ältere Wang, während sein jüngerer Bruder sich den Kopf kratzte, ohne zu begreifen, weshalb sich der Richter plötzlich so für ihren Angestellten interessierte.

„Könnte er vielleicht bei Ihrem Halbbruder Wang Ji sein?“, schlug Di vor. „Es scheint, als besuchte er heute alte Bekanntschaften. Ich weiß, dass er gerade bei einer Prostituierten war, die früher einmal bei Ihnen als Dienerin gearbeitet hat.“

Die Wangs starrten einander verblüfft an. „Eine Prostituierte?“, wiederholte Wang Gu-li. „Die aus unserem Haus gekommen sein soll? Das bezweifle ich ganz entschieden, edler Herr Richter. Unsere Dienerinnen sind seit langer Zeit bei uns, und keine von ihnen ist in dem Alter in der Verfassung, in einem *Blumenpalais* zu arbeiten. Es muss sich also um eine Verwechslung handeln.“

„Das ist bestimmt wieder üble Nachrede durch unsere Feinde!“, bekräftigte der dicke Wang To-ma. „Eure Exzellenz dürfen nicht glauben, dass unser ehrenwertes Haus irgendetwas mit diesen gefallenen Frauen zu tun hat! Die Welt ist so schlecht!“

Di konstatierte, dass man ihn also erneut belogen hatte. Weshalb hatte der Hausdiener sie also aufgesucht, wenn *Kamelie* keine frühere Angestellte der Wangs war? Und warum hatte sie ihm Geschichten aufgetischt? Er musste den Kerl so schnell wie möglich festzunehmen, um die Wahrheit herauszubekommen.

„Welcher Art sind Ihre Beziehungen zu Ihrem Halbbruder Wang Ji?“, fragte er.

Die Wangs schnitten ein Gesicht, als hätten sie herzhaft in die Schale einer bitteren Orange gebissen. „Höflich und brüderlich, edler Herr Richter“, erwiderte der Ältere, wie es schnippischer nicht ging.

Di bestieg erneut eine Sänfte, während ihm die beiden Wangs zu Fuß folgten, die sich offensichtlich fragten, welches Unheil sich nun wieder über ihren Köpfen zusammenbraute.

Sie kamen zur selben Zeit vor Wang Jis Haus an wie zwei Männer, die einen großen, mit einem Seil verschnürten Korb schleppten. Vor der Nase des Richters pochten sie an das Tor. Dem alten Diener, der ihnen öffnete, erklärten sie, dass man sie gebeten habe, den Korb an diese Adresse zu liefern. Der Diener antwortete, dass er diesbezüglich nicht auf dem Laufenden sei.

„Rufen Sie Ihren Herrn!“, gebot der Richter, der eine erneute Wendung der Ereignisse befürchtete, die seinen Ermittlungen schaden könnte.

Ein sehr phlegmatisch wirkender junger Mann durchquerte bald darauf die Vorhalle. Als er die beiden Wangs sah, grüßte er lediglich mit dem Kinn.

„Eure Exzellenz gestatten, dass wir Ihnen unseren Halbbruder Wang Ji, den Sohn der zweiten Gattin unseres verstorbenen Vaters, vorstellen“, verkündete Wang der Ältere.

Wang Ji verbeugte sich respektvoll vor dem Richter.

„Hier ist eine Lieferung für Sie“, sagte Di und wies auf den Weidenkorb.

„Das ist ziemlich verwunderlich, ich habe nichts bestellt“, antwortete Wang Ji. „Von welchem Kaufmann kommen Sie denn?“

Die Träger antworteten, dass man sie lediglich beauftragt habe, ihm dieses Frachtgut zu bringen. Mehr wüssten sie auch nicht, und es sei auch nichts mehr dafür zu bezahlen. Dennoch blieben sie stehen, weil sie offensichtlich auf ein kleines Trinkgeld hofften, bevor sie wieder gingen.

„Nun machen Sie es schon auf! Worauf warten Sie noch?“, verlangte der Richter, der immer unruhiger wurde. Widerwillig lösten die beiden Männer das Seil, das über den Deckel gespannt war. Dann traten sie beiseite, um den Richter ins Innere blicken zu lassen.

„Das sind nur alte Tücher“, stellte Wang Gu-li fest, der Di über die Schulter gelugt hatte. Dieser ergriff den Stoff und zog ihn aus dem Korb. Es war ein Stück eines alten Lappens. Die Schicht darunter ähnelte einem Haufen Haare.

„Bringen Sie das alles ins Haus!“, befahlt er den Trägern mit tonloser Stimme. Er hatte eine Vorstellung, was sie darin finden würden, und wollte nicht, dass man diese Entdeckung auf der Straße machte. Die beiden Männer packten den Korb erneut an den Henkeln und betraten mit ihm das Gebäude. Sie stellten ihn in dem kleinen Hof ab, über den man zur Vorhalle gelangte. Di folgte ihnen langsam, die drei Wangs blieben ihm auf den Fersen.

„Drehen Sie ihn um und entleeren Sie den Inhalt auf den Boden.“

Die Träger schickten sich an, ihre Last auszukippen, die anscheinend ziemlich schwer war. Zuerst kam ein Kopf zum Vorschein, dann Arme und schließlich ein ganzer Körper, der auf den Fliesen wie eine ausgerenkte Puppe liegen blieb. Di beugte sich darüber und prüfte den Puls. Der Mann war tot.

Man hatte sein Gesicht auf eine Art und Weise geschminkt, die ihn sehr zornig aussehen ließ. Die großen Augenbrauen waren überbetont, wie es bei Dämonen im Theater üblich war. Den Mund hatte man mit einem roten Lippenstift und die Augen schwarz unterstrichen, um die Wildheit zu betonen. Eine der beiden Hände hielt eine Pergamentrolle, die andere ein zusammengerolltes Bündel Sapeken. Man hätte meinen können, dass hier ein Schauspieler die Rolle des Geizkragens in einer Komödie gab. Die Brust war blutbefleckt.

„Man hat ihm wahrscheinlich mit dem Schwert einen Hieb quer über den Körper verpasst“, kommentierte der Richter den grausigen Anblick und zog die zerrissenen Teile des Gewandes weit auseinander.

Die Träger betrachteten verstört die Leiche, die man sie hatte hierherschaffen lassen. Der Richter wandte sich ihnen zu, seine Miene war düster.

„Was haben Sie dazu zu sagen?“, fragte er barsch.

Die beiden Männer fielen auf die Knie und zitterten wie Espenlaub.

„Wir wissen von nichts, edler Herr Richter!“, schrien sie.

„Sagen Sie mir einfach nur, wer Ihnen diesen makabren Auftrag erteilt hat.“

„Wir arbeiten zurzeit als Gebäudemaler im Weidenviertel. Vorhin, gerade als wir mit unserer Tagesarbeit fertig waren, hat uns eine Frau etwas Geld dafür angeboten, dass wir für sie diese Fracht auslieferten. Warum hätten wir ablehnen sollen? Wir konnten ja nicht ahnen …“

„Würden Sie diese Frau wiedererkennen?“, fragte der Richter. „Wie sah sie aus?“

„Ihr halbes Gesichte war hinter einem Tuch verborgen, das auch ihre Haare bedeckte. Sie schien sehr jung zu sein und war einfach gekleidet. Wir haben sie für die Frau eines Wäschers gehalten, der Kunden beliefert. Am Ufer des Flusses gibt es ja viele Waschhäuser.“

Der Halbbruder der Wangs beugte sich über die geschminkte Leiche. „Aber das ist Zhao Ding, der Majordomus meines Vaters!“, rief er.

Nun warfen auch seine beiden Brüder einen Blick auf die Leiche und nickten zustimmend, ohne ein Wort zu sagen. Sie wirkten sehr bedrückt.

„Das passiert, wenn man seine Meinungsverschiedenheiten selbst austrägt, ohne sich an die zuständigen Behörden zu wenden“, rief der Richter. „Wenn sich dieser Dummkopf an mich gewendet hätte, dann läge er jetzt nicht hier. Das sollte allen Anwesenden eine Lehre sein!“

Er schickte die Träger fort und befahl ihnen, sich am nächsten Tag vor Gericht einzufinden, um ihre Aussagen aufnehmen zu lassen. „Wang Ji“, sagte er dann, „schicken Sie jemanden in meinem Namen zum Gericht. Ich brauche ein paar Leute, um die Leiche hier abzuholen und dorthin zu schaffen.“

Der Angesprochene sah ganz woanders hin. „Mutter“, rief er dann. „Sie sollten nicht hierbleiben! Das ist kein Anblick für euch!“

Eine weiß gekleidete Person stand auf der Schwelle des Hauses. Es war eine betagte Frau, mit einem dicken weißen Haarknoten, den Blick auf die Leiche gerichtet.

„Der Fluch geht weiter!“, sagte sie. „Ich wusste es! Das wird niemals aufhören! Was haben wir getan, wir Armseligen?“

Ihr Sohn fasste sie am Ellbogen und schob sie zurück ins Haus. „Entschuldigen Sie meine Mutter“, sagte er und wandte sich wieder der kleinen Gruppe zu, die um die Leiche herumstand. „Sie kannte den Hausdiener Zhao gut, der lange Zeit für unseren Vater gearbeitet hat. Dieser abscheuliche Anblick hat die Vergangenheit wieder in ihr wachgerufen.“

Di drehte sich zu den anderen beiden Wangs um.

„Haben Sie eine Erklärung für diesen neuen Mord?“, fragte er scharf. „Zuerst entdeckt man Ihren Nachbarn Cheng leblos in einem Ihrer Höfe, dann lässt sich Ihr Majordomus ermorden. Was ist der Anlass für das alles? Ich erwarte, dass Sie mir die Wahrheit sagen!“

Die beiden Männer waren bestürzt. „Die Wahrheit ist, dass wir das alles auch nicht verstehen, edler Herr Richter!“, antwortete der Ältere.

„Zhao muss schlechten Umgang gehabt haben“, fügte der jüngere Bruder hinzu und blickte missbilligend auf die Leiche.

„Schlechten Umgang?“, explodierte der Richter. „Cheng auch, wie ich vermute? Und der Hauptmann meiner Büttel? Hat sich jeder von ihnen gefährliche Verbindungen unterhalten?“

Die Erwähnung des Gerichtsbeamten schien Wang Gu-li etwas ins Gedächtnis zu rufen. Sein Gesichtsausdruck erstarrte plötzlich, als hätte er eine schaurige Vision. Dann erschien eine Grimasse auf seinen ausgemergelten Zügen. Man hätte meinen können, jemand sei ihm mit Bleisohlen auf den Fuß getreten.

„Sprechen Sie, ich befehle es Ihnen!“, verlangte der Richter, der überzeugt war, das richtige Ende des Fadens in der Hand zu halten.

„Ich … ich weiß nichts“, stammelte Wang der Dürre. Di war sicher, dass die Vorstellung, die dem Reeder plötzlich durch den Kopf geschossen war, zu entsetzlich oder aber zu kompromittierend war, als dass er sie in Worte zu fassen wagte.

Die Anwesenheit des ermordeten Majordomus hatte jedenfalls keinen ausreichenden Schock provoziert, um ihn zum Reden zu bringen. Mussten erst alle Hausbewohner abgeschlachtet werden? Welches Geheimnis mochte das sein, für das er lieber zugrunde ging, bevor er ein einziges Wort darüber verlor?

„Ich erwarte Sie alle bei der nächsten Morgenaudienz“, schloss Di grimmig. „Für den Moment sind Sie entschuldigt. Wang Ji, ich möchte mich mit Ihrer Mutter unterhalten, wenn es Ihnen recht ist.“

Der Ton des Richters ließ ihm gar keine andere Wahl.

„Sehr gern, edler Herr Richter“, entgegnete der junge Mann und verbeugte sich. „Ich werde sie benachrichtigen, damit sie sich vorbereiten kann, um Sie zu empfangen. Ich bitte Eure Exzellenz nur zu beachten, dass es sich um eine erschöpfte Dame handelt, deren Nerven in letzter Zeit sehr strapaziert worden sind.“

Di fragte sich, was denn „in letzter Zeit“ die Nerven der alten Frau Wang derart habe strapazieren können, und nahm sich vor, sie diesbezüglich zu vernehmen. Während er auf die Rückkehr seines Gastgebers wartete, griff er vorsichtig nach der Pergamentrolle, die der Tote zwischen seinen Fingern hielt. Sie war unbeschrieben.

Einen Augenblick später führte ihn Wang in die Wohnung seiner Mutter. Die alte Dame ruhte in einem riesigen Polsterstuhl. Ein Junge von zehn Jahren brachte eine kleine Teekanne aus Bronze herbei.

„Erweisen mir Eure Exzellenz die Ehre, diesen Jasmintee mit mir zu teilen?", fragte die Dame und bedeutete dem Jungen durch ein Zeichen, eine zweite Tasse zu füllen.

Di setzte sich ihr direkt gegenüber.

Wang Ji wollte sich neben seine Mutter setzen, doch sie wehrte mit der Hand ab, und er fand sich damit ab, die beiden allein zu lassen.

„Ich habe so viele Fragen", sagte Di, „und hoffe, dass Sie einiges für mich klarstellen können. So denke ich ganz besonders an einen Fall, der sich vor etwa zehn Jahren ereignet hat, dessen Folgen aber noch heute sehr präsent sind."

Frau Wang machte dem Jungen ein Zeichen, gleichfalls zu gehen. Dann wartete sie, bis er den Raum verlassen hatte; erst dann öffnete sie den Mund. „Ich werde Eurer Exzellenz helfen, so gut ich kann", sagte sie mit vor Emotionen belegter Stimme. „Entschuldigen Sie meine Verwirrung. Ich kannte diesen Mann, Zhao Ding, recht gut. Wer mag nur den schrecklichen Einfall gehabt haben, uns seine Leiche zu schicken?"

Di war überzeugt davon, dass sie bezüglich der Antwort auf diese Frage eine gewisse Ahnung hatte und hoffte inständig, im Laufe des Gesprächs darüber Klarheit zu erlangen.

„Gestatten Sie mir, nochmals die Frage zu stellen: Was ist damals vor zehn Jahren geschehen, als Ihr teurer Gatten davongegangen ist?", blieb er hartnäckig.

Die Augen der alten Dame verloren sich in der Betrachtung von Blumenmalereien, die die Wände ihres kleinen Salons verzierten. „Eure Exzellenz haben ganz recht, wenn Sie ihn meinen teuren Gatten nennen. Mein verstorbener Mann war bemerkenswert, und alle um ihn herum haben ihn geliebt. Er war die Güte in Person. Sein einziger Fehler war … Wie soll ich sagen? Er setzte zu viel Vertrauen in seine Nachkommen, in seine Söhne, meine ich. Er bildete sich ein, dass jeder von ihnen seine Grundsätze von Pietät befolgen würde, das was wir im Allgemeinen als häusliche Tugenden bezeichnen. Sie bestehen vor allem im Respektieren der Familienmitglieder, wer auch immer das sein mag. Ich war lediglich seine zweite Frau, und trotzdem genoss ich eine umfassende Freiheit. Er hat mir immer den größten Respekt entgegengebracht, und so lebten wir stets in Harmonie zusammen. Seine Frauen verehrten ihn."

„Alle seine Frauen?", wollte der Richter wissen. „Hatte er mehrere Nebenfrauen?"

Frau Wang schob eine graue Locke beiseite und steckte sie dann in ihren Haarknoten. „Seine Erste Gemahlin war schon vor einiger Zeit gestorben. Sie hatte ihm zwei Söhne geboren, die beiden, die vorhin im Hof bei Ihnen standen: Gu-li und sein jüngerer Bruder To-ma. Der Tod meines Mannes hat Gu-li zum neuen Familienoberhaupt gemacht." Sie seufzte. „Die zwei sind nicht gerade die vorbildlichsten Vertreter der Menschlichkeit, wie ich gestehen muss", sagte sie. „Sie haben uns sehr enttäuscht. Um ihre Fähigkeiten, die geschäftlichen Angelegenheiten meines Mannes zu regeln, war es übrigens alles andere als gut bestellt, habe ich mir sagen lassen. Und ihre Liebenswürdigkeit kompensiert ihr kaufmännisches Unvermögen leider mitnichten."

„Ich vermute mal, dass Ihr Sohn Wang Ji von ganz anderer Art ist?"

Frau Wang machte eine ausweichende Geste. „Mein Ji ist ein guter Junge. Man darf von ihm aber auch nicht viel mehr verlangen, als ein guter Ehemann, ein guter Vater oder ein guter Sohn zu sein. Im Vergleich zu seinen Brüdern ist das bereits sehr viel. Er hat aber abgesehen von diesem Charakterzug meines Mannes wenig von ihm geerbt, vor allem nicht dessen Talent für den Handel, das lange Zeit unseren Reichtum ausgemacht hat. Wir leben ganz angenehm – Dank unseres Erbanteils – und wissen uns damit zu begnügen, so der Himmel es will."

„Dann haben also Gu-li und To-ma, die beiden Söhne der Ersten Gemahlin, den Großteil des Vermögens geerbt, nicht wahr? Sie haben das Binnenschifffahrtsunternehmen bekommen."

„Richtig. Wir waren nur als zweite dran. Aber es hätte noch schlimmer kommen können. Wir hätten auch rein gar nichts bekommen können."

Dieser Gedanke beschäftigte den Richter. „Warum sagen Sie, dass Sie vielleicht noch weniger hätten bekommen können? Hat denn jemand auf seinen Erbschaftsanteil zu Ihren Gunsten verzichtet?"

Frau Wang sah untröstlich. Eine schwere Bürde schien auf ihr zu lasten. „Ich sehe, dass Eure Exzellenz meine nur halb ausgesprochenen Gedanken erraten", sagte sie. „Es handelt sich nicht direkt um Verzicht. Gewisse Personen sind einfach von der Hinterlassenschaft ausgeschlossen worden ... auf eine sehr autoritäre und vielleicht sogar anfechtbare Art. Aber was hätte ich dagegen tun können? Ich bin ja nur eine Frau, und dazu noch die zweite Gattin. Wie hätte ich mich gegen die zwei erstgeborenen Söhne stellen können? Vor allem musste ich die Interessen meines eigenen Kindes schützen!" Sie erlebte ganz offensichtlich jene Ereignisse von vor zehn Jahren noch einmal so deutlich, als hätten sie sich erst am Vorabend zugetragen.

Di erriet, dass sie ihr bis heute keine Ruhe gelassen hatten und sie immer noch darunter litt. Sie beweinte ihr verlorenes Paradies. „Wer ist von diesem Erbe ausgeschlossen worden?", fragte er.

„Die Konkubinen, nobler Herr Richter, die zwei armen Konkubinen meines Mannes. Sie hatten keinen Anspruch auf irgendwas Größeres, das stimmt, ihr Stand garantierte ihnen nichts Bestimmtes. Aber die Art und Weise, wie man sie behandelt hat! Eure Exzellenz mögen mir ersparen, ins Detail zu gehen. Mit einem Wort: Man hat sie von heute auf morgen auf die Straße geworfen. Die zwei älteren Söhne verabscheuten sie aus mir unbekannten Gründen, und ich konnte nichts tun, um sie zu retten. Sie mussten die Gegend verlassen, um ihr

Glück anderswo zu suchen. Ihr Glück! Diese Unglücklichen! Ohne einen Taler, wohin hätten sie denn gehen können? Ihre Geister quälen mich seither ohne Unterlass, an jedem Tag, den mir der Himmel schenkt!“ Furcht und Gewissensbisse spiegelten sich deutlich in den Augen von Frau Wang.

Die chinesischen Legenden waren voll von Gespenstern, die in der Nähe der verantwortlichen Sterblichen Gerechtigkeit für ihr erlittenes Unrecht einforderten. Der Volksglaube ging davon aus, dass nichts wirklich vorbei war, solange den Manen der Opfer nicht Genüge getan und somit Frieden geschenkt wurde.

„Sie Sagen, dass ihre Geister sich Ihnen zeigen?“, fragte er mit leiser Stimme, als drohte ein ganzes Bataillon aus Lebendtoten, ihn bei seinen Worten zu ertappen.

„Oh, ja, so ist es …“, sagte sie mit angesichts dieser Vorstellung vor Schrecken geweiteten Augen. „Die bleiche Gestalt einer Verstorbenen steckt manchmal ihre Nase in mein Zimmer. An manchen Abenden sehe ich sie auch, wenn ich das Fenster auflasse. Ihre ruhelose Seele geistert durch unser Haus. Sie lässt mich den Fehler, den wir begangen haben, nicht vergessen. Dieses bleiche, ausgemergelte Gesicht einer dem Grab entstiegenen Leiche! Die zerzausten, verfilzten Haare schimmern im Mondlicht! Dieser zahnlose Totenkopf! Die hervorgetretenen Augen, blutunterlaufen! Es ist das zerstörte Gesicht einer der Konkubinen meines Mannes, die aus dem Schattenreich zurückgekehrt ist. Ich bitte den Geist meines Mannes im Tempel inständig darum, sich in seiner unermesslichen Güte für uns einzusetzen, aber es hört einfach nicht auf: Der Geist geht immer noch um. Er lächelt spöttisch aus seinem entsetzlich verdrehten Mund. Eines Tages stand ich so nah am Fenster, dass ich seinen übel riechenden Atem im Gesicht gespürt habe. Dieser Geruch verfolgt mich seither unentwegt, obwohl ich ständig Weihrauch verbrennen lasse.“ Sie nahm die Hände des Richters fest in die ihren, und Di stellte fest, dass sie eiskalt waren und zitterten.

„Ich kenne den Mörder des Majordomus", murmelte sie.

Das Gespräch schien nun äußerst interessant zu werden.

„Er ist es, dieser Geist! Er hat uns die Leiche Zhao Dings geschickt, um uns zu bestrafen! Er macht uns begreiflich, dass er uns niemals in Ruhe lassen wird. Und bald sind wir an der Reihe, einer nach dem anderen. Es gibt keine Möglichkeit, ihm zu entwischen. Das ist unser Fluch!"

„Hatte dieser Geist bestimmte Gründe, dem Majordomus Übles zu wollen?", fragte der Richter, der sich bei seiner Untersuchung vor allem an greifbare Fakten halten wollte.

Frau Wang furchte ihre feinen gemalten Augenbrauen. „Zhao war ein harter Mann! Er hat alles getan, um den Konkubinen das Leben schwer zu machen. Er ist sogar so weit gegangen, mir klarzumachen, dass ich mich weder seinen noch den Plänen meiner Stiefsöhne widersetzen sollte. Er war den Sprösslingen der Ersten Dame und damit seinen neuen Herren vollständig ergeben. Ihre Interessen waren untrennbar mit den seinen verbunden. Deshalb haben sie ihn auch weiter beschäftigt, trotz ihrer misslichen finanziellen Lage. Selbst in ihren Träumen hätten sie niemals einen Diener finden können, der ihnen ähnlicher gewesen wäre." Tränen traten in ihre Augen.

Di vermutete, dass er an diesem Abend nichts mehr erfahren würde. Er verabschiedete sich daher von der alten Dame und überließ sie ihren Geistern.

XIV

Eine Audienz wird zu einer Komödie und alte Rachegelüste kommen wieder zum Vorschein.

Der Richter erwachte frisch und mit neuen Kräften nach einer gut verbrachten Nacht. Langsam begann er, sich an die Härte seines Sofas zu gewöhnen. Und was das Beste war: Er hatte das Gefühl, mit seinen Ermittlungen tüchtig vorangekommen zu sein. Sein Kopf war voller Vorhaben für diesen Tag, von dem er sich diesmal ganz Entscheidendes erhoffte.

Als er gegessen und sich ausgehfertig gemacht hatte, erschien sein Erster Schreiber, um ihm die anstehenden Angelegenheiten des Tages vorzutragen. Di bedeutete ihm durch ein Zeichen, innezuhalten.

„Wir müssen zunächst offiziell die Untersuchung des Mords an dem Majordomus der Wangs eröffnen", kündigte er an. „Vermerken Sie das!"

Der Sekretär ließ den Pinsel fallen, den er in der Hand gehalten hatte. „Bei allen Göttern!", rief er aus. „Zhao Ding ist tot?"

Di schaute ihn misstrauisch an.

„Und Sie – Sie werde ich festnehmen lassen wegen … Den Grund werde ich schon noch herausfinden, wenn Sie erst mal hinter Gittern sitzen. Am besten wäre es freilich, wenn Sie ihn mir jetzt gleich selbst sagen würden."

Souen Tsi warf sich so schnell auf die Knie, wie sein schmerzendes Bein es zuließ. „Exzellenz, ich schwöre, dass es keinen Grund gibt, mich festzunehmen! Ich habe in keiner Weise gegen das Gesetz verstoßen! Alles, was ich in den letzten Tagen getan habe, sollte lediglich zur Klärung eines Problems beitragen, das mich beunruhigt hat."

Di beschloss, sich später damit auseinanderzusetzen. Bis zum Beginn der Audienz blieb ihm noch etwas Zeit. Er wollte das Gerichtsarchiv aufsuchen, um nachzusehen, ob vor seiner Ankunft in Puyang etwas passiert war, über das er Bescheid wissen sollte.

„Sie sind doch schon seit langer Zeit auf diesem Posten", sagte er zu seinem Sekretär. „Was haben wir Interessantes zu dem Namen Wang?"

Als wäre er auf diese Frage vorbereitet gewesen, suchte Souen Tsi auf direktem Weg das Regal mit den Akten des letzten Jahrzehnts auf. „Hier, edler Herr Richter", sagte er und brachte einen staubbedeckten Kasten ins Büro. Sein Gesichtsausdruck glich dem eines Steuerzahlers, der gehofft hatte, seiner Abgabepflicht zu entgehen, ehe sein Steuereintreiber sich doch zwangsläufig daran erinnerte.

Di löste das Band, das um den Kasten gewickelt war, holte die darin befindlichen Dokumente heraus und begann, sie in zeitlicher Reihenfolge zu sichten. Sie enthielten eine erbärmliche Klage, die nach dem Tod ihres Vaters von den beiden Brüdern Gu-li und To-ma bei Gericht vorgetragen worden war. Der damalige Richter hatte mehrere Anhörungen vorgenommen, bevor er ein Urteil verkündete, das zu einem tiefen Einschnitt im Leben dieser trauernden Familie hatte führen müssen.

„Jetzt verstehe ich", murmelte Di in seinen Bart. „Und wie! Wenn sich all das so verhält, wie ich glaube, dann erfahre ich da ja schöne Sachen über diese Wangs!"

Das, was er da gelesen hatte, veränderte die Lage von Grund auf. Er verspürte die Notwendigkeit, seine Untersuchung neu auszurichten.

Die Morgenaudienz kam zu einem hervorragenden Zeitpunkt: Da konnte er kräftig mit dem Fuß in diesen Ameisenhaufen treten! Mit nachdenklicher Miene und den

Gedanken woanders lief er die Gänge entlang in Richtung des Gerichtssaales.

Sobald er eingetreten war, ertönte der Gong, um die Eröffnung der ersten Audienz anzukündigen. Sein Sekretär saß an einem seitlichen Bürotisch, um die Erklärungen der einen oder anderen Partei aufzunehmen, so wie er es vor zehn Jahren beim damals zuständigen Richter wohl ganz genauso gemacht hatte.

Nach einer raschen Abfertigung der laufenden Angelegenheiten konnte sich Di auf das Verhör der Hauptpersonen im Mordfall des Hausdieners konzentrieren – oder jedenfalls der Personen, deren er habhaft hatte werden können.

Er hätte auch gern *Kamelie* befragt. Aber der Schreiber, den er zu Frau Yu gesandt hatte, musste sich anhören, dass die junge Frau während der Nacht entbunden habe und deshalb nicht in der Lage sei, vor Gericht zu erscheinen.

Di hatte jedenfalls von nun an eine gewisse Vorstellung vom Inhalt des Gespräches, das sie mit dem Majordomus geführt hatte. Es hatte sich nur um eine einzige Sache drehen können, und er ahnte, dass es dieselbe war, um die es auch auf mehreren Seiten der Archivakte zum Fall der Wangs ging.

Nun waren alle versammelt wie bei einem Familientreffen: Die verschiedenen Wangs der beiden Familienzweige, die Witwen und sogar die Bordellmatrone saß im hinteren Bereich des Saales – in ihrem üblichen roten Kleid. Langsam schienen die Verbindungen, die es zwischen ihnen allen gab, klar zutage zu treten. Zwar gab es noch immer ein paar Lücken, doch der Richter hoffte, sie bald schließen zu können.

Er begann die Sitzung, indem er die Aussagen der beiden Träger, die den Korb mit der Leiche Zhao Dings gebracht hatten, protokollieren ließ. Die Wangs schienen unruhig zu werden; sie wirkten nervös. Zuerst hatte man ihren Nachbarn Cheng abgemurkst, dann den Hausdiener … Die Todesfälle näherten sich immer mehr ihrer eigenen Person. Dann stellte der Richter auch noch viele seltsame Fragen, die alte und unangenehme Erinnerungen wach werden ließen … Sie waren weichgekocht, und Di hielt den Augenblick für gekommen, ihren Widerstand zu brechen. Er ließ sie vor seinen Richtertisch zitieren.

„Man hat gerade zwei Menschen ermordet, die Sie gekannt haben, von denen einer sogar in Ihrem Dienst gestanden hat. Beunruhigt Sie das nicht ein bisschen?“

Die beiden Brüder schüttelten verneinend den Kopf, als passierten solche Vorgänge jeden Monat.

„Wir vertrauen auf Eure Gerechtigkeit, Exzellenz“, sagte Gu-li. „Das Gericht dieser Stadt hat immer weitsichtige Urteile erlassen.“

Weitsichtige und vor allem ihre Interessen begünstigende – davon war Di überzeugt. Dann fragte er sie, ob sie auch Hsueh Xan, den Hauptmann seiner Gerichtsbüttel, gekannt hätten.

Gu-li antwortete, ohne verlegen zu werden, dass sie lediglich im Zusammenhang mit dessen Stellung bei Gericht mit ihm zu tun gehabt hätten.

„Können Sie das präzisieren?“

„Er muss zu uns gekommen sein, um eine Entscheidung des Gerichts auszuführen, das ist aber schon einige Jahre her.“

Das Publikum wurde unruhig; die Leute erinnerten sich plötzlich, und einige äußerten ihren Unmut gegenüber den beiden Brüdern.

Der dicke To-ma drehte sich um und warf erstaunte Blicke um sich. Sein älterer Bruder schnaubte verächtlich.

„Sie kannten also meinen Beamten“, stellte Di fest. „Ich frage mich, ob Ihre Verbindung zu dem zweiten Toten nicht auch enger war, als sie auf den ersten Blick erscheinen mag. Cheng war für Sie mehr als ein Nachbar, mehr als ein bloßer Geschäftspartner, nicht wahr?“

Die Wangs blieben stumm. Der dicke To-ma blickte mit seinen runden Augen abwechselnd zum Richter und zu seinem Bruder, der sich bemühte, unbewegt zu erscheinen.

Di beschloss, es mit einem Bluff zu versuchen: „Stimmt es, dass eine Ihrer Schwestern in erster Ehe mit dem verstorbenen Cheng verheiratet gewesen ist, was ihn während dieser Zeit zu Ihrem Schwager gemacht hat?“

Diese Frage schien sie außergewöhnlich aus der Fassung zu bringen. „Das ist richtig“, gab Gu-li mit unsicherer Stimme zu. „Aber sie ist im Kindesbett gestorben, und unser Schwager hat wieder geheiratet.“

„Es handelte sich also tatsächlich um Ihre Schwester?“

„Nun, sie war lediglich unsere Halbschwester, edler Herr Richter“, präzisierte Gu-li, als würde die Person dadurch bedeutungslos wie eine entfernte Verwandte. „Mein Bruder und ich waren die einzigen Kinder, die unser Vater von seiner Hauptfrau bekommen hat. Seine anderen Kinder wurden von verschiedenen Konkubinen geboren ...“

Irgend jemand rief laut im Saal: „Das ist es, jetzt erinnere ich mich!“

Man hörte Gemurmel. Gu-li fuhr fort: „... von Konkubinen, die schon vor langer Zeit unser Haus und unser Leben verlassen haben, um es genau zu sagen. Wir haben mit diesen Frauen nichts mehr zu tun, auch nicht mit ihren Abkömmlingen. Seit mein Vater tot ist, gibt es zwischen ihnen und uns keinerlei Verbindung mehr.“

Di hatte das Gefühl, dass diese Verbindungen offenbar ganz im Gegenteil derzeit mit großer Heftigkeit wieder geknüpft wurden. Wang der Ältere machte Ausflüchte, um nicht über den schändlichen Prozess, den er gegen seine Stiefmütter geführt hatte, reden zu müssen.

Aus dem Publikum meldete sich ein Bürger von Puyang zu Wort: „Entschuldigen Sie, edler Herr Richter, aber jeder hier kennt diese Geschichte. Der Fall ist reichlich spektakulär gewesen. Das Ganze ist ziemlich lange vor Ihrer Ankunft hier passiert. Die Wangs haben sich auf die Nebenfrauen ihres Vaters gestürzt. Sie haben von seinem Tod profitiert, haben sie hinausgeworfen, ohne ihnen irgendetwas zu geben, als wären sie ganz gewöhnliche Prostituierte gewesen. Sie und ihre armen Kinder!“

Wang Gu-li ging an die Decke wie ein Hampelmann mit integrierter Sprungfeder. „Verleumdung!“, rief er und hob die Arme zum Himmel. „Wir haben so gehandelt, wie es die Wiederherstellung unserer beschmutzten Familienehre verlangte!“

„Man will uns die unredlichsten Sachen anhängen!“, bekräftigte To-ma, dessen schlaffer Körper vor Empörung zitterte. „Man will uns davon abhalten, den Vorsitz der Reedergilde zu übernehmen, eine Position, die uns von Rechts wegen zusteht! Das ist ein Komplott! Eure Exzellenz müssen diese Verleumder bestrafen!“

Unter den Zuhörern brachen Lachsalven aus.

Ihr Halbbruder Wang Ji wirkte niedergeschlagen.

„Wir wissen alle, was ihr gemacht habt, ihr Wangs!“, rief jemand laut.

„Ich appelliere an die Gerechtigkeit Eurer Exzellenz!“, schrie Wang Gu-li. „Diese Rüpel müssen zum Schweigen gebracht werden! Wir haben uns nichts zuschulden kommen lassen! Wir haben getan, was zu tun war, um die Manen unseres lieben Vaters zu rächen, die von seinen Konkubinen aufs Schwerste beleidigt worden sind!“

Die Glut des Skandals flammte erneut auf. Es war gar nicht nötig gewesen, großartig nachzuhelfen. Genau das hatte der Richter erwartet. Er schlug mehrmals mit seinem Hammer auf den Tisch, um die Unruhe zu beenden. Mit kräftiger Stimme verkündete er dann, dass er auf Antrag der Familie Wang die Untersuchung von vor zehn Jahren wiederaufnähme, damit ihre aufgrund der Verleumdungen beschmutzte Ehre definitiv reingewaschen würde.

Die beiden Brüder warfen ihm erschrockene Blicke zu. Sie hatten einen solchen Wunsch nicht geäußert. Der Richter übertrieb bei Weitem den Umfang ihres Protestes. Sie hatten lediglich gewollt, dass er die Spötter unter den Zuhörern zum Schweigen brachte.

Die Konsequenzen ihres lauten Geschreis führten nun viel weiter, als sie eigentlich hatten gehen wollen. Sie fühlten sich – nicht ohne Grund – reingelegt. Der Großteil der Zuhörer freute sich hörbar. Di bemerkte, wie sehr es die Reeder verstanden hatten, sich verhasst zu machen, einerseits wegen der Zurschaustellung des geerbten Vermögens, andererseits durch ihre Dummheit und zweifellos auch wegen ihrer verabscheuungswürdigen Bosheit.

Di ging in Gedanken die Akten des Gerichts noch einmal durch, die er zuvor konsultiert hatte. Vater Wang hatte zwei Hauptfrauen und zwei Konkubinen gehabt. Seine erste Frau war bereits vor seinem plötzlichen Tod verstorben; er hatte ein florierendes Unternehmen und eine Anzahl von Kindern hinterlassen.

Dann brach der Skandal aus. Kaum war der Vater bestattet, wandten sich die beiden Söhne der ersten Frau auch schon an das Gericht. Sie klagten die dritte Lebensgefährtin des Ehebruchs an – unter Mitwisserschaft und Beihilfe der vierten. Ein Fremder in der Stadt, der sich als Wanderhausierer vorstellte, hatte vor Gericht ausgesagt, dass sich die Dritte ihm hingegeben und er mit ihr geschlafen habe, nachdem ihn die Vierte in die Frauengemächer gelassen habe. Dieser Hauptzeuge war aber verschwunden, sobald er seine Erklärung abgegeben hatte, ohne dass eine Gegenüberstellung mit den Frauen veranlasst worden wäre.

Die Freiheit zu handeln, die der teure Verschwundene ihnen geliefert hatte, und den toleranten Geist, der bis dato in ihrem Haus geherrscht hatte, nutzten die Brüder Wang, um jene Behauptung zu belegen. Die beiden Frauen hatten zwar versucht, sich zu verteidigen, aber aufgrund mangelnder Erfahrung und Unterstützung war ihre Berufung gescheitert. Der damalige Richter, der offensichtlich sehr viel Wert auf gute Sitten gelegt hatte, erwies ihnen keinerlei Gnade.

Sie wurden wegen unehrenhaften Verhaltens dem Verstorbenen gegenüber verurteilt, was bereits als Grund für das Verstoßen einer Person ausreichte, und mussten ihre Gemächer umgehend räumen, ohne jeglichen Anspruch auf Entschädigung seitens der Erben. Wie kam es, dass sich dieser Fall nicht länger hingezogen hatte? Di wunderte sich, dass das Urteil und dessen Vollstreckung so schnell erfolgt waren: Bei einem Fall von solcher Tragweite hätte es doch mehrerer Monate bedurft, um vor allem die widersprüchlichen Aussagen zu überprüfen. Die Wangs mussten innerhalb des Gerichts Kontakte gehabt haben, die gegen ihre Stiefmütter taktiert hatten.

Am Tag nach dem Urteil war der Hauptmann der Gerichtsbüttel veranlasst worden, die Entscheidung des Gerichts umgehend auszuführen, was gewiss zu einer hübschen Szene geführt haben durfte – die Frauen und ihre Kinder waren mitsamt ihrem Gepäck einfach auf die Straße geworfen worden, wo sie das nackte Elend erwartete. Die dritte und die vierte Frau besaßen nichts mehr, sie waren all ihrer Rechte beraubt, ihr Ruf war hoffnungslos zerstört worden. Wohin konnten sie gehen?

Wahrscheinlich hatten sie irgendwelche Verwandten in entfernten Provinzen aufgesucht, wenn es solche gegeben hatte, die sie sicherlich zu Dienerinnen gemacht hatten, auf Gedeih und Verderb der Gnade ihrer neuen Herren ausgeliefert.

Als wieder Ruhe im Saal eingekehrt war, rief Di die zweite Frau Wang auf, die sich auf den Arm ihres Sohnes gestützt zu ihm nach vorn begab. Bei Tageslicht wirkte sie sogar noch erschöpfter als am Vorabend. Di war überzeugt davon, dass sie älter aussah als sie war. Gewissensbisse und Nostalgie hatten das in den letzten Jahren bewirkt.

Der Richter wartete geduldig, bis sie sich auf die Knie niedergelassen hatte, dann stellte er ihr eine Frage: „Können Sie mir sagen, wie sich Zhao Ding, der Majordomus, zu der Zeit, als Ihr Gatte gestorben ist, verhalten hat?“

Frau Wang schien zu zögern. „Das ist etwas heikel“, antwortete sie. „Das Andenken eines Toten, dessen sterbliche Hülle noch nicht unter der Erde ruht, sollte niemand angreifen. Sein Geist irrt noch unter uns umher. Es wäre ungehörig, ihn mit Verleumdungen zu bekümmern."

Di erkannte auch in diesen Worten – wie schon im gestrigen Gespräch – den Aberglauben der alten Dame.

„Sprechen Sie ganz unbesorgt", sagte er. „Es ist keine Beleidigung, wenn man sich darauf beschränkt, die Wahrheit zu sagen. Der gebührende Respekt gegenüber Toten steht hinter den Geboten der Kaiserlichen Justiz zurück."

Frau Wang gab nach und beschloss zu reden. Sie drehte sich kurz um und warf ihren beiden Stiefsöhnen für einen Moment vernichtende Blicke zu. Dann sagte sie zum Richter: „Unser Hausdiener hat sich für seine Hilfe dabei, die beiden Konkubinen rauszuschmeißen, eine große Summe zahlen lassen, die der Erbmasse entstammte. Er hat die letzten Augenblicke seines Herrn, meines geliebten Mannes, verdorben, indem er eingewilligt hat, die von den beiden älteren Brüdern erfundenen Lügen weiterzuverbreiten, um den Frauen zu schaden. Zhao hat versucht, ihn auf seinem Sterbebett dazu zu bringen, den Entschluss ihres Verstoßes zu unterschreiben. Damit hätten die beiden sie ohne einen Prozess rausschmeißen können."

Die Zuhörer, die diese Einzelheiten nicht kannten, stießen entrüstete Schreie aus.

„Lüge!", rief Wang Gu-li. „Diese Frau ist verrückt! Sie war mit den beiden anderen im Bunde! Sie müsste uns die Füße küssen, dass wir ihr das gleiche Schicksal erspart haben! Da sieht man wieder, wie einem Wohltaten gedankt werden!"

Wang Ji ließ seine Mutter beinahe los, um sich auf seinen Halbbruder zu stürzen, doch seine Mutter packte ihn am Arm und hielt fest. Sie wachte über die Interessen ihres Kindes, wie sie es schon immer getan hatte.

„Schweigen Sie!", gebot der Richter, während einer der Büttel die Peitsche hob, um den Unverschämten zu züchtigen, der es gewagt hatte, die Stimme zu erheben.

Nach und nach wurden die Konturen eines Verbrechens sichtbar, auch wenn es sich dabei nicht um jenes handelte, das der Richter hatte lösen wollen. Er verzichtete darauf, die Ruhe unter der aufgewühlten Zuhörerschaft wiederherzustellen und erklärte kurzerhand die Audienz für beendet.

Sobald der Gong ertönt war, begab er sich in sein Arbeitszimmer, um dort in Frieden nachzudenken. Das Prozessprotokoll lieferte genaue Einzelheiten zu diesen Frauen. Zum maßgeblichen Zeitpunkt waren die diskriminierten Konkubinen etwa vierzig Jahre alt gewesen; sie hatten fünf Töchter gehabt. Lediglich die Älteste von ihnen hatte geheiratet. Die vier Jüngeren waren zwischen zehn und zwanzig Jahre alt gewesen. Was war aus ihnen geworden? Di überlegte, wem er diese Frage am besten stellen konnte – Frau Wang hatte davon offensichtlich keine Ahnung. Das ergab also insgesamt sieben Frauen, die im Zuge dieser Existenzvernichtung vollständig verschwunden waren. Sieben Frauen, die mit einem einzigen Pinselstrich aus der guten Gesellschaft von Puyang gestrichen worden waren, auf Erlass des Yamens. Di wusste, wie grausam die im blühenden Kaiserreich angewandten Gesetze sein konnten. Ehebruch war kein Kavaliersdelikt und unter strenge Strafe gestellt. Nach dem Mord handelte es sich hier um das schwerste Verbrechen, dessen sich eine Frau schuldig machen konnte, vor allem, wenn sie dem Bürgertum angehörte.

Di stand plötzlich auf und warf erneut einen Blick in die Kästen, die auch die Akten zum Wang-Prozess beinhalteten. Darin fanden sich auch Fälle, die ungefähr zeitgleich vom Gericht behandelt worden waren. Er wählte ein paar von ihnen aus und ging rasch die Namenslisten durch, die sich auf den Deckeln befanden. Einer der Namen erregte seine besondere Aufmerksamkeit: Der *Fall Chen Mi-tsung*. Inmitten anderer Notizen fand er einen ordentlichen Erlass über einen Verstoß, der nur wenige Monate nach dem Fall Wang verfasst worden war.

Der Richter hörte, wie hinter ihm die Tür geöffnet wurde. Er wusste genau, wer da gekommen war und musste sich nicht einmal umdrehen.

„Chengs Frau ist im Kindesbett gestorben!", rief er. „Das haben diese teuflischen Wangs gewagt, mir weiszumachen. Ich glaube, ich werde ihnen wegen Beleidigung des Gerichts öffentlich Stockhiebe verpassen lassen. Was Sie betrifft, so hoffe ich, dass Sie mir endlich all das enthüllen, was Sie wissen! Ich habe jetzt genug davon, dass bei der Untersuchung dieses Falles jeder versucht, mich zu belügen. Das hat bereits dazu geführt, dass drei Männer beerdigt werden müssen. Sie und ich, wir wissen beide, dass dies nur der Anfang ist, nicht wahr?"

„Eure Exzellenz haben vollkommen recht", antwortete der Besucher mit ergriffener Stimme.

„In diesem Fall", fuhr der Richter fort und schloss dabei den vor ihm stehenden Kasten, „setzen Sie sich und erklären Sie mir alles. Ich brenne darauf, aus Ihrem Mund das letzte Wort dieser schmutzigen Geschichte zu hören. Wenn ich mich nicht irre, haben Sie größtes Interesse daran, dass ich den Mörder sobald wie möglich erwische … bevor er sich ihrer schwächlichen Person ebenfalls annimmt."

Di nahm in seinem Lehnstuhl Platz.

Souen Tsi setzte sich langsam auf den Stuhl ihm gegenüber, wie ein Mann, der bereits zum Tode verurteilt ist.

XV

Ein Hinkender enthüllt traurige Wahrheiten und ein Versteckspiel wird zur Katastrophe.

Der Erste Schreiber hatte die Hände auf seine Knie gelegt und blickte traurig auf den Boden. Di nahm sich vor, sich von seiner Miene eines geprügelten Hundes nicht beeindrucken zu lassen und kein Mitleid mit ihm zu haben.

„Sie waren im Amt“, sagte er. „Sie hatten also einen Platz in der ersten Reihe. Erzählen Sie mir ein wenig über Ihre Sicht der Dinge, was diese düsteren Ereignisse anbelangt. Die Wang-Damen mussten doch Einspruch erhoben haben, um den Fall mehr zu ihren Gunsten erneut verhandeln zu lassen. Ich habe das Gefühl, man hat sich mit ihrer Verurteilung ordentlich beeilt.“

Souen Tsi blickte auf, senkte aber sofort wieder die Augen. „Ihre Bemühungen hatten wenig Aussicht auf Erfolg“, murmelte er. „Ich … ich habe ihren Untergang nur noch beschleunigt.“

„Und wie genau? Das möchte ich gerne wissen!“, sagte der Richter und zupfte an seinem Bart. Dies war die Gelegenheit zu erfahren, was sich hinter den Kulissen seines Gerichts abspielte. Er vermutete das Schlimmste.

Souen Tsi war extrem peinlich berührt. „Na ja … Eure Exzellenz wissen sicherlich, dass die Bezirksrichter nichts sind ohne ihre Vermittler, die es ermöglichen, dass die Dossiers zu ihnen gelangen, ohne ihre Schreiber, die die Kläger beraten, die alles in die richtigen Bahnen lenken … wir, die Schreiber, sind nicht nur einfache Papierträger, sondern bewirken, dass die Maschinerie der Justiz funktioniert."

Di bedeutete ihm durch ein Zeichen, dass er sich all dessen bewusst sei. „Ja, ja, mit einem Wort – Sie haben die Klageschrift der Wang-Damen, die Sie ihrem Bezirksrichter aushändigen sollten, in den Abfallkorb geworfen", folgerte der Richter mit ruhiger Stimme. „Oder irre ich mich?"

Der Sekretär warf sich auf die Knie, die Augen auf den Teppich gerichtet. „Exzellenz, ich schwöre Euch, dass mir die Tragweite meines Handelns nicht bewusst war. Ihr Vorgänger war zu dieser Zeit mit Arbeit überlastet. Es haben verschiedene Messen stattgefunden, und er musste auch noch die dreijährliche Volkszählung durchführen."

„Setzen Sie sich wieder hin und sagen Sie mir, was passiert ist."

Souen Tsi hinkte an seinen Platz zurück und begann, mit kaum hörbarer Stimme zu erzählen. „Die beiden beschuldigten Konkubinen wagten nicht, vor Gericht zu erscheinen. Das lag vor allem an den schrecklichen Geschichten, die die Brüder Wang über sie verbreitet hatten. Sie blieben daher in ihren Frauengemächern, von wo aus es ihnen trotzdem gelang, mir eine Verteidigungsschrift zukommen zu lassen. Ich war gerade auf der Hauptstraße von Puyang unterwegs, als eine der Töchter an mich herantrat. Sie war ein schönes Mädchen von etwa fünfzehn Jahren und offensichtlich gut erzogen, wie es sich gehörte … Ich habe Mitleid mit ihr empfunden. Von dem Moment an war mein Herz erweicht. Ich erklärte mich bereit, die Bittschrift anzunehmen, und versprach, sie so schnell wie möglich der richtigen Stelle zu übermitteln."

Der Richter hob die Hand, um ihn zu unterbrechen. „Kam das Dokument mit einer Münze oder einem Silberbarren? Sozusagen für Ihre Mühen …"

Souen Tsi starrte auf seine Hausschuhe. „Mit zwei, Herr Richter. Aber ich schwöre, dass ich nur aus Mitleid gehandelt habe."

„Und was für ein Gefühl hat Ihr weiteres Handeln bestimmt?“

„Die Vernunft, edler Herr Richter! Ich habe die Situation ganz kühl betrachtet. Die Brüder Wang waren mächtig. Sie standen im Begriff, das gesamte Familienunternehmen zu erben, und es war anzunehmen, dass sie nach ihrem Vater auch den Vorsitz der Gilde übernehmen würden. Wer war ich dagegen? Nichts weiter als ein kleiner Angestellter, der es sich nicht leisten konnte, sich solch mächtige Feinde zu machen.“

„Ein kleiner Angestellter, für den jedes Monatsende Schwierigkeiten mit sich brachte“, übernahm Richter Di. „Wie lange haben Sie für die Entscheidung gebraucht?“

„Ich habe lange gezögert, das versichere ich Ihnen. Die Konkubinen waren in jedem Fall verloren. Deshalb erschien es mir sinnvoll, rechtzeitig auszusteigen, solang ich noch konnte.“

„Und da haben Sie also die Wangs kontaktiert, anstatt meines Vorgängers“, folgerte der Richter düster.

Souen Tsi machte eine hilflose Geste. „Ihr Majordomus suchte jeden Morgen den Markt auf, um seine Besorgungen zu erledigen. Es war daher leicht für mich, ihn anzusprechen. Die Brüder Wang verhielten sich vorbildlich, sie empfingen mich sofort.“

Di konnte sich ihre Bereitwilligkeit sehr gut vorstellen, diesen kleinen, verständigen Beamten zu treffen, der ihnen praktisch die Köpfe ihrer Feindinnen auf einem Tablett servierte. „Und jetzt zittern Sie vor Angst, weil Sie sich sagen, dass dieses kleine charmante und so gut erzogene Mädchen, das sein Schicksal in Ihre Hände legte, Sie vielleicht bei ihren Halbbrüdern gesehen hat; dass sie vielleicht im Frauengemach die Neuigkeit Ihres Amtsvergehens verbreitet hat. Und wenn sich heute jemand an denjenigen rächt, die am Untergang dieser Frauen vor zehn Jahren beteiligt waren, dann ist es sehr wahrscheinlich, dass auch Sie auf der Liste stehen. Für die paar Münzen müssten Sie teuer bezahlen! Übrigens, wie viel hat Ihnen das letztlich eingebracht?"

„Nur einen Goldbarren", antwortete Souen Tsi.

„Das war ein guter Preis für das Gewicht eines Blatt Papiers! Nun, jetzt ist dies der Wert Ihres Lebens: ein Goldbarren! Wie wirkt sich das nun auf Sie aus, sagen Sie es mir!"

„Ich wünschte, ich hätte das verfluchte Gold niemals genommen!", rief der Erste Schreiber voller Entsetzen.

Di seufzte und schüttelte missbilligend den Kopf: „Ja. Aber nun ist es zu spät für diese Einsicht. Und ich bin von jetzt an die einzige Schutzmauer, die zwischen Ihnen und dem Mörder steht. Ich bin ein bisschen wie Sie, Souen: Aus irgendeinem seltsamen Grund bin ich manchmal versucht, meine Dienstpflichten nicht zu erfüllen. Und was wäre, wenn ich Sie die Folgen Ihres Handelns einfach ausbaden ließe? Immerhin ist es nicht meine Aufgabe, pflichtvergessene Beamte zu schützen. Nach dem, was Sie mir soeben gebeichtet haben, müssten Sie aus dem Verwaltungsdienst entfernt werden. Andererseits denke ich, dass sich schon jemand darum kümmern wird, Sie von dieser tief gesunkenen Welt zu entfernen …"

Souen Tsi schlug die Augen nieder und senkte den Kopf; der Richter hatte jetzt doch beinahe Mitleid mit ihm.

„Und jetzt erklären Sie mir, was Sie vor dem *Tempel der Tugend* getrieben haben. Ich habe gesehen, wie Sie dort diese schwangere Prostituierte angegriffen haben, die *Kamelie* genannt wird. Oder sollte ich besser Frau Cheng sagen? Oder Fräulein Wang? Oder einfach nur: Ihr Opfer?"

Souen Tsi wirkte betreten. Auf seine ungeschickten Anstrengungen, seinem Schicksal zu entkommen, brauchte er nicht stolz zu sein. „Exzellenz, ich muss Euch gestehen", sagte er dann, „dass es vorgekommen ist, wie bei vielen anderen auch, dass ich bestimmte Häuser des Weidenviertels aufgesucht habe. Darunter auch das Haus von Frau Yu. Sie können sich nicht vorstellen, wie überrascht ich war, als ich dort eines Abends ein mir bekanntes Gesicht entdeckte. Nach kurzer Überlegung fiel mir der Name ein, der zu diesen Zügen gehörte. Diese Frau hatte ich unter ganz anderen Umständen kennengelernt. Ich hatte in *Kamelie* die Halbschwester der Wangs erkannt, die von Cheng verstoßene Ehefrau. Ich selbst habe den Wortlaut jenes Schriftstückes kopiert, mit dem der Reeder die Scheidung von seiner Frau erklärte, mit der er kein Kind hatte. Das geschah kurz nach Wangs Tod und dem darauffolgenden Prozess. Cheng hatte die älteste der Wang-Töchter zwei Jahre zuvor geheiratet. Diese Verbindung mit dem Präsidenten der Reedergilde hatte seinen beruflichen Interessen gedient. Aber als sein Schwiegervater tot und die Schwiegermutter aus dem Haus geworfen und ruiniert worden war, konnte er aus dieser Verbindung keinen Nutzen mehr ziehen. Wie Sie wissen, hat er kurz darauf erneut geheiratet, und zwar sehr vorteilhaft."

„Eine hübsche Stadt, dieses Puyang", sagte Di und seufzte von Neuem. „Unsere Binnenschiffer sind voller Menschlichkeit und Mitgefühl! Sie sollten sich mal einige Vorträge über die Ethik des Konfuzius anhören. Selten habe ich erlebt, dass man die Lehren des Meisters so verhöhnt wie in dieser Stadt."

Im Arbeitszimmer herrschte bedrückendes Schweigen.

„Ich werde alles tun, um Sie zu retten", fuhr der Richter dann fort, „aber ich kann Ihnen nichts garantieren. Wir beginnen damit, dass Sie zunächst hier im Yamen bleiben, Sie werden diesen Ort keinesfalls verlassen. Mit Besuchen im Weidenviertel ist jetzt Schluss! Wenn Ihnen Ihr Leben lieb ist, werden Sie tun, was ich von Ihnen verlange."

Souen Tsi verneigte sich dankbar und schickte sich an zu gehen. „Einen Augenblick noch", hielt ihn der Richter zurück. „Ich sehe, dass Sie immer noch hinken. Ich verstehe auch etwas von Medizin – ziehen Sie doch mal Ihre Robe hoch, ich will mir Ihr Bein ansehen."

Als der Sekretär zögerte, wurde Di ungeduldig: „Unsere Zusammenarbeit verlangt größtmögliche Offenheit. Machen Sie schon und zeigen Sie her!"

Souen Tsi gehorchte. Eine lange Fleischwunde von der Wade bis zum Oberschenkel, die inzwischen braun-violett gefärbt war, kam zum Vorschein.

„Sie irren sich", sagte der Richter und legte seinen Finger auf das übel zugerichtete Bein. „Dies ist keine Verstauchung. Ich kann mir übrigens denken, wo Sie sich das zugezogen haben. Das sieht aus wie eine Verletzung, die vor zwei Nächten auf unwegsamen Gelände entstanden ist ... Eine elende Hütte ist über Ihnen zusammengestürzt."

Souen Tsi hatte keinen Grund mehr, irgendetwas abzustreiten. Er gab zu, die alte Säuferin in ihrer Behausung aufgesucht zu haben. Und zwar exakt in jener Nacht, als Di die beiden dort überrascht hatte. Frau Lia, wie sie mit Mädchennamen hieß, war also in Wirklichkeit eine von Wangs Witwen:

„Es handelt sich bei ihr um seine vierte Frau, jene, die man angeklagt hatte, den Ehebruch der dritten gedeckt zu haben", sagte Souen Tsi. „Ich kannte sie, denn sie ist damals – als ihr Elend begann – vor Gericht erschienen, um Beistand zu erbitten. Was für ein trauriges Schauspiel!"

Souen Tsi hatte ihre rasante Verwahrlosung also miterlebt. Aus dem Frauentrakt verstoßen, hatte sie begonnen zu trinken und von Almosen zu leben. Als er begonnen hatte zu vermuten, dass die Morde etwas mit dem Wang-Prozess zu tun haben könnten, hatte er sie aufgesucht, um von ihr Erklärungen zu fordern.

„Aber die Arme ist nicht mehr ganz richtig im Kopf! Sie hat gedacht, ich käme, um sie zu bestehlen, und so hat sie wild um sich geschlagen. Die Hütte hat unserem Gezerre und Gerangel nicht standgehalten."

„Das ist ja wirklich perfekt", dachte Di. „Man beginnt damit, kleine Mädchen zu hintergehen und Familienmütter zu ruinieren, und endet damit, alte Frauen zu belästigen!"

Souen fügte verlegen hinzu, dass er es in jenem Moment bevorzugt habe, jener Gegend sofort zu entfliehen, als seinem obersten Gebieter Rechenschaft abzulegen.

„Nun gut, jetzt wird alles klar“, sagte sich der Richter. „Es reicht, wenn die Ratten gehörig Angst bekommen, damit sie ihre gesamte Geschichte auspacken.“

Er entließ den Schreiber, der ihn immer mehr anwiderte. Dennoch musste er zugeben, dass er Dank dieser himmelschreienden Beichte in seinen Ermittlungen entscheidend vorangekommen war. Der Mörder hatte ganz bestimmt etwas mit den Wang-Damen zu tun. Ob er sie rächen wollte? Ob es sich vielleicht sogar um eine Frau handelte? Das war immerhin möglich, doch dann musste sie einen Helfer gehabt haben. Chengs Mörder konnte nicht allein gewesen sein: Es hatte mindestens zweier Personen bedurft, um die Leiche über die Umfassungsmauer zu werfen und in den Innenhof der Wangs zu schaffen. *Kamelie* konnte er schon mal ausschließen, obwohl alles auf sie hinwies. Sie hatte gute Gründe, sowohl dem Hauptmann der Gerichtsbüttel als auch dem Majordomus der Wangs Übles zu wollen, denn diese Männer hatten ihre Mutter erniedrigt – sich aber auch an Cheng zu rächen, der sie aus schändlichstem Anlass verstoßen hatte. Doch konnte er sich nicht vorstellen, wie sie – selbst unter Zuhilfenahme eines Schwertes – mit Männern im besten Alter hätte fertig werden können, noch dazu in ihrem schwangeren Zustand.

Di ärgerte sich. Die drei Toten waren nicht gerade unschuldig gewesen, dennoch verursachten die Morde ein fürchterliches Chaos. Außerdem bestand das Risiko, dass noch weitere Verbrechen folgten.

Sein persönlicher Diener, Wachtmeister Hong, betrat das Arbeitszimmer. Er hielt ein Tablett in der Hand, auf dem ein kleines Billet lag.

Di entfaltete es und stellte fest, dass es sich dabei um eine Einladung zum Abendessen in der Residenz der Brüder Wang handelte. In einem ersten Impuls beschloss er, diese Kleingeistern wieder in die Finsternis zurückschicken, aus der sie emporzusteigen gedachten, indem sie für alle gut sichtbar den Richter der Stadt empfingen. Er stand schon im Begriff, das

Billet zu zerreißen, als er innehielt. Nachdem er noch einmal kurz überlegt hatte, ergriff er einen Pinsel und schrieb auf die Rückseite des Papiers ein paar höfliche Floskeln, mit denen er „erfreut" diese charmante Einladung annahm. Da die gesamte Familie Wang im Mittelpunkt der hässlichen Intrige stand, würde es gewiss interessant sein, jene Stätte genauer zu besichtigen, an der sich das Schicksal der drei Opfern zugetragen hatte. Vielleicht schwebte dort in der Luft noch ein rachedurstiger Geist, Spuren des Geheimnisses, Überbleibsel der schrecklichen Untaten, die man an jenem Ort begangen hatte … jene unerlässlichen Verbündeten eines jeden guten Ermittlers. Man hatte ihm diese Einladung auf einem Tablett serviert – im wahrsten Sinne des Wortes – es wäre hochmütig gewesen, sie abzulehnen, unabhängig davon, wie groß sein Abscheu den beiden Ekelpaketen gegenüber war, die die Dreistigkeit besaßen, sein Prestige zu nutzen, um das ihrige zu verbessern.

Im Moment gingen ihm aber auch noch andere Dinge durch den Kopf. Er zog eine schöne blaue Robe mit passender Haube an und verließ das Gericht zu Fuß in Richtung des Weidenviertels. An einer Biegung der Allee begegnete er seinen drei Frauen und ihrer unvermeidlichen Freundin, die aus irgendeinem Geschäft zurückkehrten – wie immer gefolgt von einer kleinen Begleitgarde aus Gerichtsdienern. Man begrüßte sich steif wie Leute, die einander unangenehmerweise bei höchst privaten Unternehmungen überraschten.

Als er in der Straße des Bordells angekommen war, entdeckte er eine Gruppe junger Frauen, die damit beschäftigt war, hier und dort herumliegenden Unrat aufzusammeln und in großen Leinenbeuteln zu sammeln. Auf ihren Haaren trugen sie kegelförmige Hüte aus geflochtenen Binsen mit breiten Krempen, die ihren Milchteint vor der Sonne schützen sollten.

Er erkannte die Mädchen von Frau Yu und erinnerte sich daran, dass die Prostituierten, die ja auf der untersten Stufe der gesellschaftlichen Skala standen, oft zu unerfreulichen Aufgaben gezwungen wurden, etwa der Reinigung der Straßen. Ihre Dienste waren nicht unbedingt notwendig, aber dem Staat gefiel es, auf diese sichtbare Art und Weise die gesellschaftliche und berufliche Rangordnung zu verdeutlichen. Und dies war nun offenbar ein Tag, an dem man ihnen eine solch undankbare Aufgabe zugewiesen hatte.

Der Vorsteher des Viertels hatte ihnen wohl auferlegt, für die Sauberkeit des ganzen Häuserblocks zu sorgen; es würde sie noch mindestens zwei Stunden kosten. Di sagte sich, dass er ein Narr wäre, wenn es ihm nicht gelänge, von dieser Situation zu profitieren. Trotz der frühen Stunde suchte er deshalb Frau Yu auf.

Die Bordellherrin empfing ihn wie immer – vor sich die übliche Tasse aromatischen Tees – in ihrem Salon. Di dachte, dass er dabei war, ein Stammgast des Hauses zu werden.

„Ich habe eine Überraschung für Sie", kündigte die Matrone mit einem Grinsen an. Di fragte sich, was ihn da wieder erwartete.

„Nach Ihrem ersten Besuch benötigte *Pfirsichblüte* drei Tage lang Ruhe, und nach Ihrem zweiten hat *Kamelie* – ohne Vorankündigung – entbunden. Da Sie mir alle Mädchen ruinieren, habe ich Ihnen jetzt eine Begleiterin reserviert, die mir zu Ihrer besonderen Persönlichkeit zu passen scheint."

Sie schlug einen Vorhang zurück und gab dadurch den Blick frei auf ein weibliches Individuum von gigantischen Dimensionen. Sie hatte einen äußerst üppigen Busen und breite Hüften, die zum Glück ein Gegengewicht zur Eckigkeit ihrer Schulterpartie bildeten, an die sich die Arme eines Lastenträgers anschlossen, verlängert von Händen, so dick wie Fleischklopfer.

„Dies ist *Lärchenblüte*", verkündete Frau Yu mit Genugtuung. „Es besteht keinerlei Gefahr, dass Sie sie mir ramponieren. Ihr Kreuz ist so solide wie ihre Lenden … und der Rest ist auch dementsprechend."

Wenn er sich die Bestie so ansah, hatte er daran keine Zweifel.

„Sie kam zu uns aus dem Wald, wo sie als Holzfällerin gearbeitet hat. Daher rührt auch der Name, den wir ihr gegeben haben."

Di hätte eher erwartet, dass sie den Namen aufgrund der Assoziation erhalten hatte; ihr Aussehen erinnerte doch sehr an den entsprechend massiven Baum.

„Ich sollte vielleicht auch klarstellen, dass sie die Praktiken einiger Kampfkünste hervorragend beherrscht, etwa das Ringen, falls Eure Exzellenz den Wunsch verspüren, sie im physischen Bereich zu testen – wie es Eure Gewohnheit zu sein scheint."

Di war für einen Moment sprachlos angesichts der beunruhigenden Reize von *Lärchenblüte*.

Frau Yu war begeistert von ihrer Wirkung. „Sie ist eine Neuerwerbung, die ich gemacht habe, um dem erlesenen Geschmack meiner Kundschaft – deren bedeutendster Vertreter Sie sind – gerecht zu werden. Ich habe Grund anzunehmen, dass solcherlei Muskelspielchen in letzter Zeit in Mode gekommen sind."

Di überlegte, dass es unter seinen Bütteln keinen einzigen von vergleichbarer Statur gab.

„Diese Frau traut sich keiner zu erwürgen!", bemerkte die Bordellvorsteherin und warf ihrem Neuzugang den stolzen Blick eines Pferdehändlers für seine Prachtexemplare zu.

Der Richter war davon ebenfalls überzeugt. Nur ein Mörder mit Suizidabsichten hätte es gewagt, sie anzugreifen. Wenn er im Zimmer dieser „zerbrechlichen, jungen Frau" auftauchte, müsste man nur noch seinen verrenkten Körper vom Teppich kratzen. Die Schöne war wenig anziehend, aber für den Zweck, den der Richter verfolgte, schien sie ihm genauso gut geeignet zu sein wie jede andere.

Also stimmte er zu und zog sich mit ihr in eines der Zimmer zurück. Als sich die Kurtisane an den Rand des Bettes gesetzt hatte, das unter ihrem Gewicht zusammenzubrechen drohte, schlug Di ihr ein schelmisches Spiel vor: Er wollte ihr die Augen verbinden, und sie sollte ihn suchen.

Lärchenblüte, der man von den seltsamen Neigungen dieses Kunden erzählt hatte, stimmte zu. „Ich verstehe, edler Herr Richter“, sagte sie begeistert, nachdem er einen Schal um ihren kürbisartigen Kopf gewickelt hatte. „Wenn ich Sie gefunden habe, werden Sie mir nicht mehr entkommen!“

Er hatte kaum Zeit, einen Satz nach hinten zu machen, als sie auch schon damit begann, die Luft mit ihren riesigen Armen gleich einer Krake zu zerteilen. Di zweifelte überhaupt nicht daran, dass es unmöglich wäre, sich der Umklammerung ihrer Hände wieder zu entziehen. Er musste also alles tun, um diese fatale Begegnung zu vermeiden. Darum öffnete er geräuschlos die Tür und huschte nach draußen, während seine Eroberung daran ging, jeden Winkel des Zimmers sorgfältig zu erkunden.

Der Einfall war ihm gekommen, als er die Mädchen beim Straßenreinigen gesehen hatte. Die Gelegenheit war einfach zu günstig, ihre Zimmer zu besichtigen, ohne dass sie Grund hatten, misstrauisch zu sein. Keine von ihnen hatte sich vermutlich die Mühe gemacht, die Indizien zu verstecken, die er hoffte zu finden.

Doch zu seiner großen Enttäuschung befand sich in den meisten Zimmern nichts, was besonders interessant gewesen wäre. Lediglich das Letzte am Ende des Ganges erwies sich als andersartig. Di begriff sofort, woher dieser Eindruck kam: Darin befand sich kein Hochzeitsschrank.

In diesem ganzen Haus gab es nur eine einzige Person – von den Dienerinnen einmal abgesehen – bei der man sicher sein konnte, dass sie keinerlei Hochzeitsträume mehr hegte. Und in deren Gemach befand er sich nun. In einer großen Truhe entdeckte er schließlich, was er gesucht hatte. Er nahm teuren und geschmackvollen Schmuck heraus, von der Art, wie ihn öffentliche Mädchen niemals trugen; Silbergeschirr mit Gütesiegel, ein von einem talentierten Maler angefertigtes Porträt, das ein dem Richter nicht unbekanntes Gesicht zeigte, und schließlich die berühmte Puppe von *Pfirsichblüte*, die ihn so sehr beschäftigt hatte. Jemand hatte sie offensichtlich konfisziert. Man hätte meinen können, dass dies die Truhe einer Frau aus dem gehobenen Bürgertum war, die diese luxuriösen Gegenstände mit auf Reisen nahm, weil sie ohne sie nicht leben konnte. In der Tat handelte es sich um genau das: Dinge, die man schnell mitnehmen konnte, wenn es zu einem überstürzten Aufbruch kam.

Da entstand auf dem Korridor plötzlich großer Tumult, und Di bemühte sich, die Truhe eilig zu verschließen. Er verließ das Zimmer wieder, um nachzusehen, was da draußen vor sich ging.

Lärchenblüte, ganz im Spiel aufgehend, hatte noch immer den Schal vor ihren Augen und schmiss alle möglichen Gegenstände um: Vasen, Nippes und Tischchen, dabei stieß sie gegen sämtliche Möbel, dass es nur so krachte.

Frau Yu war durch den Lärm aufmerksam worden und herbeigeeilt, um die Schäden zu begutachten. Sie entfernte zunächst die Binde vor den Augen ihrer Angestellten. „Wer hat einen Elefanten in meinem Haus losgelassen?“, schrie sie erbost und starrte auf das wüste Durcheinander der Möbel. „Meiner Treu, du bist verrückt, Mädchen! Was ist in dich gefahren?“

Ihr Blick fiel auf den Richter, der mit schuldbewusster Miene auf der Schwelle eines der Zimmer stand. „Ach, ich verstehe, dies war ein spaßiger Einfall Eurer Exzellenz“, fügte sie etwas ruhiger hinzu. „Die Wünsche unserer ehrenwerten Kunden sind uns Befehl, selbst wenn sie manchmal schwer nachvollziehbar sind.“

Lärchenblüte flüsterte ihrer Vorsteherin etwas ins Ohr. Zweifellos erklärte sie ihr, zu welch perversen Spielchen der Richter sie gezwungen hatte, denn Frau Yu warf ihm erneut einen argwöhnischen Blick zu. Dieser Mensch kam ihr von

Mal zu Mal seltsamer vor, sein Geschmack immer ausgefallener. Was sie aber am meisten erstaunte, war nicht einmal so sehr das unheilvolle Blinde-Kuh-Spiel als solches, sondern die Tatsache, dass sich keiner der Beteiligten zuvor entkleidet hatte. Denn in der Welt der sexuellen Fantasien schien ein unschuldiges Spiel doch die schlimmste Perversion von allen zu sein.

XVI

Der Richter speist in einer improvisierten Festung zu Abend, und ein übler Scherz stört seine Verdauung.

Es war Zeit, dass der Richter der Einladung der beiden Reeder folgte, diesen Mustern an Lebensfreude und Nächstenliebe. Er entschuldigte sich bei Frau Yu für den verursachten Ärger, verabschiedete sich von seiner Gastgeberin und kehrte zum Gericht zurück, um sich umzuziehen. Es empfahl sich, prachtvolle Kleidung anzulegen, um die Wangs zu beeindrucken. Schließlich hatte man ihn doch wegen seiner repräsentativen Fähigkeiten eingeladen. Er würde ihnen schon was bieten, für ihre hundertjährigen Eier in Kalkrinde!

Als er seine Wohnung verließ, hatte er das Vergnügen, seinen Ehefrauen zu begegnen. Sie kündigten ihm ohne Umschweife an, dass auch sie die Absicht hätten, auszugehen. Frau Sui nutze die Gelegenheit, dass sich ihr Ehemann zu einer Abendgesellschaft begebe, um ihrerseits eine Soiree für Damen zu organisieren. Und da sie wüssten, dass der Richter vorhatte, an derselben Festivität teilzunehmen wie der Gatte der Freundin, hatten sie ohne zu zögern eingewilligt.

Di brummte etwas Unverständliches vor sich hin. Der Fall Wang beschäftigte ihn derart, dass er sich über das Verhalten seiner Gemahlinnen nicht mehr aufregen konnte. Diese Angelegenheit musste warten. Er bestieg daher seine Sänfte und war entschlossen, sich von seinem getrübten Haussegen nicht bei seinen Ermittlungen stören zu lassen.

Er hatte sich gefragt, wie die Reeder angesichts der sich offenkundig – und unausweichlich, wenn auch verspätet –

nähernden Gefahr reagieren würden. Als er die Vorhalle ihres Domizils erreicht hatte, drängte sich ihm die Antwort auf: Sie hatten ihren Wohnsitz in eine Art Festung verwandelt. Zwei mit Piken bewaffnete Bauerntölpel bewachten den Eingang, als handelte es sich um ein unter Militärschutz stehendes Prinzenpalais. Di bemerkte an jeder Straßenecke einen Wichtigtuer, der jeweils einen Hofhund an der Kette führte. Die Männer patrouillierten entlang der Umfassungsmauer. An diesem Abend würde man es sicherlich nicht wagen, ihnen eine Leiche vor die Füße zu werfen.

Als Di in den Ehrenhof getreten war, sah er, dass man sogar auf den Dächern der einzelnen Gebäude Personen mit besonderem Gleichgewichtssinn postiert hatte. Ausgestattet mit Knüppeln beobachteten sie von ihren strategischen Positionen aus die Umgebung. Es gab offenbar genug Beschäftigung für alle Raufbolde von Puyang, die sich hier ein Stelldichein gaben, um sich ihren Teil des Kuchens zu sichern, den die Wangs da so bereitwillig stifteten, weil sie es nun doch mit der Angst zu tun bekommen hatten.

Di seinerseits hätte sich sicherer gefühlt, wenn sie auf diese muskelbepackten fragwürdigen Individuen verzichtet hätten, deren Lebensläufe zweifellos nicht mit der Lupe geprüft worden waren, bevor man sie anstellte. Ihre derzeitigen Arbeitgeber schienen ihre physischen Fähigkeiten ausreichend zu überzeugen. Diese Wangs waren genauso dumm und impulsiv, wie sie ihm von Anfang an erschienen waren. Mit der Anwesenheit dieser Muskelprotze riskierten sie eher einen Diebstahl oder eine sonstige Schurkerei als ohne sie.

Im krassen Gegensatz dazu stand das beruhigte und lächelnde Gesicht, das sie gleichzeitig vor ihrem Gast zur Schau trugen. Man hatte Lampions und Laternen entzündet. Am Ende des Tages fiel der desolate Zustand des Ehrenhofes weniger auf. In der hereinbrechenden Dunkelheit gewann er etwas von dem Glanz seiner Vergangenheit zurück. Diesen einen Abend lang hätte man glauben können, dass es sich immer noch um die Zeit handelte, in der ihr Vater die mächtigste Gilde des Bezirks leitete. Das war ein Wunder, eine gewonnene Wette – wenn auch nur für wenige Augenblicke – gegen den Strom der Zeit, der alle Pracht mit seinem Verlauf fortreißt, genauso wie die Herrlichkeit der Orte und die Ambitionen ihrer Bewohner. Majestätische Fackeln umrahmten die Treppe, die zur überdachten Promenade führte. In einer Ecke des großen Salons spielte eine Gruppe von Musikern bekannte Melodien. Eine Schar von Dienern, die extra für diesen Anlass angeheuert worden war, stand entlang eines langen Tischs, der mit Stövchen und Flaschen beladen war. Sie standen für die Eröffnung des Banketts auf ein Zeichen der Hausherren bereit.

Di machte sich bezüglich des Zwecks, den diese Demonstration von Luxus verfolgte, keinerlei Illusionen: Seine Gastgeber wollten diesen Abend nutzen, um ihre Gäste hinters Licht zu führen, um Gerüchte zum Schweigen zu bringen, die sie in äußerster Bedrängnis darstellten. Diese traurigen Ereignisse waren nicht gut fürs Geschäft, es war schlechte Werbung.

„Was sind sie doch dämlich!", dachte der Richter. „Ihr nicht vorhandenes Gespür für den richtigen Zeitpunkt konnte angesichts dieses Aufgebots an Prunk, das in krassem Gegensatz zur Fülle an Wachen stand, niemandem verborgen bleiben. Als drapierte man üppige Blumengirlanden rings um ein Warnschild mit der Aufschrift *Achtung Gefahr*.

Es waren alle möglichen Leute da, aber Di nahm deutlich wahr, dass es sich lediglich um den zweiten Rang der Schiffereigilde handelte, um Gehilfen, Buchhalter oder kleinere Angestellte, die glücklich waren, anstatt ihrer Herren als deren Vertretung da zu sein. Dennoch waren sie boshaft genug, um über ihre Wohltäter an diesem Abend herzuziehen. Di vernahm vernichtende Bemerkungen zum verloren gegangenen Glanz des Hauses Wang. Die eigentliche Mittelschicht von Puyang hatte sich von ihnen losgesagt.

Der aufgrund der Morde an die Oberfläche gespülte Skandal hatte dazu geführt, sie nach zehn Jahren der Misswirtschaft und Verbitterung auch in der öffentlichen Meinung untergehen zu lassen. Mithilfe dieser Gäste würden sie ganz gewiss nicht an die Spitze ihrer angesehenen und mächtigen Gilde gewählt werden. Man hatte ihn vielmehr zur Beerdigung des Ruhmes der Familie Wang eingeladen. Man kam nicht umhin festzustellen, dass sie ihr Ziel nicht erreicht hatten. Hinter ihrem Rücken wurde getuschelt.

„Was für ein Haufen!“, rief Di innerlich.

„Wir mussten dieses kleine Fest organisieren, obwohl es ohne Majordomus höchst schwierig ist, Gäste zu empfangen“, erklärte Wang der Ältere, der für diesen Anlass seine besten Gewänder eines Reeders kurz vor dem Untergang angelegt hatte.

„Ich verstehe Ihr Unglück“, entgegnete Di. „Ich selbst habe ja den Hauptmann meiner Gerichtsbüttel verloren, das ist sehr betrüblich.“

Die Wangs rümpften die Nase angesichts der Erinnerung daran, dass die Dienstboten in letzter Zeit wie die Fliegen starben. Würde sich der Mörder nun auch noch ihre Gebieter vornehmen, nachdem er zuerst die Angestellten beseitigt hatte? Der Richter war davon überzeugt, und auch die Wangs glaubten das inzwischen, trotz ihrer beschränkten Intelligenz.

Im Salon waren verschiedene Tische bereitgestellt worden. Jeder konnte an ihnen Platz nehmen oder auch stehen bleiben, um mit den Umstehenden zu plaudern. Dies war – nach der gegenwärtigen Mode – eine Art informellen Beisammenseins. Die Gäste taten sich gütlich an den Platten mit kalten und warmen Gerichten, die man ihnen reichte; es gab Hund, Schlange, Aal und auch Vegetarisches für praktizierende Buddhisten. Ein ganzes Heer fürsorglicher Diener überschüttete sie förmlich mit unzähligen Häppchen, die gezuckert, gesalzen, bitter, gebacken oder mariniert waren. Von allen Seiten wurden Reisweine kredenzt, Getreideprodukte oder fermentiertes Gemüse angeboten.

Kaum hatte Di an einem Tisch Platz genommen, der ihm nicht allzu schlecht frequentiert zu sein schien, als sich auch schon die Wangs neben ihn setzten, um sich zu vergewissern, dass er sich wohlfühle. Am liebsten hätte er geantwortet, dass es ihm eine Minute vorher noch sehr viel besser gefallen habe, doch dann schluckte er diese Bemerkung hinunter und schenkte ihnen stattdessen nur ein rätselhaftes Lächeln, das aber genügte, sie zu entzücken.

Seine Gastgeber begannen, ihm seinen Teller mit gedünsteten Hühnerfüßen und Entendarm in Schweinefett zu füllen, ohne sich Gedanken darüber zu machen, ob er darauf Appetit hatte oder nicht. Um die peinliche Stille, die sich auszubreiten drohte, zu vermeiden, stellte ihnen der Richter die erstbeste Frage, die ihm in den Sinn kam – woran nämlich ihre geliebte Mutter gestorben sei.

Wang Gu-li seufzte tief, als wäre ihr Tod erst gestern geschehen, und sein dicker jüngerer Bruder tat es ihm gleich. Er war in der Tat ein verzerrtes Abbild des älteren.

„Lassen Sie sich nicht von unserem heutigen Glanz täuschen“, sagte Wang der Trockene aufgesetzt, als hätten sie sich mit erbitterter Anstrengung aus der Armut gekämpft, anstatt einfach nur völlig lächerlich ihren Vater zu beerben. „Unser Haus war nicht immer dieser Hafen der Harmonie und der guten Eintracht, in dem jeder seinen Platz kennt und sich nicht anmaßt, die Vorrechte seiner Hausherren anzuzweifeln – damit meine ich meinen Bruder und mich. Es gab eine Zeit, in der es bestimmte Familienmitglieder wagten, Unfrieden in unserem Haus zu stiften. Diese Zwistigkeiten waren leider zu viel für unsere arme Mutter.“

Hier schien eine kleine Korrektur angebracht. Indem er das Gehörte geistig in die richtige Reihenfolge brachte, begriff Di, dass sie andeuteten, der Kummer hätte ihre Mutter getötet, ein Kummer, der von den schlechten Beziehungen mit den beiden letzten Ehefrauen ihres Vaters herrührte, jenen, die wegen Ehebruchs verurteilt worden waren.

„Das Ende hat übrigens sehr gut gezeigt, wie verschlagen und verkommen diese Personen waren“, fuhr der große Wang fort, während sein jüngerer Bruder wie eine Marionette unentwegt mit dem Kopf nickte. „Eine von ihnen hatte ein Abenteuer mit einem Wanderhausierer, und die andere hat dieses skandalöse Verhältnis mit schuldhaftem Schweigen gedeckt. Mein Vater hätte sie wegen dieses Verbrechens hinrichten lassen können. Seine Güte hat ihn davon abgehalten. Er ist an seiner Trauer gestorben. Wir haben es auf uns genommen, ihn zu rächen und seinen guten Ruf wiederherzustellen, nachdem unsere Ehre beschmutzt worden ist.“

Di sah sich diese zwei ständig unzufriedenen Menschen an, völlig versunken in der Betrachtung ihres Festabends, der aus nichts als falschem Schein bestand. Die beiden Söhne der ersten Frau Wang waren durch ihr Erbe aneinandergeschweißt. Zweifellos hatten sie nicht einmal freundschaftliche Gefühle füreinander, geschweige denn, dass sie einander schätzten. Sie sahen sich dazu gezwungen, das väterliche Haus miteinander zu teilen, ebenso sein Unternehmen und seine Kleider. Aber auch der Geist des Familienclans vereinte sie.

Es war nicht schwer zu erraten, dass sich hinter der äußeren Milde des Älteren Herzenskälte und echte Bosheit verbargen. Der Jüngere dagegen war lediglich ungestüm und dumm. Die rot bemalten Mauern des väterlichen Anwesens – in Nachahmung der Residenzen von Adligen – erinnerten Richter Di an das vergossene Blut und damit an die Verbrechen, die verübt worden waren. Es war nicht der eventuelle – und alles in allem recht zweifelhafte – Ehebruch, der ihre Ehre beschmutzt hatte; ein Ereignis, das – hätte es tatsächlich stattgefunden – von allen Beteiligten sicher lieber geheim gehalten worden wäre. Es war ihre mit unangebrachtem Stolz gepaarte Dummheit, die ihrem Namen einen Makel zugefügt hatte. Man sah allenthalben ihre Schurkerei und das Entsetzen, das sie dadurch ausgelöst hatten. Alle Lampions des Kaiserreiches hätten nicht ausgereicht, um dies zu kaschieren.

Nicht weit von ihnen entdeckte Di plötzlich Wang Ji, der schmollend in einer Ecke saß. Es war ihm unmöglich zu erkennen, ob der junge Mann gekommen war, um seine Halbbrüder zu erfreuen oder ihrem Untergang beizuwohnen. Er bemerkte außerdem den braven Sui, den Mann jener Amazone, der unentwegt schamlos Süßigkeiten in sich hineinstopfte und sich keinerlei Gedanken darüber machte, wie oder wo seine Gattin ihre Nächte verbrachte. Di war versucht, ihn diesbezüglich anzusprechen, unterließ es dann aber. Seine Gemahlinnen mochten daran Anstoß nehmen und in der Folge ihre unkontrollierten Zügellosigkeiten noch mehr ausufern lassen.

Als die Gäste sämtliche Vorspeisen verputzt hatten, bedeutete Wang der Ältere einem Diener durch ein Zeichen, den Vorhang vor einer Tür zu entfernen. Eine Gruppe anmutiger Kurtisanen betrat mit kleinen grazilen Schritten den Raum. Jede von ihnen nahm an einem der Tische Platz, um die Gäste zu unterhalten, die dort saßen und schlemmten. Di erkannte unter ihnen *Rote Päonie*, statuenhaft wie immer, mit ihrer zarten Schminke und unnahbaren Fassade.

Di hätte beinahe die Schale mit gekochten Innereien in Stärkesauce verschüttet, die er gerade an seine Lippen führte, um seinen Gaumen zu befeuchten. Er hatte soeben inmitten der Gäste jemanden entdeckt, der auf keinen Fall hätte dort sein dürfen. Schon deshalb nicht, weil er ihn gebeten hatte, sein verschlossenes und sicheres Haus nicht zu verlassen: Sein Erster Schreiber plauderte seelenruhig mit den Gastgebern, um sie herum Teller mit Vorspeisen in Form von Vögeln und Schmetterlingen.

Der Richter konnte sich denken, dass ihn die Wangs eingeladen hatten, um mit ihm ein wenig ihren Fall zu diskutieren. Souen Tsi ging wohl davon aus, dass die zahlreichen geladenen Gäste genug Schutz garantierten, außerdem war ja auch der Richter selbst zugegen. Offensichtlich machte hier jeder, was er wollte!

Ein Mann, gegen den er um Haaresbreite ein Ermittlungsverfahren eröffnet hatte wegen der Unterschlagung und dem Verschweigen von Beweismitteln, schmauste in aller Ruhe nur zwei Tische von ihm entfernt. Entspannten künftig alle seine Verdächtigen zwischen zwei Verhören in der Stadt? Er betrachtete es als seine Pflicht, sich bei seinen Gastgebern dafür zu bedanken, dass sie ihm die Ehre verschafften, in Gesellschaft seines Angestellten zu speisen.

Der Richter bemerkte unvermittelt, dass der Sekretär die Darbietungen der Kurtisanen mit lebhaftem Interesse verfolgte. Die Geflügelmägen in klebriger Sauce schienen ihm nicht zu bekommen: Er war leichenblass. Di hätte geschworen, dass auf seiner Stirn feuchter Schweiß lag. Bald sah er, wie Souen Tsi seinen Platz verließ und im Inneren des Hauses verschwand. Von Zeit zu Zeit erhob sich eine der Kurtisanen und gab den Gästen eine Kostprobe ihres Talents – gemäß dem ausdrücklichen Wunsch der sie Umgebenden. Meist handelte es sich dabei um ein Gesangsstück mit musikalischer Begleitung, einen Tanz, der etwa an den Flug einer Taube oder das sanfte Wiegen einer Chrysantheme im Herbstwind erinnerte, oder um eine Darbietung auf der Laute entsprechend der Tradition; gelegentlich wurden aber auch Gedichte von zeitgenössischen Autoren vorgetragen.

Sie verfügten über genügend Erfahrung, um jene Momente zu nutzen, in denen das Leiserwerden des Stimmengewirrs und der Konversationen eine Auffrischung des Ambientes verlangten. Dank ihnen blieb die Soiree ununterbrochen interessant. Di sagte sich, dass der Abend ohne die Anwesenheit der Wangs durchaus gelungen gewesen wäre, die wiederum jede Vorführung als Ausdruck ihrer wiedergewonnenen Herrlichkeit betrachteten und versuchten, sich den großzügigen Applaus, den die Künstlerinnen erhielten, auf ihre eigenen Fahnen zu schreiben – eine abstoßende Geschmacklosigkeit!

Es widerte den Richter an, zu sehen, wie sich hier zwei Nachfahren einer alten Familie wie die reinsten Emporkömmlinge verhielten. Ihre erbärmlichen Bemühungen wirkten im Zusammenspiel mit dem seriös dargebotenen Unterhaltungsteil – das musste man zugeben – wie das komische Pendant. Ohne es zu wissen, sorgten sie für die groteske Seite der Veranstaltung. Di nahm sich vor, sie zu sich ins Yamen einzuladen, damit sie seine eigenen Gäste unterhielten: Man traf schließlich nicht jeden Tag zwei Clowns, die derart begabt darin waren, sich lächerlich zu machen.

Souen Tsi tauchte wieder auf. Er suchte sich einen Platz nicht weit von seinem Herrn und bemühte sich, ein Gespräch mit ihm in Gang zu bringen. Di, der noch immer etwas gekränkt war, dass Souen Tsi seine Anordnungen nicht befolgt hatte, war beunruhigt wegen des Zustands seines Sekretärs. Er schien in äußerster Bedrängnis und außerdem unfähig zu sein, auch nur zwei zusammenhängende Sätze herauszubringen. Genervt von seinem verworrenen Gestammel befahl ihm der Richter, unverzüglich zum Gericht zurückzukehren. Es würde immer noch reichen, wenn er sich am nächsten Morgen anhörte, was er ihm zu sagen hatte. Er wandte nun seine Aufmerksamkeit wieder den Darbietungen der Kurtisanen zu, von denen eine liebenswürdiger war als die andere. Sie verschwanden abwechselnd hinter dem Vorhang, um sich dort umzuziehen oder ihre Schminke zu erneuern. Es war ein wahres Ballett anmutiger Schmetterlinge, erheblich interessanter als das Gestotter seines Sekretärs.

Als die Runde mit den Hauptgerichten beendet war, ging Di ein paar Schritte auf der überdachten Promenade, um seine Verdauung etwas anzuregen, bevor der Nachtisch mit Gebäck und Obst gereicht würde. Ein Gast streifte ihn kurz, als er an ihm vorbeirannte: Er verfolgte eine Kurtisane, die mit erschrockenem Quietschen vor ihm floh. Der Mann, ohne Frage schon halb betrunken, stolperte aber über einen am Boden liegenden Vorhang. Di fand, dass dies wirklich ein Abend des guten Geschmacks war, Takt und Feinfühligkeit schienen besonders geschätzt zu werden. Erhitzt durch den Alkohol und vielleicht auch angeregt von den mehr oder weniger unbekleideten Tänzerinnen ließen sich die kleinen Angestellten gehen, nachdem sie sich an ihrer Herren statt vollgefressen hatten.

Der Satyr vor Di rappelte sich mit einem Fluch wieder hoch und massierte sich sein schmerzendes Bein. Er hatte sich nicht nur weh getan, die Nymphe hatte den Vorfall auch genutzt, um sich in Sicherheit zu bringen. Der Angestellte gab dem verhängnisvollen Vorhang, der ihn zu Fall gebracht hatte, einen wütenden Fußtritt, woraufhin ein dumpfer Ton erklang.

Der Richter spürte eine schreckliche Vorahnung. Er trat näher und hob ein Stück des Vorhangs an. Darunter kam ein Körper zum Vorschein, der in sich zusammengesunken war.

„Was ist denn das für ein Säufer?“, keifte der beschwipste Angestellte. Di zog nun den Stoff vollständig beiseite und enthüllte einen auf dem Boden liegenden Mann mit überkreuzten Armen. Es gab keinen Zweifel daran, dass er tot war. Einige Gäste, die aus Neugier nähergekommen waren, wichen vor Entsetzen schreiend zurück. Der Magen des Angestellten, der bereits durch das Schlemmermahl beeinträchtigt war, widerstand nun nicht mehr. Der Mann lehnte sich mit einer Hand an die Mauer und entleerte radikal alles, was er sich seit seiner Ankunft eingeflößt hatte.

„Ich bleibe nicht eine Minute länger in diesem Haus!“, rief jemand.

„Ich denke, das wird allerdings unvermeidbar sein“, entgegnete der Richter. Er gab dem nächstbesten Muskelprotz den Auftrag, alle Türen zu schließen und niemanden mehr hinaus zu lassen, egal, um wen es sich handelte, ob nun die Besitzer selbst oder irgendwelche Angestellte.

Angelockt durch das Geschrei eilten in diesem Augenblick die beiden Wangs herbei. „Das ist doch Ihr Schreiber, edler Herr Richter!", rief Wang To-ma und strich sich mit seinen dicken Händen über die schlaffen Wangen. Di wusste nicht recht, ob der Ton seiner Stimme mehr Überraschung oder Schrecken ausdrückte als Erleichterung darüber, dass es diesmal weder einen ihrer Angestellten noch einen ihrer Nachbarn erwischt hatte. Der Ball war ins Lager des Yamens zurückgespielt worden.

Der Richter beugte sich über die Leiche. Souen Tsi hatte eine Haarnadel in der Brust, etwa auf Höhe des Herzens. Di hob die Arme zum Himmel: „Na, wunderbar, großartig! Das ist wirklich ein voller Erfolg! Kein Mensch hört auf mich, jetzt haben wir das Ergebnis vor uns: Wenigstens weiß ich jetzt, wer das nächste Opfer des Mörders sein wird."

„Wer denn, edler Herr Richter?", fragte der dicke Wang mit leiser Stimme.

„Sie beide", antwortete Di. „Das scheint klar zu sein, das Fallbeil schwebt bereits über Ihrem Nacken."

Die Wangs zitterten wie Espenlaub, als sie das hörten. „Solange auch nur ein Hauch Leben in uns steckt, werden wir kämpfen!", versicherte der Jüngere.

„Daran zweifle ich nicht, aber – gegen wen? Der Mörder hat den Vorteil, dass er weiß, wo er Sie finden kann, während Sie Ihrerseits keine Ahnung haben, wer er ist. Denn so ist es doch, nicht wahr?"

„Wir wissen, dass es sich um einen skrupellosen Verbrecher handelt!", schrie Wang Gu-li mit vor Wut fest zusammengepressten Fäusten im Angesicht dieses neuesten Affronts.

„Ja, aber das bringt Sie kaum weiter."

Der Ältere der Wangs stand kurz vor einem Schwächeanfall, sein jüngerer Bruder ebenfalls, vermutlich durch direkte Ansteckung. „Eure Exzellenz müssen uns Schutz garantieren!", jaulte Gu-li, dessen Teint wachsbleich geworden war.

Di schlug vor, die beiden zu ihrer Sicherheit im Gericht unterzubringen.

„Eine sehr gute Idee“, rief Wang To-ma. „Eure Exzellenz verfügen zweifellos über Unterbringungsmöglichkeiten für solche Fälle?“

„Gewiss. Wir nennen sie Gefängnis.“

Die beiden Wangs standen mit offenen Mündern da. Gu-li murmelte, dass sie Seiner Exzellenz unendlich dankbar seien für die Zuvorkommenheit, allerdings keinesfalls stören wollten und sich mit ihrer eigenen bescheidenen Bleibe als Festung begnügen würden.

„Wie Sie wollen“, entgegnete der Richter. „Ich empfehle Ihnen in diesem Fall, ein paar Erkundigungen über die Vergangenheit Ihres Wachpersonals einzuholen. Ich glaube, ich habe unter den angeworbenen Männern ein paar bekannte Gesichter gesehen, die mir schon im Gerichtssaal bei manch schändlichem Fall begegnet sind, und das nicht als Zeugen. Ich wäre nicht überrascht zu erfahren, dass es sich bei ihren Rekruten um den einen oder anderen Straßenbanditen und sonstige dilettantische Gauner handelt.“

Di trat etwas beiseite, und die beiden Brüder drängten sich enger aneinander. Sie warfen erschrockene Blicke um sich wie zwei Waisenkinder, die sich in einem dunklen Wald verlaufen hatten und von Tigern bedroht wurden. Gu-li blickte starr auf den Toten. Sein Gesichtsausdruck änderte sich.

„Ich würde teuer dafür bezahlen zu erfahren, welcher Hund es gewagt hat, diesen Mann bei uns zu Hause zu töten, noch dazu mit einem unserer eigenen Gegenstände“, schnaubte er voller Empörung.

Der Richter hob eine Augenbraue. Er beugte sich über die Leiche und stellte fest, dass dieser Wang genauer hingeschaut hatte als er selbst. Die Haarnadel, die in der Brust des Toten steckte, trug tatsächlich ihr Familienwappen.

„Was machen denn die Damen des Hauses?“, erkundigte er sich nun. Man hatte sie offenbar in ihre Gemächer verbannt. Angesichts der zahlreichen männlichen Gäste hatte man die Türen ihres Flügels doppelt verriegelt – in Übereinstimmung mit den Anstandsregeln, die zugegebenermaßen ein wenig überholt waren.

Der dicke To-ma wies stolz auf einen Schlüssel an seinem Gürtel, als hätte es sich dabei um eine Trophäe gehandelt. Di überlegte kurz.

„Und die Kurtisanen?“, fragte er dann. „Wo haben Sie die untergebracht?“

Man hatte ihnen ein Zimmer zugeteilt, damit sie sich zwischen jeweils zwei künstlerischen Darbietungen umziehen konnten. Die Zofen, die sie begleitet hatten, warteten dort auf sie, um ihnen beim Erneuern der Frisuren und der Schminke behilflich zu sein oder aber, um Schmuck anzulegen. Di ließ sich den Raum zeigen. Die Künstlerinnen und ihre Assistentinnen hatten sich gleich nach dem ersten Alarmgeschrei dort eingefunden. Sie verneigten sich ehrfürchtig, als der Richter eintrat. Der Ort war mit Kleidern, Schminktöpfen, unechten Haarknoten und Körperpflegeartikeln aller Art vollgestopft. Di erkannte die beiden Zofen, die bei *Roter Päonie* standen: Es handelte sich um *Blasser Lotus*, das spindeldürre und gesprächige Mädchen, das ihm das *Blumenpalais* gezeigt hatte, und die schüchterne *Pfirsichblüte.*

„Soso!“, sagte sich der Richter. Dies war nun das zweite Mal, dass er im Zusammenhang mit dem Auffinden einer Leiche auf diese junge Person traf. Sie besaß also die Gabe, für die Männer, die sich ihr näherten, Katastrophen anzulocken.

Gestört durch die Unterbrechung warteten die Kurtisanen jetzt ab, ob die Abendveranstaltung fortgesetzt würde oder ob sie heimkehren sollten. Im letzteren Fall hätten sie natürlich noch gern zuvor ihr Honorar erhalten. Auf gut Glück fragte Di, ob sie irgendeine merkwürdige Begebenheit bemerkt hätten oder ob ihnen das Verhalten der Gastgeber unpassend vorgekommen sei. Die Mädchen verneinten das; sie waren zu sehr von den Anforderungen ihrer Auftritte in Anspruch genommen worden. Jetzt konnte sich der Richter dem eigentlichen Grund seiner Anwesenheit widmen: Er untersuchte sorgfältig ihre Frisuren daraufhin, ob irgendwo eine Nadel fehlte; er ging von Kopf zu Kopf wie ein Friseurmeister, der die Arbeit seiner Lehrlinge am lebenden Subjekt überprüfte. Wenn eine von ihnen eine Nadel aus ihren Haaren entfernt hatte, um damit den Schreiber zu durchbohren, so hatte sie in aller Ruhe inzwischen ihre Frisur verändern können, sodass er nichts finden würde.

Nachdem er sich von dieser bunten *Blumenansammlung* verabschiedet hatte, ordnete er an, die Leiche zum Gericht zu bringen, entließ die Gäste und begab sich auch selbst zum Yamen zurück – nicht ohne zuvor seinen Gastgebern das obligatorische Kompliment bezüglich ihrer Mühen gemacht zu haben, dank derer sie eine gelungene Veranstaltung organisiert hatten. Angesichts des Dramas, das sich zwischen der Hauptspeise und dem Nachtisch abgespielt hatte, muteten diese Worte allerdings reichlich bizarr an.

Auf dem Rückweg dachte er lang über das Dilemma nach, das sich ihm nun bot: War es tatsächlich seine Aufgabe, Schwachköpfe zu beschützen? Genau genommen höchst unangenehme Schwachköpfe, was noch schlimmer war! Er hatte große Lust, sie in ihrer Pappfestung mit ihren Ganoven sich selbst zu überlassen. Was ihn antrieb, diese Ermittlungen dennoch weiterzuführen, war nur noch die Neugier auf ihre Lösung, oder zur Not auch noch der Wunsch, die verloren gegangene Ordnung in seinem von wiederholten Skandalen gebeutelten Bezirk wiederherzustellen. Konfuzius hätte seine Art, Nächstenliebe zu praktizieren, nicht geschätzt. Di seufzte. Konfuzius war vergöttert worden. Er dagegen besaß keine göttlichen Tugenden; wobei sie ihm äußerst nützlich dabei gewesen wären, um die Wangs zu ertragen. Er bedauerte, dass es ihm nicht gelungen war, seinem Schreiber dieses traurige Los zu ersparen, und interpretierte diesen Mord daher als persönliches Versagen. Dies war der unangenehme, wenn nicht sogar demütigende Aspekt dieses Falls. Für diese Vermessenheit würde er den Mörder büßen lassen. Ein Verbrechen sozusagen vor seinen Augen zu begehen, in einem Haus, in dem er als Gast anwesend war! Damit waren die Rechtsbrecher von Puyang zur weit gegangen. Auch die Übeltäter mussten im Rahmen bleiben: Morde begehen, das war eine Sache, aber noch dazu in seiner Gegenwart, das war inakzeptabel. Hier hatten sie eindeutig die Grenzen des Anstands überschritten, und das war der größte Fehler, den man im blühenden Kaiserreich begehen konnte. Er würde sich schon darum kümmern, es ihnen in Erinnerung zu rufen.

XVII

Ein Gespenst verlangt zu trinken, und ein paar Unverschämte spielen Trommel auf der Schwelle des Gerichts.

Es war schon spät. Nur das Schwanken und Rumpeln seiner Sänfte, die ihn zurück zum Yamen brachte, hielten Di noch wach. Er nahm dies zum Anlass, noch einmal über die Ereignisse des Abends nachzudenken.

Nach aller Logik musste eines der drei Mädchen von Frau Yu, also entweder *Blasser Lotus* oder *Rote Päonie* oder aber *Pfirsichblüte*, ein Fräulein Wang sein. Wenn er nur wüsste, welche, hätte er seine Mörderin.

Pfirsichblüte war seine erste Wahl, da er sie in dem Zimmer vorfand, in dem die erste Leiche gelegen hatte, die seines Hauptmanns. Aber konnte man sich allen Ernstes vorstellen, dass dieses zerbrechliche Geschöpf einen Mann in den besten Jahren enthauptet hatte? Und dies in ihrem eigenen Zimmer, in ihrem eigenen Bett? Um anschließend Ohnmacht und Entsetzen vorzutäuschen? Das war nur schwer zu glauben. Sie hatte nichts von einem Schwertkämpfer oder einer versierten Schauspielerin. Das wäre von einem zarten jungen Mädchen wie ihr doch etwas viel verlangt.

Und *Rote Päonie*? Verbarg sich hinter ihrem Hochmut die Seele einer Mörderin? Er konnte sich schlecht vorstellen, wie sie ihre Freier mit Schwerthieben enthauptete und dabei riskierte, ihre prächtige Aufmachung zu besudeln oder sich ihre lackierten Fingernägel abzubrechen. Ganz zu schweigen davon, nachts durch die Straßen zu streifen auf der Suche nach Opfern, die sie in einer dunklen Ecke abmurksen konnte.

Dazu hätte sie ihre langen Kleider und ihre dick besohlten Schuhe ablegen müssen, mit denen sie ja kaum einen Fuß vor den anderen setzen konnte.

Und was war mit *Blasser Lotus*? Waren ihre Zerbrechlichkeit und Gleichgültigkeit nur vorgetäuscht, um ihre Opfer hinters Licht zu führen? Auf jeden Fall ging kollidierte die Vorstellung, dass eine Frau all diese Männer ermordet haben sollte, mit seinem Geschlechterbild.

Als der Richter wieder im Yamen angekommen war, befahl er dem diensthabenden Büttel, den Leichenbeschauer zu holen, um zum nächstmöglichen Zeitpunkt eine weitere Untersuchung an einem Toten durchzuführen. Es war der vierte Termin in nur wenigen Tagen. Da stand zu erwarten, dass der Mediziner bald eine Prämie verlangen würde. Di legte sich auf sein Sofa, um sich bis zum Morgen noch ein wenig zu erholen.

Nachdem er einen kleinen Imbiss hinuntergeschlungen hatte, begab er sich in seine Wohnung, um zu sehen, ob er überhaupt noch verheiratet war. Er traf seine Gemahlinnen dabei an, wie sie sich gerade zum Ausgehen fertigmachten – wie immer in letzter Zeit in Gesellschaft der unvermeidlichen Frau Sui.

„Gehen Sie aus?“, fragte er so ungezwungen wie möglich. Es war die abscheuliche Frau Sui, die antwortete. Bis zu diesem Augenblick war ihm nicht klargewesen, dass er eine vierte Gattin hatte.

„Wir möchten uns keine Vorwürfe machen, dass wir Eure Exzellenz mit dem Bericht über unsere bedeutungslosen Beschäftigungen gelangweilt haben, während Sie so viel zu tun haben“, sagte sie frech. „Ich habe von höchst bedauerlichen Vorfällen gehört, die in unserer gefährlichen Stadt passiert sein sollen.“

Als Di nichts darauf antwortete, völlig irritiert, sich solchermaßen verhört zu sehen, fuhr die Sui ungeniert fort: „Die schlechten Menschen, die sich solche Verbrechen erlauben, werden bei einem Richter wie Ihnen nicht mehr lange frei herumlaufen."

Er nickte dankend mit dem Kopf. Frau Sui, die offenbar vor Neugier platzte, entschied sich, frontal anzugreifen: „Haben Sie schon eine Spur? Man hat mir gesagt, dass Sie Ihre gewissenhaften Ermittlungen in bestimmten Wohnvierteln durchführen ... am Rande der Stadt."

Die Gesichter seiner Frauen verhärteten sich bei diesen Anspielungen. Seine Besuche im Weidenviertel durften die glühenden Spekulationen anfeuern, die zwischen den Damen aufkamen, sobald er ihnen den Rücken zukehrte. Sie brannten darauf zu erfahren, ob seine Eskapaden dienstlich gerechtfertigt waren oder ob er sich eventuell doch ehebrecherischen Neigungen hingab, die sie von ihm bislang nicht gekannt hatten.

Di errötete leicht. Konnten sie wirklich glauben, dass er im Alter von fast vierzig Jahren plötzlich seine Neigung als unersättlicher Verführer, als unverbesserlicher Lebemann entdeckt hatte? Diese Unterstellung erschien ihm schockierend, ungerecht und kindisch. Er war indessen zu überzeugt von seinem Status als erhabener Richter, als dass er sich dazu herabgelassen hätte, dieser improvisierten weiblichen Jury seine Verteidigung vorzutragen. Angesichts der Unabhängigkeitsanwandlungen seiner Gattinnen, schien es ihm eine geeignete Strafe, seine Frauen diesbezüglich noch etwas im Zweifel zu lassen.

„Ich widme mich derzeit vollständig meinen dienstlichen Pflichten, welche Aufgaben auch immer das beinhaltet", antwortete er etwas steif, die Arme vor seinem Bauch verschränkt wie ein Weiser, der soeben eine konfuzianische Maxime verkündet hatte.

Seine schlagfertige Antwort war weit davon entfernt, die Damen zufriedenzustellen. Sie ließ Raum für alle möglichen Mutmaßungen, was genau der von ihm beabsichtigte Zweck gewesen war. „Nun gut", rief die Erste Dame, „wir, so wie wir hier vor Ihnen stehen, haben die Absicht, ein Picknick mitten im Grünen zu machen."

Di schnappte nach Luft. „Sie haben also nicht vor, sich zur Abwechslung ein bisschen um Ihren Haushalt und Ihre Kinder zu kümmern?", fragte er mit bitterem Ton.

Er stand kurz vor einem Wutausbruch, als eine Zofe verkündete, dass eine Dienerin von Frau Sui erschienen sei, die sie dringend sprechen wolle. Frau Sui ging hinaus, um die Botin zu empfangen, die ihr mit leiser Stimme und besorgter Miene eine sehr lange Mitteilung zuflüsterte.

„Ich bitte Sie, mich zu entschuldigen, liebe Freundinnen", sagte sie dann. „Man teilte mir eben mit, dass eine Verwandte von mir schwer erkrankt ist. Ich muss mich unverzüglich zu ihr begeben. Wir machen morgen unser Picknick, wenn es keine Umstände für Sie bereitet."

Di fragte sich, was für eine Krankheit diese Generalin im Unterrock veranlassen konnte, die Unterminierung seines Haushalts zu unterbrechen, der sie sich doch mit solcher Leidenschaft gewidmet hatte. Es konnte sich nur um eine Erbtante kurz vor dem Tod handeln; lediglich ein solches Ereignis konnte Frau Sui von ihrem Zerstörungswerk abbringen – ihrer bevorzugten Freizeitbeschäftigung der letzten Tage.

Er betrachtete seine gescheiterten Gemahlinnen, die mit düsteren Mienen über ihre durchkreuzten Pläne nachgrübelten. Da erschien Wachtmeister Hong und teilte ihm mit, dass ein Diener Wang Jis erschienen sei, der ihm eine recht verworrene Geschichte erzählt habe: Seine Herrin sei plötzlich erkrankt und habe den Wunsch geäußert, der Richter möge so schnell wie möglich an ihr Bett kommen.

Seine Neugier war geweckt, und so überließ Di seine Frauen ihrer Enttäuschung und eilte fort, um sich ausgehfertig anzuziehen. Im Gegensatz zu seinen sonstigen Gewohnheiten als eingefleischter Fußgänger sprang er nun spontan in eine Sänfte, um so schneller an sein Ziel, das Haus des jungen Wang, zu gelangen. Er wurde vom Herrn des Hauses höchst beunruhigt empfangen: Seine Mutter sei das Opfer einer schweren Nervenkrise. Statt sich zu entspannen, habe sie unaufhörlich nach dem Richter verlangt und sogar den Besuch eines Arztes abgelehnt.

Nachdem Di sein aufrichtiges Bedauern über diesen betrüblichen Zustand der alten Dame zum Ausdruck gebracht hatte, führte man ihn in das Zimmer, das er bereits kannte. Die Fensterläden waren geschlossen, nur zwei kleine Laternen beleuchteten schwach den Kopf des Bettes. Die Kranke lag unter einer bestickten Decke. Der Junge, den Di auch bei seinem ersten Besuch hier gesehen hatte, fächelte Frau Wang sanft Luft zu.

Di sagte, dass er bedauere, dass sie sich nicht wohlfühle, und wünschte ihr baldige Genesung. Abwartend blieb er stehen, um zu erfahren, warum sie nach ihm geschickt hatte.

Frau Wang richtete sich in ihren Kissen auf und bedeutete dem Jungen durch ein Zeichen, ihr eine Schale Tee zu bringen. Dann befeuchtete sie sich den Mund, während der Richter die angebotene Tasse Tee ablehnte.

„Entschuldigen Sie, Exzellenz, wenn ich Sie in Ihren Beschäftigungen gestört habe“, sagte die alte Dame. „Da ich weiß, dass Sie sich sehr für unsere alten Familienangelegenheiten interessieren, war ich der Meinung, dass es gut wäre, Sie zu benachrichtigen.“

Di ermutigte sie, weiterzusprechen.

„Das Gespenst der toten Konkubine hat mich wieder gequält. Ich bin gerade aufgewacht und wollte die Fensterläden öffnen. Im Nachhinein glaube ich, dass jemand daran gekratzt hat, das muss mich aus dem Schlaf gerissen haben. Als ich dann am Fenster stand, erschien mir die bleiche Gestalt, so wie ich jetzt Sie vor mir sehe. Sie ist aus dem Nichts aufgetaucht und hat zu mir gesprochen. Der Geist hat angefangen, wirre Äußerungen von sich gegeben.“

Frau Wang unterbrach sich, noch immer aufgewühlt durch die Erinnerung. Offensichtlich hatte sie sich noch nicht wieder von der Aufregung erholt.

„Was hat der Geist denn gesagt?“, erkundigte sich der Richter. „Hat er Rache angedeutet oder von Mord gesprochen? Könnte das, was Sie gehört haben, die Ermittlungen voranbringen? Hat er sich irgendeiner Untat schuldig bekannt?“

Frau Wang sah höchst erstaunt aus. „Nein, überhaupt nicht. Die Worte waren sehr unklar, um die Wahrheit zu sagen. Die Sprache ließ sehr zu wünschen übrig. Ich glaube, er verlangte etwas zu trinken.“

„Zu trinken?“, wiederholte der Richter überrascht. Di kramte in seinem Gedächtnis, ob er schon mit Geistern zu tun gehabt hatte, die an unstillbarem Durst gelitten hatten. Es gab sicherlich dem Alkohol verfallene Dämonen, kein Laster war ihnen fremd. Allerdings waren Unzucht und Völlerei weitaus häufiger vertreten.

„Das war ohne Frage eine Metapher“, fuhr die alte Dame fort. „Diese Sukkuben* ernähren sich von der Energie der Lebendigen, wie jeder weiß. Blut hat er von mir gewollt, da bin ich mir sicher. Ich habe das sofort begriffen und geglaubt, vor Schreck ohnmächtig zu werden.“

Di blieb nachdenklich. Nach einigem Überlegen war er keineswegs davon überzeugt, dass der Geist nach einem Krug Blut verlangt hatte. Vielleicht hatte er auf ein ganz anderes Getränk gehofft.

„Ich habe auch keine Angst um mich“, sagte Frau Wang, „ich bin eine alte Frau. Mir kann nichts Schlimmes mehr passieren. Bald wird mich der Tod von allen Dämonen der

---

* Als *Incubus* bezeichnet man den nachtaktiven männlichen Dämon, der sich nachts mit einer schlafenden Frau paart. Das weibliche Gegenstück wird *Sukkubus* genannt. Diese Dämonen ernähren sich also von der Lebensenergie schlafender Menschen. Wenn dies geschieht, wacht der Mensch während des Akts nicht auf und kann sich höchstens in Form eines Traums an den nächtlichen Besuch erinnern.

Erde befreien. Ich habe Angst um meinen Sohn – und um ihn hier", sagte sie und deutete auf den Jungen.

„Gehört dieses Kind auch zu Ihrer Familie?", fragte der Richter.

Frau Wang wirkte verlegen. „In gewisser Hinsicht", sagte sie. „Mein Sohn hat ihn adoptiert. Er ist ein großzügiger Mensch, mein Ji, er tut Gutes, wo er nur kann, wie sein verstorbener Vater. Er hat den Jungen nach seiner Geburt aufgenommen und aufgezogen, als wäre er sein eigenes Kind. Ich betrachte ihn als meinen Enkel, und er hilft mir sehr in meinem hohen Alter. Ich will nicht, dass die Bosheit meines persönlichen Gespenstes es dazu bringt, auch noch diejenigen, die ich liebe, heimzusuchen. Kann ich damit rechnen, dass Eure Exzellenz alles tun werden, um zu verhindern, dass dies jemals geschieht?"

Di nickte, um die alte Dame zu beruhigen, obgleich ihm klar war, dass man Geistern, die kriminelle Absichten hegten, nicht gut entgegenwirken konnte; außerdem war er auf diesem Gebiet nicht ausgebildet worden.

Bis zum jetzigen Zeitpunkt, das musste er leider zugeben, hatte er zu seinem großen Bedauern nur Delinquenten aus Fleisch und Blut verurteilt. Die Kriminalität des Jenseits war etwas absolut Neues für ihn. Sollte diese Art der Fälle zunehmen, müsste er seine Beamten durch ein paar taoistische Priester ersetzen, die auf diesem Gebiet versiert waren und ganz sicher besser darin als er, Exorzismen und andere Arten von Beschwörungen durchzuführen.

So lange er nichts Weiteres herausgefunden hätte, empfahl er Frau Wang, sich an einen Mönch zu wenden, den er gut kannte. Er vertraute darauf, dass der durch Gebete und Weihrauch wenigstens dazu beitragen konnte, Ruhe und den Frieden in diesem Haus wiederherzustellen. Was ihn anging, kam ihm eine Idee: „Wann genau hat sich diese Erscheinung ereignet?"

„Vor etwa einer Stunde, edler Herr Richter; der Tag war noch nicht recht angebrochen. Er ist aus dem morgendlichen Nebel aufgetaucht, sein graues Haar bedeckte zur Hälfte sein Gesicht. Oh, wie scheußlich sah das aus! Der wahrhaftige ausgedörrte Kadaver der Unglücklichen! Die knochigen Arme, die hohlen Wangen, die rollenden Augen, der stinkende Atem!"

Die Tavernen waren geöffnet. Di vermutete, dass er eine Chance hatte, sein Gespenst leibhaftig anzutreffen, wenn er sich sofort dorthin begab. Also verabschiedete er sich von der alten Dame und eilte hinaus auf die Straße. Er warf einen Blick nach rechts und nach links und fragte sich, wohin sich der Geist gewendet haben konnte, um seinen „unstillbaren Durst" zu löschen. Er entschied sich, die nähere Umgebung zu erkunden, entschlossen, seiner Idee nachzugehen, so unsinnig sie auch sein mochte.

Als er durch eine Gasse irrte, die Handwerkern als Hinterhof diente, gewahrte er hinter einem Haufen alter Weidenkörbe, die auf ihre Reparatur warteten, eine Art Muhen. Als er sie ein wenig zur Seite geräumt hatte, fand er die alte Säuferin, die wieder einmal völlig betrunken war, lang ausgestreckt auf dem Boden.

„Ich dachte, dass Ihre Verwandte, die gute Frau Sui, Sie in einem Kloster unterbringen wollte, bis Ihre Hütte wieder aufgebaut worden ist?", wunderte er sich.

„Ich habe ihnen Lebewohl gesagt", murmelte die Alkoholikerin. „Ein Gefängnis, jawohl! Wollten mich vor Durst verrecken lassen! Die erwischen mich nicht noch mal!"

Der Richter fragte sich gerade, was er nun mit ihr anstellen sollte, als sich vom einen Ende der Straße her Frau Sui näherte, während am anderen Ende eine kleine Gruppe von Frau Yus Mädchen auftauchte.

„*Tante Lia*!", rief die Freundin seiner Gemahlinnen und hob erschrocken die Arme zum Himmel. „Ich habe Sie schon überall gesucht!"

Die Prostituierten blieben unweit entfernt stehen. Frau Sui und die Mädchen starrten sich gegenseitig an, dann warfen sie Blicke hinüber zum Richter.

„Oh, aber wie ich sehe, ist am frühen Morgen schon ziemlich viel Betrieb in diesen Gassen", sagte Letzterer. „Gibt es irgendwo ein Fest? Ich habe keinerlei Lampions gesehen. Ich glaube, wir haben da ein Problem mit Ihrer … Ihrer Tante", fuhr er an Frau Sui gerichtet fort. „Dies ist die Verwandte, von der Sie vorhin bei uns gesprochen haben, nehme ich an?"

Unterhaltungen zu diesem Thema besaßen die Gabe, sie aus der Fassung zu bringen, das gefiel ihm ganz besonders. Also setzte er noch einen drauf: „Ihre liebe Tante hat die Aufnahme in den Klosterkonvent verweigert, in dem Sie sie unterbringen wollten. Das ist ärgerlich, denn ich fürchte, dass sie im Viertel einiges Unheil angerichtet hat, während ihres Ausflugs."

„Ja, ja, ich werde mich darum kümmern", antwortete die Nichte schnippisch. „Exzellenz, Sie brauchen sich nicht um uns zu sorgen."

Die Prostituierten beobachteten sie aus der Nähe. „Wenn wir irgendetwas tun können …", sagte eine von ihnen.

„Das ist nicht der Mühe wert", schnitt ihnen Frau Sui das Wort ab. „Ich habe die Situation vollständig im Griff. Ich danke Ihnen für Ihre Freundlichkeit. Sie können wieder zurückkehren in Ihr … äh, dorthin, wo Sie hergekommen sind."

Sie schien vollständig im Bilde zu sein über die Art der Tätigkeit ihrer Gesprächspartnerinnen, und Di war überzeugt davon, dass sie sich kannten. Unter welchen Umständen mochte diese ehrsame Bürgerin Puyangs mit diesen leichten Mädchen zu tun gehabt haben? Ein weiteres ungelöstes Rätsel dieser merkwürdigen Stadt, in der alles drunter und drüber ging.

Frau Sui entfernte sich, wobei sie „*Tante Lia*" stützte, die Mühe hatte zu gehen. Die Prostituieren nutzten die Gelegenheit, um den Richter darüber zu informieren, dass sich zwielichtige Individuen in der Nähe ihrer Bleibe herumgetrieben und Fragen über sie gestellt hätten. Di konnte sich vorstellen, um wen es sich dabei handelte. Die Wangs hatten ihr Domizil in eine Festung verwandelt und verließen diese nicht mehr. Als wäre das noch nicht genug, hatten sie überdies um die Genehmigung ersucht, rund um ihren Besitz einen Graben anzulegen, wovon auch die Straßen betroffen wären. Damit unzufrieden, ein Regiment von Schlägern angeheuert zu haben, dessen Nutzlosigkeit bereits offenbart worden war, hatten sie nun auch noch Leute für private Ermittlungen eingestellt. Sie wagten es, sich in den Zuständigkeitsbereich ihres scharfsinnigen Richters einzumischen. Sie hatten schlussendlich begriffen, dass die Mordwaffe, die in der Brust des Ersten Schreibers steckte und das Wappen ihrer Familie trug, eine Art Signatur darstellte.

Deutlicher konnte man nicht werden. Ein Irrtum war ausgeschlossen. Es war, als hätte man ihnen in die Ohren gebrüllt, dass die Morde im Zusammenhang mit der Verstoßung der väterlichen Konkubinen standen. So war es logisch, dass sie alles daran setzten, die beiden hinausgeworfenen Nebenfrauen und auch deren unglückliche Töchter zu finden. Die Detektive, die sie damit beauftragt hatten, mussten sich zum Weidenviertel begeben haben. Sie waren es auch zweifelsohne, die sich in der Nähe der Mauern herumtrieben. Wohin das den Wangs führen sollte, konnte niemand sagen. Es war äußerst schwer, den Windungen der Gedanken, die ihrem schwächlichen Verstand entsprangen, zu folgen.

Di schickte sich an, sich auf die Morgenaudienz vorzubereiten, als ein plötzlicher Lärm seine Aufmerksamkeit erregte. Am Eingang zum Yamen war eine Trommel aufgehängt, die jeder Bürger der Stadt schlagen konnte, wenn er eine dringende Klage außerhalb der dafür vorgesehenen Audienztage einbringen wollte. Und gerade jetzt war ein ungeduldiger Mensch dabei, heftig draufzuschlagen, ohne die normale Öffnungszeit abzuwarten.

Wachtmeister Hong kam, um zu verkünden, dass es sich um die Brüder Wang handele, die ungeduldig darauf warteten, angehört zu werden.

Di kleidete sich fertig an, setzte seine schwarze Kappe auf den Haarknoten und zog dann den Vorhang beiseite, der die Tür zu seiner Wohnung verdeckte, um ins Gericht zu gehen

Einen Augenblick später tauchten vor ihm die Wangs auf und schwenkten erregt eine scharfe Pfeilspitze aus Bronze vor ihm hin und her. „Wir sind gekommen, um Klage zu erheben gegen einen Bogenschützen, der auf uns geschossen hat, edler Herr Richter! Er soll festgenommen werden und man soll ihm die Hände abschneiden!"

Di erklärte ihnen, dass es diese Art der Bestrafung seit mehr als drei Jahrhunderten nicht mehr gebe, und schlug ihnen ersatzweise eine strenge Prügelstrafe auf einem öffentlichen Platz vor, gefolgt von verschiedenen anderen Misshandlungen. Dies erschien den Brüdern allerdings kaum ausreichend, um für das abscheuliche Verbrechen, das ihnen gegenüber verübt worden sei, zu bezahlen.

„Mein Bruder ging gerade in einem unserer Innenhöfe spazieren", sagte To-ma, „denn wir haben ja nicht einmal mehr das Recht, einen Fuß außerhalb unseres Besitzes zu setzen."

Di korrigierte ihn, indem er ihm versicherte, dass sie selbstverständlich dieses Recht hätten. Es handele sich hier lediglich um eine klare Entscheidung zwischen dem Wunsch zu überleben und dem nach persönlicher Freiheit.

„Ich ging also gerade etwas frische Luft schnappen, um meinen Appetit anzuregen", bestätige Gu-li, „als mein Bruder zu mir trat."

„Ich sagte meinem Bruder, dass das Essen vorbereitet sei und der Vorkoster bereits seine Arbeit beendet habe – seit dem letzten Mord lassen wir alle Speisen vorher überprüfen."

„Da ist der Pfeil in der Wand eingeschlagen, vor der Nase meines Bruders."

„Mir ist nichts passiert, dem Himmel sei Dank, aber mein Bruder wäre beinahe vor Schreck in Ohnmacht gefallen!“

„Glücklicherweise war ich da, um meinen Bruder nach diesem niederträchtigen Anschlag auf seine Person ins Innere des Hauses zurückzubringen.“

„Mein Bruder ist die einzige Familie, die ich noch habe. Ihn meiner Zuneigung zu entziehen hätte auch mich vor Kummer sterben lassen.“

Di fragte sich, ob diese Beteuerungen brüderlicher Liebe nicht das irgendwo in ihrem tiefsten Unterbewusstsein verborgene Bedauern kaschierten, von dem lästigen Bruderherz nicht ein für allemal befreit worden zu sein. Dies wäre immerhin eine Gelegenheit gewesen, endlich ganz allein das Vermögen des Vaters zu genießen. Es wird ihnen kaum entgangen sein, dass dieses kleine angeknackste Vermögen sich verdoppelt hätte, wenn es nur einem von ihnen zugefallen wäre. Abgesehen davon: Wie groß war die Wahrscheinlichkeit, dass die Bitterkeit, die sie gegenüber der gesamten Menschheit entwickelt hatten, nicht auch für die beiden untereinander galt?

Er versprach ihnen, das Nötige zu tun, um den für diesen Anschlag Verantwortlichen so schnell wie möglich zu entlarven; gleichzeitig dachte er, dass sie doch genügend Personal eingestellt hatten, um diese Aufgabe selbst zu übernehmen. In moralischer Hinsicht fühlte er sich von den Problemen der Wangs vollkommen unberührt, denn er empfand es als nachgerade unverschämt, dass sie sich um private Ermittlungen bemüht hatten und ihm Konkurrenz machten. Nun lachte er sich darüber ins Fäustchen, dass sie sich an ihn wandten, sobald ihr System seine unvermeidlichen Schwächen offenbarte. Man konnte ihm doch nicht ins Gesicht spucken und ihn gleichzeitig um Beistand anflehen!

Diese beiden Männer hatten auf sämtlichen ihrer Dächer Wachen postiert und sie schafften es dennoch, von einem Bogenschützen angegriffen zu werden? Und jetzt kamen sie zu ihm, um ihn mit der Aufklärung dieses Rätsels zu belasten!

Es gab nur eine Antwort darauf: Die unglaubliche Dummheit der Wangs machte jede Mauer durchlässig, jede Bewachung unnütz und jede Überwachung sinnlos.

Ihr Feind würde sie erreichen, wo und wann er wollte. Sie waren wie Hühner in einem Hühnerstall: Kein Zaun hatte jemals erfolgreich für immer die Füchse zurückhalten können. Es lag in der Natur der Hühner, verspeist zu werden, und in der der Dummköpfe, sich hereinlegen zu lassen, das war der Lauf der Welt. Selbst die besten Richter waren machtlos gegen dieses Naturgesetz. Was erwartete man von ihm? Man verachtete seine Arbeit und plötzlich erhob man ihn zu göttlicher Würde. Man war bereit, Weihrauch vor seinem Pult zu verbrennen wie vor einem Altar – vorausgesetzt, dass er die in ihn gesetzten Hoffnungen erfüllte. Man hielt ihn für einen Arzt, einen Priester oder sogar für ein allmächtiges Wesen, das ihren Wünschen zu dienen hatte. Dabei war er der Unterpräfekt dieser Stadt, nicht ihr vormundschaftlicher Gott, und er hatte große Lust, dieses Missverständnis aufzuklären.

Im Augenblick zwang ihn die Höflichkeit, die Wangs mit ein paar protokollarischen Floskeln zu verabschieden, mit denen er ihnen versprach, dass „die Gerechtigkeit des Himmelssohnes es nicht unterlassen würde, ihnen seine Wohltat und Allmacht angedeihen zu lassen“. Die beiden Brüder verließen nun endlich den Saal, und Di konnte wieder in Frieden atmen. Hätte er auf sein Herz gehört, er hätte ihnen lieber dafür ein Bußgeld auferlegt, dass sie es gewagt hatten, ohne gültigen Grund seine Alarmtrommel zu betätigen.

XVII

Richter Di versucht sich in Nächstenliebe und beginnt, einen Knoten aus altem Faden zu entwirren.

Di beschloss, seine Stellung auszubauen, um die Lösung dieser Ermittlung voranzutreiben. Er war der Einfluss gekommen, vor dem Bordell, vor dem Haus der Wangs und dem ihres Halbbruders Wachen zu postieren. Dasselbe galt für die Hütte der Säuferin. Hierfür bedurfte es allerdings zunächst des Wiederaufbaus. Am gleichen Nachmittag versammelte er sämtliches muskelbepackte Personal, das dem Gericht zur Verfügung stand, und führte seine kleine Armee zu jenem unwirtlichen Flecken Erde, auf dem noch immer die elenden Trümmer der Hütte herumlagen.

Frau Sui war aufgetaucht, um ein paar Dinge aus dem Schutt zu retten. Dis Helfer nahmen das Gässchen in Beschlag, montierten Zugwinden, es wurde gedrückt, gezogen, man entfernte das Dach, errichtete gerade Mauern, auf denen man es wieder niederließ, und befestigte es so gut wie möglich. Der Richter hätte niemals erwartet, dass er eines Tages zum Tiefbauunternehmer würde. Frau Sui betrachtete verblüfft dieses Wunder.

„Ich staune über Ihre Großzügigkeit, edler Herr Richter. Es ist wahr, dass Eurer Exzellenz das Wohlergehen Eurer Untergebenen am Herzen liegt. Und nun gehen Sie sogar so weit, dass Sie den Mittellosen Unterkunft verschaffen!"

„Wie Sie sehen, habe ich nicht nur schlechte Seiten", entgegnete er und betrachtete seine Männer, die ihr Bestes gaben, um das wackelige Bauwerk wiederaufzurichten. Überflüssig zu erwähnen, dass ihm keineswegs daran gelegen war, Unterkünfte für die Trunksüchtigen seines Bezirks bereitzustellen. Unter anderen Umständen hätte er sich diese Mühen gewiss nicht auferlegt. Es lag an der besonderen Rolle, die Frau Lia in diesem Fall spielte, dass er derart viel Interesse für sie aufbrachte.

„Ich tue nur meine Pflicht, die von mir erfordert, mich um das Wohl aller ebenso zu kümmern wie um Gebäude und Straßen", antwortete er mit völlig mangelnder Aufrichtigkeit.

„Aber Sie tun ja viel mehr als das!", rief Frau Sui voll leidenschaftlicher Bewunderung. „Sie retten meine arme Tante! Diese elende Behausung war ihr einziger Besitz, und Sie geben ihn ihr zurück." Frau Sui betrachtete ihn wie den reinkarnierten Buddha. Von dieser Situation konnte er nur profitieren! Di ließ daher durchblicken, dass er unter seiner unerfreulichen häuslichen Lage sehr leide und dass er ihr sehr dankbar wäre, wenn sie diesbezüglich bei seinen geliebten Gemahlinnen ein gutes Wort für ihn einlegen könne. Sie verstand die Botschaft perfekt: keine unangebrachten Ausflüge mehr und keinerlei Auflehnung mehr gegen seine Autorität als Herr und Meister über alles und jeden in seinem Haus.

„Eure Exzellenz können mit mir rechnen", versicherte sie angesichts der aus der Asche wiederauferstandenen Bruchbude, die sich ihren staunenden Augen bot.

Di war überzeugt, dass sie um ihn herum den Glanz einer göttlichen Aura wahrzunehmen meinte; er fühlte sich beinahe wie ein Heiliger, wie ein Bodhisattva, der alle Stufen auf dem Weg zur Vollkommenheit erklommen hat. Das wohlwollende und heitere Lächeln des Erleuchteten kräuselte sich auf seinen Lippen. Hätte er einen rasierten Schädel und Pausbacken gehabt, so wäre er ganz wunderbar als die beleibte Wiedergeburt Buddhas durchgegangen, die sich die Bürger von Puyang so gern vorstellten.

Er überließ Frau Sui die Organisation der Innenreinigung der Hütte und postierte eine Wache vor der Tür – oder das, was als solche fungierte –, denn das war ja die eigentliche Absicht hinter der ganzen Arbeit gewesen. Die Situation war somit für ihn geregelt.

Nun galt es, den Mörder dazu zu bringen, einen Fehler zu machen. Das nächste Verbrechen würde sehr viel schwieriger zu begehen sein als die vorangegangenen. Wie er den Täter einschätzte, konnte der nicht anders, als sein Tötungshandwerk fortzusetzen und damit Risiken einzugehen. Zwar hatte er seine Rache bereits beachtlich vorangetrieben, doch hatten die nach Einschätzung des Richters Hauptschuldigen an dem begangenen Unrecht noch nicht für dieses bezahlt. Der Mörder hatte ihnen lediglich Angst eingejagt, indem seine Umklammerung immer enger wurde. Jetzt aber wollte er ihnen an den Kragen, er würde mit allen Mitteln versuchen, ihrer habhaft zu werden. Solange sie lebten, würde er sein Vorhaben nicht aufgeben.

Die weitere Umsetzung seines Plans verlangte zunächst, dass er sich eine Aufmachung zulegte, mit der er sich diskret fortbewegen konnte. Seine neuesten Erfahrungen als Bauunternehmer brachten ihn auf die Idee, sich als solcher zu kleiden. In einem Kaiserreich, in dem Kleider Leute machten, genügte es, das Gewand zu wechseln, um auch den Stand zu wechseln. Jeder Händler war zwangsläufig seinem Metier gemäß gekleidet, ein derart gekleideter Mann war zwangsläufig ein Händler. Nachdem er seine grüne Robe und seine Kappe mit der Perle, deren Farbe seinen Rang in der Hierarchie der Mandarine darstellte, abgelegt hatte, war Di nicht mehr als Richter zu erkennen. Er warf einen Blick in seinen Kleiderschrank. Wenn man noch mal darüber nachdachte, war die Verkleidung als Bauunternehmer gar nicht unproblematisch: Die Anrainer würden ihn nicht herumstreifen sehen, ohne sich besorgt zu fragen, ob er vorhabe, ihr Haus zu kaufen oder abreißen zu lassen. Der Reedermantel kam auch nicht infrage, denn diese Leute kannten sich alle untereinander, und er würde sofort als Außenstehender identifiziert werden.

Die Ausstattung eines Vertreters des Kaufmannsstandes erschien ihm hingegen das perfekte Alibi abzugeben; sie würde es ihm erlauben, jedes mögliche Wohnviertel aufzusuchen, es nachvollziehbar machen, dass niemand ihn kannte, und seine Reise begründen. Er vervollständigte seine Aufmachung durch einen mit Tüchern gefüllten Sack, der vorgab, seine Warenmuster zu beinhalten, in den er außerdem zur Vorsicht sein Schwert steckte.

Nachdem er nun aus dem einfachen Grund unkenntlich geworden war, dass kein Mensch einen Bezirksrichter in der Kleidung eines Reisekaufmanns vermutete, ging er daran, zwischen den verschiedenen Häusern, vor denen er seine Männer postiert hatte, hin und her zu pendeln. Di begann mit dem nächstgelegenen Haus, dem des Halbbruders der Wangs. Dieser verließ gerade eben das Gebäude. Di hielt Ausschau nach dem Wächter, den er vor der Tür abgestellt hatte, doch niemand war da. Er nahm an, dass sich der Faulpelz vermutlich in einer in der Nähe befindlichen Schänke ausruhte. Das würde ihm einige Stockhiebe einbringen, wenn Di erst mal seinen Hauptmann darüber informiert hatte.

Als Wang Ji sich allmählich in der Straße entfernte, bemerkte Di plötzlich etwas Auffälliges: Eine in einen Umhang gehüllte Person, die etwa hundert Schritte entfernt war, spannte einen Bogen und zielte in ihre Richtung. Der Richter hatte gerade noch Zeit, den jungen Mann auf den Boden zu werfen, bevor ein Pfeil ungefähr zwei Zoll neben ihren Köpfen vorbeizischte.

In Augenblicken wie diesen fühlte Di, dass sein Beiname *Vater und Mutter des Volkes* nicht unverdient war.

Wang Ji seinerseits war äußerst wütend, dass ihn ein wahrscheinlich betrunkener Handelsreisender zu Boden gerissen hatte. Er rappelte sich wieder auf und schimpfte: „Du besoffene Schildkröte!* Kannst du nicht aufpassen? Wann wird

---

* Die Schildkröte war kein angesehenes Tier, weil man es mit drohendem Unheil und schlechten Sitten in Verbindung brachte

man uns endlich von all diesen Säufern in unseren Straßen befreien? Oh, entschuldigen Sie, edler Herr Richter“, fügte er dann verdattert hinzu, als er den Richter an seinem Bart und seinen Koteletten erkannte.

Di holte unter großer Mühe sein Schwert aus den Tiefen seines Tüchersacks hervor und begab sich auf die andere Seite der Straße. Die flüchtig wahrgenommene Gestalt hatte sich schnellstens davongemacht. So rasch hatte er keinen Anschlag auf die Person Wang Jis erwartet. Er hätte eher auf dessen Halbbrüder gewettet. Da hatte er wohl den Hass unterschätzt, den der Mörder allen gegenüber in sich trug, die im engeren und weiteren Sinne mit dieser alten Geschichte zu tun gehabt hatten.

Er selbst wäre in Gefahr gewesen, wenn er damals schon sein Amt in dieser Stadt innegehabt hätte. Glücklicherweise wurden die Richter alle drei Jahre versetzt, was sie vor Rachegelüsten schützte, die Verurteilte und ihre Angehörigen antreiben konnten.

Di begleitete den jungen Mann nach Hause zurück und legte ihm auf, es zunächst nicht wieder zu verlassen. Mutter Wang stand auf der Freitreppe des Hauptgebäudes. Sie sah am Gesicht ihres Sohnes, dass etwas geschehen sein musste.

„Was ist passiert?“, rief sie, die Hände um ihren Stock gekrallt. „Ich hatte schon eine dunkle Ahnung. Ich war mir sicher, dass es ein Unheil geben würde!“

Ihr Sohn beeilte sich, sie zu beruhigen. Er erzählte ihr mit sanfter Stimme, was vorgefallen war. Die alte Dame entgegnete darauf ein paar Worte und verschwand dann im Inneren des Hauses.

„Meine Mutter möchte Ihnen ihre Dankbarkeit zum Ausdruck bringen“, sagte Wang Ji zum Richter. „Sie bittet Sie, dass Sie zu ihr in den Salon kommen.“

Di war begierig darauf zu erfahren, was sie ihm zu sagen hatte. Er fand sie in einem Lehnstuhl sitzend, in der Nähe eines hübsch lackierten Wandschirms, der wahrscheinlich noch aus der prunkvollen alten Zeit stammte.

„Mein einziger Sohn hat mir gesagt, dass Sie ihm das Leben gerettet haben“, begann sie. „Worte reichen nicht aus, um Ihnen meine Dankbarkeit zu bezeugen.“

Es waren allerdings vor allem Worte, auf die Di hoffte, um die letzten dunklen Winkel dieses geheimnisvollen Falls zu erhellen. Er bat sie daher, ihm die Charaktere der beiden Konkubinen, die man aus dem Haus geworfen hatte, genau zu beschreiben sowie ihm eine vollständige Liste ihrer Töchter zusammenzustellen.

„Das ist sehr wenig verlangt für einen Mann, der in der Lage ist, Dämonen zu vertreiben“, antwortete die alte Dame. „Herr Wang, mein Gatte, hatte fünf Töchter, die zwischen zehn und zwanzig Jahren alt waren. Sie müssten jetzt also etwa zwanzig bis dreißig Jahre alt sein. Nur die Älteste von ihnen war verheiratet, zu ihrem Unglück mit diesem Herrn Cheng. Die Jüngste war noch ein Kind, sie hatte das Haarnadelalter* noch nicht erreicht. Die dritte Gemahlin, jene, die des Ehebruchs angeklagt wurde, hatte einen sehr starken Charakter. Sie war übrigens die Schönste von uns allen. Mein Mann betete sie an, obgleich er bemüht war, das niemanden merken zu lassen, um nicht die Harmonie unseres Hauses zu stören. So erlangte sie schließlich den entscheidenden Einfluss über unseren Hausstand, den sie beibehielt bis zu jenem verhängnisvollen Tag, an dem sie vor Gericht musste.“

Frau Wang legte eine Pause ein, bevor sie das Gruppenporträt vervollständigte. Sie versuchte, ihre Erinnerungen zu sortieren. „Die vierte Gemahlin war die zarteste. Deshalb glaube ich, dass das Ganze für sie für sie am schlimmsten war. Sie war zur Zeit der Katastrophe schwanger, wissen Sie.“

---

* Sobald sie fünfzehn Jahre alt waren, steckten die jungen Chinesinnen ihre Haare in einem Knoten mit einer Nadel zusammen, was sie als heiratsfähig kennzeichnete.

„Ist Ihnen bekannt, was aus dem Kind geworden ist?“, fragte Di, der sich brennend für alle Einzelheiten im Zusammenhang mit dieser Familie interessierte.

„Ich weiß es nur allzu gut“, antwortete die zweite Frau Wang lächelnd. Sie zeigte auf den zehnjährigen Jungen, der soeben den Tee brachte. „Hier ist das Kind. Mein lieber Sohn hat ein goldenes Herz. Wir haben dafür gesorgt, dass er nie unter dem Kummer zu leiden hatte, der auf unserem Haus und seiner Mutter lastete. Was sie jedoch anbelangt, so haben wir nichts tun können. Sie ist verschwunden, nachdem sie uns das Neugeborene in Wäsche mit dem Wappen der Wangs auf die Türschwelle gelegt hatte. Jetzt sorgt er so für mich, wie wir für ihn gesorgt haben.“

Sie tätschelte ihm liebevoll die Wangen und bat ihn, sie allein zu lassen. Dann bedeutete sie dem Richter, näher zu kommen und senkte die Stimme; sie wolle ihm ein schreckliches Geheimnis anvertrauen. Es gäbe noch eine andere Sache, etwas, das noch viel tragischer sei als die Tatsache, dass die Wang-Brüder die beiden Konkubinen auf die Straße geworfen hätten. Das habe sie bislang noch nie jemandem gesagt, denn sie habe geschworen, dass ihre Lippen für immer versiegelt bleiben würden. Es handele sich um ein Versprechen, das sie einer Verstorbenen gegeben habe. Doch da sie diese unzähligen kleinen Geheimnisse umzubringen drohten, war sie nun entschlossen, dem einzigen Mann, der sie zu beschützen vermochte, dieses zu enthüllen.

In den folgenden Minuten lauschte der Richter also ihrem schrecklichen Geständnis. Frau Wang verlangte anschließend von ihm, dass er nichts davon aufdecken würde, ausgenommen unter Einfluss einer höheren Gewalt, und Di erklärte sich gern damit einverstanden, im Namen des Respekt, den er bürgerlichen Familien in seinem Verwaltungsbezirk schuldete.

Diese Beichte hatte die alte Dame sehr erschöpft. Bevor er sich verabschiedete, fragte Di noch nach den Mädchennamen der beiden Nebenfrauen. Als er sie erfuhr, erschien ihm der

Fall in neuem Licht. In seinem Kopf brodelte es, als er Wang Jis Haus verließ. Dieser hatte ihn hinausbegleitet und sich noch einmal dafür bedankt, dass der Richter ihm das Leben gerettet hatte.

Di war daran gewöhnt, sich oft mit den kleinen Gaunereien auseinanderzusetzen, die die größeren chinesischen Städte verpesteten. Seit einiger Zeit aber war ihm aufgefallen, dass in den sogenannten besseren Familien neben Intrigen ganz andere, viel schrecklichere Verbrechen begangen wurden als jene, die man in den Elendsvierteln verübte.

Er setzte seine Inspektion der Orte fort, an denen er seine Leute postiert hatte. Die Wächter bei den Wangs teilten ihm mit, dass die beiden Brüder – entgegen den Gewohnheiten, die sie angenommen hatten, seit sie bedroht wurden – ihr Domizil scheinbar sehr nervös eine Stunde zuvor verlassen hätten und eiligen Schrittes fortgegangen wären. Weil die Gerichtsdiener nicht damit beauftragt worden waren, ihnen zu folgen, hatte man sie gehen lassen.

Zuletzt suchte Di auch noch die Hütte von *Tante Lia* auf, wo sich gerade ein Skandal abspielte. Eine Gruppe Arbeiter, vermutlich von Frau Sui mit der Beseitigung von Schutt beauftragt, betrachtete das Ganze mit baumelnden Armen, ohne zu begreifen, worum es ging.

Auf einer Seite standen die zwei Frauen, auf der anderen die beiden Wang-Brüder, und beide Parteien beleidigten sich gegenseitig um die Wette, begleitet von obszönen Gesten, wobei sich Wang To-ma und *Tante Lia* besonders hervortaten. Dass Letztere nicht auf den Mund gefallen war, hatte der Richter ja bereits selbst erlebt.

„Gut“, dachte der Richter. „Da sie nun offenbar entschlossen sind, den Mund aufzumachen, kann ich wohl hoffen, dass der Fall zügig vorankommt.“

Er nahm sich zunächst Wang den Älteren vor, der ihn darüber informierte, wie es zu dieser erbärmlichen Szene gekommen war. Der Ermittler, den sie engagiert hatten, habe einige hoch interessante Schlussfolgerungen gezogen. Man sei zunächst den Spuren der Konkubinen und deren Kinder nachgegangen, und zwar ab dem Zeitpunkt ihres Hinauswurfs vor zehn Jahren. Am einfachsten hätten sie Frau Sui ausfindig machen können, die durch ihre Heirat im bürgerlichen Milieu verblieben war. Sie hätten sich direkt zu ihr begeben, um Erklärungen darüber zu bekommen, was passiert sei, was diese Angriffe auf sie bedeuteten und wo sich die anderen Frauen aufhielten, denen sie allesamt Mordpläne unterstellten. Frau Suis Mann, der sie empfangen hatte, habe überhaupt nicht durchgeblickt und sie deshalb an seine Frau verwiesen. Sie hätten sich dann also zu *Tante Lia* aufgemacht, nachdem der Gatte den Verbleib seiner Frau offenbart hatte.

„Diese Frau Sui ist nämlich *Kleines Schätzchen*, unsere Halbschwester, edler Herr Richter!", schrie Wang Gu-li und zeigte mit dem Finger auf sie. „Wir erkennen sie formell wieder!"

„*Kleines Schätzchen*", wiederholte der Richter nachdenklich. Niemals wäre ihm ein solcher Vornamen eingefallen. Man konnte wahrlich nicht sagen, dass er besonders gut zu ihr passte.

Die Betreffende machte ein düsteres Gesicht.

„Woraus folgt, dass der wertvollste Schatz der Welt durchaus mit zwei Schweinen verwandt sein kann", versetzte sie, was bei ihren Halbbrüdern eine aggressive Bewegung auslöste, die *Tante Lia* stoppte, indem sie drohend ein Trümmerstück schwenkte, versehen mit einem verrosteten Nagel.

Die Wangs beschuldigten sie explizit, sie habe sie töten lassen wollen. Sie wiederum beschuldigte die Brüder, niederträchtig zu sein, was doch alle Welt wisse. *Tante Lia*, inmitten des Handgemenges, befahl allen Anwesenden, ihren Grund und Boden zu verlassen und sie in Frieden zu lassen. Der dicke Wang To-ma erblickte in diesem Moment die Bündel mit den Habseligkeiten der Stadtstreicherin, die darauf warteten, ihre angestammten Plätze in der Hütte wiedereinzunehmen.

Er riss den lackierten Holzgeschirrkasten an sich, als handelte es sich um eine Jagdtrophäe:

„Und das hier? Wo hast du das her?", rief er. „Das stammt von uns! Da ist sogar unser Wappen eingraviert! Diebin! Wir lassen dich wegen Einbruchs verurteilen!"

Einen Moment lang glaubte Di, dass die alte Trinkerin ihm die Augen rausreißen würde. Sie sprang auf den dicken Mann zu und entwand ihm den Kasten mit einer unerhörten Kraft für eine Frau in ihrem heruntergekommenen Zustand.

Wang der Dicke schien wie vor den Kopf geschlagen.

„Das gehört mir!", brüllte sie und drückte sich den Kasten an die Brust. „Du hast nicht das Recht, ihn mit deinen schmutzigen Pfoten anzufassen! Du schlechter Sohn! Ihr unwürdigen Söhne! Ihr Verräter an eurem eigenen Blut!"

Die Wangs blieben perplex. Di hatte das Gefühl, dass bei ihnen alte Erinnerungen wach wurden. Unfähig, eine passende Erwiderung zu finden, drehten sie sich um und verschwanden ohne ein weiteres Wort, gehüllt von ihrer beleidigten Würde.

„Ich glaube, sie müssen über das, was sie soeben herausgefunden haben, erst mal intensiv nachdenken", murmelte der Richter, während er ihnen nachblickte.

Auch Frau Sui machte Anstalten zu gehen, doch Di fasste sie am Ärmel: „Halt, nicht so schnell, ich brauche Sie noch!"

Er führte die beiden Frauen zu einem kleinen Platz, an dem Mietsänften bereitstanden. Di veranlasste sie einzusteigen und nahm neben ihnen Platz. Dann setzte sich ihr bescheidenes Transportmittel in Richtung der Ostviertel in Bewegung, um schon ein paar Minuten später vor dem Bordell von Frau Yu anzuhalten.

Allmählich erahnte auch Frau Sui, welches Ziel sie ansteuerten. Als die Ahnung zur Gewissheit wurde, sträubte sie sich wie ein Esel gegen seine Last.

„Eure Exzellenz machen Scherze!", rief sie beleidigt. „Eine Frau meiner Stellung kann doch nicht die Schwelle eines solchen Hauses überschreiten! Was würde man von mir denken? Da drin sind doch nur Prostituierte!“

„Also wirklich!“, erwiderte der Richter mit gutmütigem Ton. „Es handelt sich um nichts weiter als um einen Familienbesuch, das wissen Sie genau.“

Sie fügte sich nur ungern und fragte sich, was er wohl über ihre Beziehungen zu den Personen wissen mochte, die in diesem Hause lebten.

Di nahm die alte Säuferin fest am Arm und schritt mit ihr durch das Tor zum Park. Es war noch zu früh, als dass sich schon Freier eingefunden hätten, das Abendprogramm war noch nicht eröffnet, die Lampions waren noch nicht angezündet worden. Am Ende der in voller Blüte stehenden Allee schnappte eine kleine Gruppe Mädchen gemeinsam mit ihrer Vorsteherin etwas frische Luft; sie lagen auf bequemen Stühlen entlang der Frontseite des Gebäudes.

Als Frau Yu die Besucher sah, zog sie die Augenbrauen hoch. „Eure Exzellenz bringen Freundinnen mit?“, wunderte sie sich. „Haben sich meine Mädchen so sehr ihrer Aufgaben unfähig gezeigt? Für gewöhnlich erlauben wir hier keine Stelldichein-Treffen.“

„Gott bewahre, ich habe keine besondere Beziehung zu dieser Dame!“, entgegnete der Richter und verzog das Gesicht bei dem Gedanken, diese Harpyie, die seit einiger Zeit sein Yamen heimsuchte, in irgendeiner Weise zu berühren.

Frau Yu klatschte in die Hände. Zwei Dienerinnen brachten ein paar Tabletts mit Erfrischungen, Schälchen mit verschiedenem gesalzenem Gemüse in Essig oder Öl und allerlei Mandeln. Di erinnerte sich, dass diese Art Etablissement den Großteil ihrer Einkünfte vor allem aus Speisen, die den Kunden serviert wurden, und nicht aus den intimen Verhältnissen erzielten, die Letztere eventuell mit den Mädchen unterhielten. In den Küchen stand immer etwas zu essen bereit, um auf Wunsch serviert werden zu können – unabhängig von der Tageszeit oder der Anzahl der Gäste. Nun speiste man aber sozusagen im Kreise der Familie. Di war sich allerdings nicht sicher, ob die Damen noch Appetit haben würden, wenn er sie erst mal mit dem konfrontiert hatte, was ihm vorschwebte.

„Ich bin gekommen, um eine Mutter mit ihren Töchtern zusammenzuführen", verkündete er.

„Das ist ein lobenswertes Anliegen", entgegnete Frau Yu, als hätte er eine Bemerkung über das schlechte Sommerwetter gemacht.

Dessen ungeachtet bemerkte Di, dass die Hand der Bordellherrin geringfügig zitterte, als sie ihm eine kleine Schüssel mit gerösteten Nüssen reichte. Diese Reaktion ermutigte ihn fortzufahren: „Die Mutter habe ich schon, mir fehlen nur noch die Töchter. Ich darf Ihnen jemanden vorstellen, den manche von Ihnen unter dem Namen *Tante Lia* kennen. Tatsächlich war sie in der Vergangenheit die vierte Frau Wang, die man angeklagt hatte, den Ehebruch einer der anderen Wang-Frauen gedeckt zu haben – was genügte, um sie daraufhin aus dem Paradies zu vertreiben."

Er streckte einen Arm zu der Trinkerin aus, die erstarrte, während sie eine Hand auf ein dickbäuchiges Fläschchen Schnaps legte. Dann drehte sie den Kopf in seine Richtung und warf ihm einen bösen Blick zu. Nach kurzem Zögern entschied sie, sich mehr für das Fläschchen als für ihn zu interessieren, deren Inhalt sie zur Hälfte unter den erschrockenen Augen der meisten Mädchen in ihre immerzu trockene Kehle kippte.

Frau Sui ließ sich auf einen Hocker fallen. *Pfirsichblüte* hatte die erstaunliche Reaktion, ihr sofort einen Becher kühlen Weins zu reichen. Statt den Becher anzunehmen, warf ihr Frau Sui einen seltsamen verwirrten Blick zu, als wäre vor ihren Augen ein Schleier zerrissen. Sie verharrte allerdings in Stillschweigen, fast wie betäubt.

„Suchen wir also nun die Töchter", fuhr der Richter fort. „Es waren fünf. Dank des Nachbarschaftstratschs konnte ich eine von ihnen ganz leicht ausfindig machen. Das älteste der

Wang-Mädchen heiratete den Reeder Cheng, der sie in dem Moment verstieß, als er von der Niederlage ihrer Mutter und dem Tod ihres Vaters erfuhr. Ich spreche von *Kamelie*, hier anwesend."

Diesmal deutete er auf die junge Wöchnerin, die ein frisch gewickeltes Baby sanft an ihrer schweren Brust hin und her wiegte. *Kamelie* starrte ihn mit runden Augen an. Keine der Frauen sagte ein Wort. Totenstille herrschte auf der Veranda, die kaum von den Vogelstimmen durchbrochen wurde, die diesen späten Nachmittag erhellten.

„Nehmen wir uns die Mädchen der Reihe ihrer Geburtstage nach vor", fuhr der Richter fort, fest entschlossen den gesamten alten Faden von der Spule zu wickeln, an deren Rekonstruktion er so hart gearbeitet hatte. „Schauen wir einmal … Ja, wer hier ist denn nur wenig jünger als *Kamelie*? Man sieht es kaum wegen der Schminke und ihrer zurückhaltenden Kleidung, die sie etwas steifer wirken und älter aussehen lassen. Trotzdem bin ich mir sicher, dass Sie nicht mal Dreißig sind, liebe Frau Sui, nicht wahr?"

Die Angesprochene warf ihm einen verzweifelten Blick zu. „Sie werden doch nicht glauben, dass ich mit diesen Frauen hier irgendetwas gemeinsam habe?", fragte sie mit hohler Stimme.

„Heute nicht mehr, gewiss", gab er zu. „Aber es gab eine Zeit, da wurden Sie alle im selben Haus erzogen, in jener Phase des Glücks und der Sorglosigkeit unter dem Schutz eines weisen und toleranten Vaters, der Sie nach Ihrer Lust und Laune leben ließ. Sie haben sich einige bemerkenswerte Gewohnheiten aus jener Zeit bewahrt, *Kleines Schätzchen*. Was Sie nicht daran gehindert, für immer derjenigen Person die Treue zu halten, die Ihnen das Leben geschenkt hat. Dies ist und war ein Band, das zwischen Ihnen und diesen Mädchen niemals zerrissen worden ist. Sie halten alle zusammen, um Ihre Tante – oder Ihre Mutter, was weiß ich – zu unterstützen, die ins Elend gestürzt worden und dem Alkohol verfallen ist. Was wäre sie ohne Sie? Sie wäre sicherlich schon tot oder würde als Bettlerin auf der Straße sitzen. Ich bin mir sicher, dass sie sich trotz des Alkoholnebels daran erinnert, dass sie Töchter hat, die auf sie aufpassen und dafür sorgen, dass es ihr an nichts Wesentlichem mangelt."

Frau Sui schlug die Augen nieder, sie war unfähig, ihm zu widersprechen. Nun war es an *Tante Lia*, sich zu setzen, ihr Fläschchen in der Hand. Keine wagte es mehr, der anderen ins Gesicht zu sehen.

„Ich spüre, dass ich heute reichlich Wangs ernten werde", sagte der Richter mit Genugtuung. „Wie wir alle wissen, ist es in guten Häusern üblich, die Erste Dame – die Hauptfrau – *Mutter* zu nennen, *Tante* dagegen die anderen Frauen, das gilt auch für die eigene Mutter. Aus diesem Grund hat Frau Sui die Gewohnheit beibehalten, ihre eigene Mutter *Tante Lia* zu nennen, was mich, Ihren Ermittlungsrichter, allerdings nur vorübergehend verwirren konnte. Mir fehlen nur noch die letzte Konkubine und die drei anderen Töchter. Nun, wenn ich mich hier so umsehe, scheint der Fischfang nicht besonders schwierig zu werden. Ich sehe eine schöne junge Frau, deren Unterricht in Musik, Literatur und Bildung in Verbindung mit ihrer Schönheit und natürlichen Ausstrahlung dazu beigetragen haben, dass sie zu einer Kurtisane der ersten Kategorie geworden ist, die zu den derzeit Gefragtesten von Puyang gehört. Ich sage das nicht, um Ihnen zu schmeicheln, *Rote Päonie*", schloss er und verbeugte sich leicht vor ihr.

Rote Päonie war eisig, wie es ihre Gewohnheit war. Sie zuckte nicht zusammen und gab sich damit zufrieden, den Richter weiterhin mit ihrem unaufhörlich von Verachtung gefärbten Blick zu bedenken.

„Hinsichtlich der vorletzten", fuhr Di fort, „tippe ich auf ein junges, sehr intelligentes Mädchen, dessen zungengewandte Sprache gleichfalls auf eine sehr sorgfältige Ausbildung schließen lässt, ein Mädchen aus einem wohlhabenden Hause. Ihre feinfühlige Art, sich zu unterhalten, ist in diesem

Etablissement sogar zu ihrer Spezialität geworden. Sie ist die Vertraute verwundeter Herzen und kummervoller Seelen, und die Herren suchen sie vielmehr auf, um ihr ihr Leid zu klagen, als dass sie ihre anderen Reize begehren. Ich spreche von *Blasser Lotus*, die bis vor Kurzem einige Schmuckstücke trug, die für eine Bordellbewohnerin etwas zu schön anmuteten. Ich sehe, dass Frau Yu Sorge getragen hat, sie ihnen abzunehmen, so wie sie es bei Ihnen allen getan hat, um die Hinweise auf Ihre Vergangenheit auszulöschen."

Frau Yu blickte beharrlich woandershin.

Blasser Lotus fuhr sich mechanisch mit einer Hand an ihren Hals, von dem ihre Perlenkette tatsächlich verschwunden war.

„Und was die Jüngste betrifft", sagte der Richter ungerührt, „so drängt sich die Wahl hier von selbst auf. Dieses Mädchen ist kaum der Kindheit entwachsen und bewahrt deshalb noch immer höchst sorgfältig eine kostbare Puppe auf. Sie stellt eine Erinnerung an jene gesegnete Zeit dar, in der ihr Vater für jede ihrer Launen in etwa das ausgab, was sie derzeit wohl in einem ganzen Monat verdient. Ich meine die süße *Pfirsichblüte*, die das erste Glied in dieser traurigen Kette unglückseliger Ereignisse bildete."

Pfirsichblüte warf Frau Yu einen fragenden Blick zu, doch diese wandte ihre Augen nicht vom Garten ab, wo sich ihr Fokus offenbar in den vielen duftenden Blumen verlor.

„Bleibt nur noch die dritte Frau zu identifizieren, jene Frau, die des Ehebruchs angeklagt wurde und die unfreiwillig den Zusammenbruch des Hauses Wang herbeigeführt hat. Sie, deren Zwanglosigkeit und Schönheit diesem abscheulichen und völlig frei erfundenen Verdacht eine vage Glaubwürdigkeit verliehen haben. Eine Frau, die mit genügend Energie und Intelligenz ausgestattet war, um mit jeder Situation fertig zu werden. Eine Frau, die – an den Rand der Gesellschaft gedrängt – genug Kraft hatte, um sich geschickt aus der Affäre zu ziehen. Eine Mutter, die nie die Hoffnung aufgegeben hat, ihre verlorenen Töchter wiederzufinden, um sie von dem schrecklichen Schicksal zu erlösen, das man ihnen bereitet hatte. Sie wollte ihnen ein anderes, gewiss weniger glänzendes, jedoch wenigstens lebenswertes Schicksal bieten – und zwar unter ihrem persönlichen Schutz."

Di ließ seinen Blick über alle anwesenden Frauen gleiten, von denen die meisten wie gebannt an seinen Lippen hingen.

„Nicht wahr, Frau Yu? Oder sollte ich Sie mit Ihrem Ehenamen ansprechen: Frau Wang die Dritte? Jene Frau, die in Wirklichkeit über die Frauengemächer im Hause Wang regierte, vielleicht sogar über den gesamten Hausstand und damit die Familie, unter der Ägide eines leicht zu lenkenden und sanften Ehemannes, was die Eifersucht der beiden dummen und neidischen Stiefsöhne erregte?"

Frau Yu war bleich geworden. Sie faltete ihren Fächer zusammen und legte ihn auf den niedrigen Tisch vor sich. „Dies ist ein Name, den ich seit etwa zehn Jahren nicht mehr gern höre", entgegnete sie. „Man hat ihn mir genommen wie alles andere auch. Er gehört mir nicht mehr, er ist Teil der schlimmen Erinnerungen an meine Vergangenheit."

„Sie haben nicht nur schlimme Erinnerungen an jenes Leben", meinte der Richter und zeigte auf die jungen Frauen, die um sie herumsaßen.

Frau Yu machte eine Geste heimlichen Einverständnisses in Richtung der Mädchen. Sie reichte eine Hand *Pfirsichblüte* und die andere *Blasser Lotus*, die auf beiden Seiten ihres Klappstuhles saßen. Man hätte für einen Augenblick glauben können, dass dies eine banale Szene zärtlicher Gemeinsamkeit zwischen einer Mutter und ihren zwei Töchtern war.

„Sie haben Ihre Rolle als Bordellherrin sehr gut gespielt, dazu gratuliere ich", sagte der Richter und klatschte dabei in die Hände.

„Nun, das bin ich ja auch, edler Herr Richter."

„Aber Sie haben auch nie aufgehört, Mutter zu sein, und das war immer wichtiger als ihre zweite Rolle. Gut, nun, da wir uns diesbezüglich einig sind, können wir uns mit den

Ereignissen beschäftigen, die sich in letzter Zeit in dieser Stadt abgespielt haben. Schließlich gilt es, schnellstmöglich die Ordnung wiederherzustellen. Denn es versteht sich von selbst, dass eine von Ihnen eine Mörderin ist, die vor mein Gericht gestellt werden muss. Die Morde an vier Männern und verschiedene Mordanschläge, von denen der letzte sogar vor meinen Augen verübt worden ist, müssen gesühnt werden. Möchte sich die Schuldige eventuell selbst anzeigen, bevor ich fortfahre?“

Die Mädchen und ihre Mütter starrten ihn mit weit aufgerissenen Augen derart ungläubig an, dass er für einen kurzen Moment selbst an seinen Schlussfolgerungen zweifelte. Aber es musste sich unter ihnen einfach eine Mörderin befinden. Nun war er fest entschlossen, das *Blumenpalais* nicht eher zu verlassen, bevor er deren Identität ermittelt hatte.

XIX

Eine Mörderin zeigt sich selbst an, und Di verliert die Partie.

Plötzlich vernahm man das Geräusch eines Sturzes. *Tante Lia* war quer über dem niedrigen Tisch zusammengebrochen. Dank eines kuriosen Reflexes hatte sie es gleichzeitig geschafft zu vermeiden, dass die wertvollen Schnapsfläschchen darauf umfielen. Frau Sui stieß einen Schrei aus und beeilte sich, ihr wiederaufzuhelfen. Die anderen Frauen unterstützten sie dabei, ihre Mutter auf den Boden zu legen, einige versuchten, ihr Luft zuzufächeln, *Blasser Lotus* wollte ihr etwas Wasser einflößen.

„Bist du verrückt?", schrie *Kamelie*. „Das wird sie umbringen!"

„Das kommt von all Ihren Fragen, edler Herr Richter!", sagte Frau Sui vorwurfsvoll und wandte sich ihm zu. „Sie hat es nicht länger ausgehalten!"

Di dachte, dass es eines Taifuns bedurft hätte, um diese alte Säuferin endgültig zur Strecke zu bringen. Der Richter hätte darauf gewettet, dass sie sich schon bald erholen und wohl in einer oder zwei Stunden erneut bereit sein würde, ihr tägliches Quantum an Wein zu schlucken. Die Mädchen trugen sie ins Innere des Hauses und betteten sie dort auf ein Sofa. Frau Yu bedeutete den anderen, die noch zurückgebliebenen waren, gleichfalls zu gehen, da sie mit dem Richter allein bleiben wolle.

Dieser nahm sich eine Tasse Tee und ein paar Süßigkeiten. Die Bordellherrin schien wieder in alter Form zu sein, denn sie hatte wieder begonnen, sich Luft zuzufächeln, wenn auch mit einer etwas trockenen Geste.

Di beschloss, noch etwas nachzuhelfen. „Sie haben Ihre eigenen Töchter veranlasst, als Prostituierte zu arbeiten", warf er ihr vor.

„Was glauben Sie, was sie gemacht haben, als ich sie wiederfand? Bei unserem Hinauswurf aus dem Hause Wang wurden wir voneinander getrennt, und jede von uns musste sehen, wie sie zurechtkam. Lediglich *Kleines Schätzchen* hatte als einzige das Glück, sofort einen Mann zu finden, der ihrer würdig war, weshalb sie ihren Status beibehalten konnte. Meinen armen Mädchen ist es ausgesprochen miserabel ergangen und – glauben Sie mir – sie sind hier unendlich besser dran als dort, wo sie waren."

„Aber trotzdem …"

„Na wennschon", unterbrach sie ihn, „es ist besser für sie, dass es hier im Haus geschieht, so bleibt die Sache unter uns. Wenigstens habe ich nie zugelassen, dass man sie misshandelt. So läuft das nun mal ab zwischen Müttern und Töchtern. Prostitution ist ein Gewerbe wie jedes andere, und das Geschäft wird von einer zur anderen weitergegeben. Wenn ich bedenke, was für ein Schicksal manchen Frauen des Milieus, dem wir angehören, droht, dann finde ich, dass dasjenige der Kurtisanen nicht so verabscheuungswürdig ist. Wir empfangen viele Männer hier, aber keiner von ihnen hat absolute Macht über uns. Sie gehen, wenn ihr Besuch beendet ist, und wir müssen ihnen darüber hinaus nicht als Sklavinnen dienen. Mehr noch: Sie bezahlen uns dafür, dass wir ihnen die Dienste leisten, die ihre Ehefrauen gezwungen sind zu verrichten, ohne irgendeine Form von Honorierung oder Dankbarkeit."

„Wenn Ihre Mädchen Sie also mit *Mutter* angesprochen haben, hatte das für sie eine ganz besondere Bedeutung", folgerte der Richter nachdenklich.

„So ist es", bekräftigte Frau Yu, „wir haben in Wirklichkeit nie gelogen. Die Lüge liegt immer in der Interpretation dessen, was die Leute zu hören kriegen."

Di bewertete das als wahre Lügenphilosophie.

Die Bordellbetreiberin betrachtete den wolkenlosen Himmel. „Das Wetter wird schlechter", sagte sie. „Es würde mich nicht wundern, wenn es heute Abend regnet. Zehn Jahre sind eine kurze Zeitspanne, sie vergehen wie der Sommerwind. Die schöne Zeit entflieht, und das Unwetter kommt, dann schlägt der Blitz ein."

Sie stürzte sich in ihren Bericht einer Familienmutter, die einfach so in die organisierte Prostitution übergewechselt war. Dass sie nicht sonderlich überrascht gewesen sei, als eines der Mädchen, die sich um einen Arbeitsplatz in ihrem Haus bewarben, ihre eigene Tochter war. Im Laufe der Zeit hatte sie sie alle wiedergefunden, auch wenn sie dafür an Orten hatte suchen müssen, von denen einer schmutziger war als der andere. Man hatte ihnen alle möglichen Dienstleistungen zugemutet.

„Dies hier ist kein Bordell im üblichen Sinn; was Sie sehen ist eine Zufluchtsstätte. Bei mir ist das Leben zwar hart, aber nicht scheußlich, vor allem nicht unerträglich. Es erlaubt sogar einige Freiräume, wenn man mal eine Verschnaufpause braucht. Und noch etwas: Wir sind eine Familie, eine tatsächliche Familie."

„Ich hatte bereits eine Ahnung", sagte der Richter. „Auch wenn ich vor zwei Tagen noch nicht gedacht hätte, dass die Familienbande so weit gehen."

Sie erzählte ihm, wie sie *Blasser Lotus* in einem abstoßenden staatlichen Bordell entdeckt hatte, wo man die Unglückliche nach einem Ladendiebstahl eingesperrt hatte. Di kannte diese Art Einrichtung recht gut. Es handelte sich um Freudenhäuser der niedersten Sorte, in denen man jene Frauen unterbrachte, die zur Prostitution verurteilt worden waren. In der Regel waren dies die weiblichen Verwandten von Straftätern, deren

Urteil die Klausel *ki-mo* beinhaltete, mit der all ihre Angehörigen herabgewürdigt und auf die Stufe von Sklaven gesetzt wurden. Auch Kriegsgefangene fand man dort, die ebenfalls als Ware galten. Diese Kategorie von Prostituierten zählte also zur niedrigsten Schicht. Es war ihnen übrigens auch untersagt, außerhalb ihres Standes zu heiraten. Sie waren für die Bedürfnisse der Soldaten reserviert und für das untergeordnete Personal ziviler Einrichtungen, wo sie gewissermaßen als Prämie für gute und treue Dienste herhalten mussten. Die Mädchen konnten auf keine allgemeine Amnestie oder gar den Schutz eines hohen Beamten hoffen, der sie durch Kauf oder Miete zu sich nach Hause geholt hätte. Da war es fast zu bevorzugen, zur Arbeit in einem Salzbergwerk verdammt zu werden.

„Ein Mädchen, das mehr als hundert Gedichte der klassischen Literatur auswendig kannte!“, rief Frau Yu erregt. „Denken Sie, dass wir nicht wie jeder andere auch unsere Träume gehabt haben? Das Schlimmste in diesem Beruf ist, dass man zu Beginn jeglichen Ehrgeiz aufgeben muss. Wir sind Frauen, die ihrer Träumen beraubt wurden, das ist das eigentlich Schlimmste an der Sache. Wir haben keine Zukunft, die Gegenwart ist schrecklich und die Vergangenheit sollten wir vergessen, denn die Erinnerungen quälen uns nur.“

Nach einer kurzen Pause setzte sie die Geschichte von der Rettung ihrer Erstgeborenen fort. „*Kleines Schätzchen*, also ich meine Frau Sui, hat *Kamelie* zu mir zurückgebracht. Sie hat sie wiedererkannt, als das arme Kind am Eingang zum Tempel der Mauern und Gräben bettelte; *Rote Päonie* wiederum ist von selbst hierhergekommen. Eines Abends stand sie einfach vor meiner Haustür. Ich habe nie erfahren, was ihr zugestoßen ist, sie hat es mir nie gesagt. Sie ist die Verschlossenste von uns allen.“

Di entgegnete, dass er das bemerkt habe.

„*Pfirsichblüte* musste ich ein paar Raufbolden abkaufen, die sie zu ihrer Dienerin gemacht hatten. Von morgens bis abends musste sie deren armselige Schänke putzen. Sie haben mich teuer bezahlen lassen, denn sie war noch keine sechzehn Jahre alt. Sie hat mir nicht mal den Preis ihrer Entjungferung eingebacht: die hatte sie, als sie herkam, schon hinter sich. Irgendein Schwein ist über sie hergefallen und hat mich so um eine Provision von tausend Tael gebracht!"

Die Familienzusammenführung war damit also geklärt; nun musste er nur noch herausfinden, wer der Mörder war.

„Also?", fragte der Richter. „Welche war es? Welche muss ich einsperren? Welche von Ihnen hat diese vier Männer im Namen der Rache ermordet?"

Frau Yu atmete tief durch. „Ich sehe schon, dass es unnütz ist, alles noch weiter verheimlichen zu wollen. Eure Exzellenz haben zweifellos bereits begriffen, dass ich die Schuldige bin. Ich habe den Hauptmann Eurer Büttel getötet, weil er uns auf so beschämende Weise aus unserem Haus und auf die Straße geworfen hat, vor all unseren Nachbarn. Er hat uns kaum Zeit gelassen, unsere wertvollsten Sachen zusammenzusuchen. Cheng habe ich getötet, weil er bewusst das Leben unserer armen *Kamelie* zerstört hat. Wangs Hausdiener habe ich umgebracht, weil er alles erraten hat und uns anzeigen wollte. Dieser Hund hat die letzten Momente meines armen Mannes ruiniert, indem er die erfundenen, falschen Anschuldigungen meiner Stiefsöhne an ihn weitergeleitet hat, die sie erfunden hatten, um mich loszuwerden. Ich muss Ihnen wohl nicht sagen, dass ich meinem lieben Mann immer absolut treu gewesen bin. Gu-li und To-ma haben damals, vor zehn Jahren, einen Wanderhausierer ohne irgendwelche Moral dafür bezahlt, dass er als Zeuge gegen mich vor dem damaligen Richter aussagte, einem kleingeistigen Dummkopf. Dieser gekaufte Zeuge hat erklärt, dass wir miteinander geschlafen hätten. Meine Stiefsöhne haben ihm ein paar intime Details über meine Anatomie und meine Gemächer mitgeteilt, mit denen er seine Angaben untermauern konnte. Und Ihren gemeinen Schreiber habe ich getötet, weil er unsere Klage bei Ihrem

Vorgänger für eine enorm hohe Summe zurückgehalten hat. Ich bedauere nur, dass ich nicht mehr dazu gekommen bin, die Sprösslinge meines Gatten ins Jenseits zu befördern; sie waren ja eigentlich die Hauptschuldigen der ganzen Bande.“

Di dankte Frau Yu für ihre Offenheit, durch die er etwas Zeit gewonnen hatte und die ihnen beiden außerdem beschwerliche Verhöre mit Zange und Peitsche ersparte, den normalerweise praktizierten Methoden, um Verdächtige zum Reden zu bringen. Er bedeutete ihr, dass sie sich als festgenommen zu betrachten habe, und bewilligte ihr noch etwas Zeit, um ein paar Habseligkeiten zusammenzusuchen; anschließend sollte sie ihm ins Gefängnis folgen.

Die Bekanntgabe dieser Nachricht löste bei den Mädchen des Hauses Bestürzung aus. Einige, die sich nicht vorstellen konnten, ihre Beschützerin zu verlieren, warfen sich dem Richter zu Füßen und flehten ihn an, seine Entscheidungen zu überdenken. Andere schworen, er unterläge einem tragischen Irrtum.

Die Mietsänfte schlug den Weg zum Yamen ein, wohin er seine Gefangene brachte. Dabei stellte Di fest, dass ihnen die Mädchen zu Fuß folgten; sie hatten sich nicht mal die Mühe gemacht, sich umzuziehen. Es sah aus wie die reinste Festtagsprozession, als sie zum Tor des Gerichts gelangten. Das verzweifelte Bitten und Flehen der Prostituierten allerdings gab der Menschenansammlung einen seltsamen Anschein; wie ein Trauerzug in feierlichen Gewändern. Di ließ das Tor hinter sich verschließen und befahl dem Personal, die Gefangene in einer der Zellen einzusperren.

Etwas später berichtete ihm sein neuer Hauptmann der Gerichtsbüttel, dass die Freudenmädchen gekommen seien, um der Gefangenen Nahrung zu bringen, außerdem eine Matratze sowie verschiedenes Mobiliar. Den Wärter hätten sie bezahlt, damit er sie gut behandelte, so wie es in den Gefängnissen des Kaiserreiches Brauch war. Sie verhielten sich wie treusorgende Töchter, die nicht wollten, dass ihre Mutter der Unerbittlichkeit eines Staates ausgeliefert war, der sich im Allgemeinen überhaupt nicht um das Los der Gefangenen kümmerte.

Di blieb an diesem Abend in seinem Arbeitszimmer noch lange wach. Es war ihm wichtig, alle Einzelheiten zu diesem Fall auf Papier festzuhalten, damit er in der nächsten Morgensitzung alle Unterlagen für die Anklage geordnet und vor allem zusammenhängend vor sich hatte.

Am Morgen machte sich der Richter für eine der mühsamsten Sitzungen seiner Laufbahn bereit. Es ging darum, eine Frau anzuklagen, die zwar die kaiserlichen Gesetze gebrochen und Blut vergossen hatte, deren Motivation er jedoch im Grunde verstehen konnte. Andererseits war es auch völlig unmöglich zuzulassen, dass die Untergebenen des Himmelssohnes Selbstjustiz übten. Deshalb würde er, als getreuer Bezirksrichter seines obersten Herrn, auch nicht umhinkönnen, Gerechtigkeit zu üben und der Täterin die ganze Strenge seines Urteilsspruches aufzuerlegen, so wie es die Pflicht von ihm verlangte.

Der Gong ertönte zur Eröffnung der Audienz. Di schob den Vorhang zurück, der sich im Hintergrund des Raumes befand, und schritt in den überfüllten Saal. Die in der ersten Reihe stehende Angeklagte war kaum weniger eigentümlich und auffällig gekleidet als sonst. Sie zog aus ihrem Ärmel eine schöne Brosche hervor, die sie wieder tragen konnte, jetzt, da sie nichts mehr zu verbergen hatte, und steckte sie sich an das Revers ihres rosafarbenen Seidenkleides.

Das Gerücht, dass der Mörder, der die Stadt in Angst versetzt hatte, gefasst sei, hatte eine Menge Neugieriger angelockt. Unter ihnen waren auch mehrere Bordellbetreiber. Die Inhaber dieser Freudenhäuser hatten sich in einem Berufsverband zusammengeschlossen und bezahlten brav ihre Steuern an die Regierung. Das Einhalten ihrer Pflichten hatte ihnen das Recht auf den gleichen Schutz des Staates verliehen, den auch andere kaufmännische Unternehmen genossen. Wahrscheinlich waren sie erschienen, um sich davon zu überzeugen, dass Frau Yu genauso behandelt wurde wie jeder andere Kaufmann von Puyang.

Das Publikum zitterte vor Aufregung, die Betreiberin dieses üblen Ortes vor dem Richter auf die Knie fallen zu sehen. Die Aussicht auf ihre Hinrichtung an einem öffentlichen Platz brachte das Volk in Wallung. Sobald der Kaiser das Todesurteil unterzeichnet haben würde, das Di nicht vermeiden konnte, gegen sie zu verhängen, würden viele erscheinen, um der Enthauptung beizuwohnen.

Der Richter übergab dem Schreiber die Akte mit der Anklageschrift, die er am Vorabend verfasst hatte. Daraufhin verkündete der Beamte die Anschuldigungen gegen Frau Wang die Dritte, geborene Yu, wegen der Morde an Hsueh Xan, dem Leiter der Gerichtsbüttel, an Cheng Mi-tsung, dem Reeder, an Zhao Ding, dem Hausdiener, und an Souen Tsi, dem Ersten Schreiber des Gerichts sowie verschiedener Mordversuche, nämlich an Wang Gu-li, Wang To-ma und Wang Ji, den Söhnen ihres verstorbenen Gatten. Beim Verlesen dieser beeindruckenden Liste, die aus seiner eigenen Feder stammte, konnte sich Di erneut nicht dem Eindruck erwehren, dass dies für eine einzelne Frau eine sehr lange Aufzählung blutiger Untaten war. Nun mussten diese Aussagen durch unwiderlegbare Beweise oder ein ausführliches Geständnis gestützt werden, so wie es das Gesetz erforderte. Er fragte daher die Angeklagte, ob sie die Taten zugebe, die man ihr vorwerfe.

Frau Yus Stimme erklang laut und deutlich im Saal: „Diese elende Person, die vor Ihrem Gericht steht, gibt hiermit zu, alle diesen aufgeführten Personen ermordet zu haben. Mein einziges Bedauern besteht darin, dass es mir nicht gelungen ist, auch die Reeder Wang Gu-li und Wang To-ma zu töten, die den Tod tausendfach verdient hätten."

Das Publikum protestierte lauthals und erregte bei dieser skandalösen Äußerung. Am lautesten machten sich die Brüder Wang bemerkbar. Ihre Stimmen übertönten den Lärm im Saal noch. Leidenschaftlich wandten sie sich an ihre Gegnerin: „Diese Mörderin muss zum Schweigen gebracht werden, die es gewagt hat, uns derart anzugreifen!“, schrie Gu-li.

„Nach all den Wohltaten, die ihr unser Vater erwiesen hat, ist das eine Schande!“, bekräftigte To-ma.

Di dachte, dass man diese Wohltaten durchaus hinterfragen könnte, die ihr die Familie Wang im Allgemeinen und diese beiden Brüder ganz speziell erwiesen hatten.

„Eure Exzellenz sollten diese dämonische und entartete Kreatur sofort auspeitschen lassen, die Sorgen und Schrecken in den ehrbarsten Haushalten unserer Stadt sät“, forderte Wang der Ältere.

„Schon als sie noch bei uns lebte“, warf der Jüngere ein, „brachte sie Unfrieden in unsere Familie, oft hat uns unsere Mutter vor ihren Intrigen gewarnt! Sie hat sie benutzt, um den Vorzug bei unserem Vater zu erlangen, der seinen Frauen gegenüber schwach war. Unsere Mutter hat uns immer davor gewarnt, den Lügen dieser Hexe zu glauben!“

Diese letzte Bemerkung schien Frau Yu ins Herz zu treffen. Mit starren Zügen wandte sie sich langsam den beiden Männern zu, die sie wütend und rot vor Entrüstung anblickten. Sie sah ihnen fest in die Augen, als betrachte sie einen Haufen Abfall vor ihrer Tür.

Di ahnte plötzlich, was sie sagen würde. Direkt vor ihm lag auf dem roten Stoff des Tisches sein *Tching-t'ang-mou*, das *Holz, das Furcht im Saal erzeugt*, ein besonders harter und länglicher Hammer. Er zögerte, mit ein paar kräftigen Schlägen die Ruhe im Saal wiederherzustellen. Bevor er eine Entscheidung getroffen hatte, öffnete Frau Yu den Mund und sagte mit klarer Stimme das Schlimmste, was die beiden Wangs je in ihrem Leben gehört hatten: „Ich bleibe dabei, dass ich bedaure, euch beide nicht getötet zu haben. Und das zu sagen ist umso schrecklicher, weil ich das Pech habe, etwas mehr als eure *Tante Yu* zu sein, wie ihr mich genannt habt, als ihr noch Kinder wart."

Di entschloss sich nun doch, von seinem Hammer Gebrauch zu machen, und schlug damit heftig auf den Tisch. Aber es war schon zu spät. Niemand kann einen Pfeil aufhalten, der bereits abgeschossen worden ist. Die Wangs starrten die Angeklagte mit runden Augen an, sie waren leichenblass.

„Lüge!", brüllte der Ältere. „Hören Sie nicht auf sie! Sie lügt, sobald sie den Mund aufmacht!" Sein Bruder ließ sich auf seine Bank fallen. Hatte er es auch verstanden? Waren Frau Yus Worte durch seinen Panzer aus haarsträubender Dummheit gedrungen, der sein beschränktes Gehirn umgab?

Als Di aufhörte, mit seinem Hammer einen Trommelwirbel auf dem Tisch zu veranstalten, konnte plötzlich jedermann im Saal hören, wie Frau Yu murmelte: „Sehen Sie, edler Herr Richter, es war ihre wahre Mutter, die diese beiden vor zehn Jahren auf die Straße geworfen haben … Frau Wang die Erste konnte keine Kinder bekommen, jeder in unserem Haus wusste das. Es wurde erst nach der Geburt der zwei Jungen zum Geheimnis. Ich habe meinem Herrn kurz hintereinander zwei Söhne geschenkt. Man bat mich, sie zugunsten der Hauptfrau aufzugeben, deren Unvermögen sie demütigte. Es stand nicht zur Diskussion. Ich war noch sehr jung damals, und ich war überhaupt nie sehr mütterlich. Diese Hunde hier sind nicht meine Söhne, aber ich habe sie geboren. Mein Innerstes schmerzt, wenn ich daran denke."

Di hatte es bereits gewusst. Genau das hatte ihm nämlich am Abend zuvor unter dem Siegel der Verschwiegenheit Frau Wang die Zweite anvertraut. Er hätte nicht gedacht, so schnell von seinem Versprechen entbunden zu werden. Eine Frage aber plagte ihn, seit er dies alles erfahren hatte, und jetzt war die Stunde gekommen, seine Neugier zu befriedigen. „Warum haben Sie nichts davon gesagt, als die beiden Sie hinauswerfen ließen? Es wäre doch nur recht und billig gewesen, sie an ihre Kindespflicht zu erinnern."

Frau Yu blieb stumm, ihr Gesicht war verschlossen. Aufgrund ihres Schweigens begriff er, dass sie genau das getan hatte. Sie hatten es ihr nicht geglaubt, hatten die späte Enthüllung als lächerliches Manöver betrachtet. Nun aber mussten sie es glauben, denn eine solche Lüge nutzte ihr rein gar nichts mehr. Im Gegenteil: Dieses Geständnis hatte sie offensichtlich viel Überwindung gekostet. Der Ausdruck von Abscheu, der auf ihrem Gesicht lag, machte es widerlich glaubhaft.

Di war klar, dass Wang Gu-li schon vor allen anderen erraten hatte, was sie sagen würde. Der Richter hatte einen schrecklichen Verdacht. Er vermutete, dass der Ältere der Wangs dies bereits seit langer Zeit wusste. Dass er es, im Gegensatz zu seinem dummen jüngeren Bruder, schon immer gewusst hatte … Und dass er es somit gewusst hatte, als er Frau Wang die Dritte im Namen des Hasses hinauswerfen ließ, den die verstorbene erste Frau Wang in ihm gepflanzt hatte; jene Frau, die er immer als seine wahre Mutter betrachtet hatte. Di fragte sich, ob die Abneigung des älteren Wang gegenüber Frau Yu nicht genau von dieser Entdeckung herrührte. War es möglich, dass er sie für die Hintergründe seiner Geburt büßen lassen wollte? Wollte er sich für die Tatsache an ihr rächen, dass seine Mutter nicht seine Mutter war und dass seine wirkliche Mutter eine Frau war, die man ihm beigebracht hatte zu verabscheuen? War er nicht vielleicht sogar eifersüchtig auf die Zugneigung, die *Tante Yu* ihren Töchtern entgegengebracht hatte und die ihm hingegen immer verwehrt geblieben war? Gu-li war der verstorbenen ersten Frau Wang immer ein treu ergeben gewesen, bis in den Wahnsinn, bis hin zum Grauen.

Auf Dis Frage fing Frau Yu nun an zu berichten, auf welche Weise sie die Morde begangen hatte, wegen derer man sie angeklagt hatte. Als sie zur Entdeckung der Leiche des Hausdieners kam, zuckte der Richter zusammen.

„Zhao Ding habe ich getötet, während er in meiner Gegend im Weidenviertel herumschnüffelte. Ich habe ihn in eine Kiste gestoßen, den ich zu Wang Ji liefern ließ."

„Nachdem Sie ihn auf geradezu groteske Weise geschminkt hatten, wollten Sie wohl sagen?", korrigierte sie der Richter.

„Ja ... Genau das wollte ich sagen", stammelte sie.

Ihr Zögern erregte den Argwohn des Richters. Die Angeklagte erschien ihm für einen Augenblick weniger selbstsicher als bisher. Zweifel keimten in ihm auf. Diese Frau hatte an allen bisherigen Audienzen seit der Eröffnung der Untersuchung teilgenommen, sie kannte alle Einzelheiten, die er dem Publikum enthüllt hatte. Aus Vorsicht hatte er die Gewohnheit angenommen, nur das preiszugeben, was unbedingt notwendig war, und behielt zur Reserve immer einige Trümpfe in der Hand.

„Wie haben Sie es angestellt, in die Residenz der Brüder Wang einzudringen und dort Ihren letzten Mord zu begehen?", fragte er.

Sie erklärte, dass sie sich gekleidet als bescheidene Dienerin einfach unter die geladenen Gäste gemischt habe; dadurch sei sie in der Lage gewesen, dem Ersten Schreiber diskret zu folgen und den günstigsten Zeitpunkt abzuwarten.

„Und dann haben Sie ihn mit Ihrem Dolch getötet?", fragte Di.

„So ist es, edler Herr Richter."

„Erklären Sie uns doch, wie Sie dabei vorgegangen sind."

„Ich habe die Waffe aus meinem Ärmel gezogen und sie ihm in den Rücken gestoßen, während er über einen leeren Hof ging."

„Wie kommt es, dass man die Waffe nicht gefunden hat?"

„Ich habe sie nach dem Anschlag wieder an mich genommen, Herr Richter. Dann habe ich sie an der blauen Robe des Schreibers abgewischt und wieder in meinem Ärmel verborgen. Anschließend habe ich die Residenz auf dem selben Weg wieder verlassen, wie ich sie betreten hatte."

Di zog die Augenbrauen hoch, denn dieser Bericht enthielt gleich mehrere Unstimmigkeiten. „Einen Augenblick“, sagte er und hob die Hand. „Sie sagten, Souen habe eine blaue Robe getragen?“

Frau Yu zögerte kurz. Ihr Blick schien in den Augen des Richters die Antwort zu suchen, doch der blieb unbewegt wie ein Bildnis des Konfuzius. Di bemerkte, wie sie einen Blick auf die vorschriftsmäßige Kleidung des nicht weit von ihr entfernt sitzenden Schreibers warf. Da ihr nichts anderes einfiel, bestätigte sie ihre Angabe: „Ja, edler Herr Richter, eine blaue Robe war das, eine himmelblaue, so wie sie ihr anwesender Sekretär trägt … oder eine grüne … Ich erinnere mich nicht mehr genau …“

Di strich sich kurz über die langen Haare seines Bartes. „Sie haben diese Verbrechen nicht begangen“, erklärte er düster und stellte fest, dass seine Untersuchung gescheitert war, die er zu voreilig als abgeschlossen befunden hatte.

Nicht nur war die Tatwaffe bei der Leiche gefunden worden – er hatte sie ja selbst an sich genommen. Auch war sie dem Opfer nicht in den Rücken gestoßen worden, sondern direkt ins Herz. Es handelte sich auch um keinen Dolch, sondern um eine Haarnadel aus dem Besitz der Wangs, die der Mörder mit Absicht verwendet hatte. Souen trug übrigens an diesem Abend nicht die blaue Robe der niedrigen Beamten, sondern zu Ehren seiner Gastgeber Festtagskleidung in Rot. Frau Yu hatte folglich niemals einen Fuß an den Ort dieses Abendessens gesetzt. Di war soeben klargeworden, dass sie sich selbst angezeigt hatte, um den wahren Mörder zu decken. Während er noch nachdachte, versuchte die Angeklagte angesichts des Fehlers, den sie begangen hatte, den Faden ihrer Geständnisse wiederaufzunehmen.

„Ich habe mich falsch ausgedrückt, Herr Richter. Irgendeine Einzelheit muss mir entfallen sein. Die Feierlichkeit dieses Gerichts bringt mich ganz durcheinander. Ich …“

Di ergriff seinen Hammer und schlug damit so heftig auf den Tisch, dass alle Anwesenden zusammenzuckten. „Schweigen Sie!“, schrie er. „Sie beleidigen das Gericht mit Ihren Lügen! Wenn Sie noch einmal den Mund aufmachen, lasse ich Sie wegen Beleidigung des Magistrats bis aufs Blut auspeitschen.“

Das ganze Ärgernis machte ihn unglaublich wütend. Doch so groß sein Zorn auch war: Es war ihm unmöglich, eine Lügnerin unschuldig zum Tode zu verurteilen. Dies widersprach seiner Ethik. Außerdem würde das die endgültige Aufdeckung der Wahrheit verhindern, die ihn als einziges interessierte, trotz seines Bedürfnisses, den Fall endgültig abzuschließen.

Also erklärte er, dass die Angeklagte ungeachtet ihrer Geständnisse an den ihr zur Last gelegten Morden nicht schuldig sei, dass sie aber dennoch in ihre Zelle zurückkehren müsse, bis er über ihre Verantwortung entschieden habe.

Das Publikum, das nun rein gar nichts mehr begriff, war ob dieser Verkündigung vollkommen entrüstet. Die Leute waren gekommen, um den schändlichen Bericht einer Mörderin zu hören, nicht aber, um das Reinwaschen einer Unschuldigen mitzuerleben. Sie waren frustriert.

Di schlug noch ein paarmal mit seinem Hammer auf den Tisch, um für Ruhe zu sorgen. Dann griff er nach dem röhrenförmigen Topf, in dem sich die Kärtchen zur Urteilsausführung befanden, mit denen die Anzahl der Stockhiebe für die Angeklagten festgelegt wurden. Er warf zwanzig davon auf den Boden vor seinem Podium. Somit war Frau Yu zu zwanzig Bambushieben verurteilt, weil sie gelogen hatte.

Di beugte sich zu seinem Angestellten hinab und flüsterte ihm zu, nicht zu fest zuzuschlagen. Der Büttel legte den Rücken der Bordellvorsteherin frei und begann. Nach jedem Hieb nahm er eines der Kärtchen wieder an sich, bis alle wieder eingesammelt waren.

Frau Yu ertrug die Hiebe, ohne den geringsten Schmerzensschrei von sich zu geben. Als die Tortur beendet war, erklärte Di die Sitzung unter dem enttäuschten Geraune des Publikums für beendet.

XX

Richter Di rekonstruiert eine traurige Angelegenheit und kommt zu spät.

Di schloss sich in seinem Arbeitszimmer ein, um in Ruhe über die letzten Entwicklungen in seinem Fall nachzudenken. Er stand wieder ganz am Anfang. Jede dieser Frauen konnte die Mörderin sein. Er versuchte, die Reihenfolge der Ereignisse zu rekonstruieren, überzeugt davon, dass er über alle Fakten verfügte, um die Schuldige ermitteln zu können. *Pfirsichblüte*, die Jüngste, war vor allem in den ersten Mord verwickelt, den am Hauptmann seiner Büttel. Die Fakten waren klar: Dieser Mann hatte die junge Frau im *Blumenpalais* wiedererkannt und vorgehabt, mit ihr zu schlafen. Zweifellos hatte ihn die Vorstellung erregt, ein Mädchen aus dem Bürgertum zu demütigen, das er unter ganz anderen, wenngleich nicht weniger schmutzigen Umständen kennengelernt hatte.

Da sie ihn ebenfalls wiedererkannt hatte, verweigerte sie sich ihm vermutlich. Dabei musste es zu einer Auseinandersetzung gekommen sein. Der Mann hatte sich aufgeregt und ihr seinen Willen aufzwingen wollen, wie die Würgemerkmale am Hals des jungen Mädchens bezeugten. Dann war eine andere Frau, die die Schreie gehört hatte, mit einem Schwert bewaffnet aufgetaucht und hatte den Vergewaltiger kurzerhand enthauptet. Die Schwertkämpferin war dann mit dem blutigen Kopf ihres Opfers in ihr Zimmer zurückgekehrt. *Pfirsichblüte*, die den Mörder beschreiben sollte, hatte das Gesicht des Beamten beschrieben, um die wahre Schuldige zu decken, was einfach war, denn der Kopf des Toten war nicht mehr da! Diese Geschichte vom verschwundenen Kopf entlastete *Pfirsichblüte* zwar von dem Mord, nicht aber von dem Verbrechen der Mittäterschaft. Man konnte sie also allenfalls wegen der Deckung eines Übeltäters anklagen.

Wen konnte sie schützen wollen? Auch *Kamelie* kam als Schuldige infrage. Aufgrund ihrer Schwangerschaft empfing sie keine Freier und hätte somit jede Menge Freiheit gehabt, diesen Bauerntölpel im Zimmer ihrer Schwester umzubringen. Von Cheng nach dem Ruin ihrer Familie verstoßen, hatte sie alle Gründe der Welt für die Morde gehabt, vor allem für den an ihrem Exgatten. Hatte sie nicht das Kind, das sie damals vor zehn Jahren erwartete, wegen ihres Unglücks verloren? Ja – doch befand sie sich in keinem Zustand, um irgendjemanden zu ermorden. Die Worte der derzeitigen Frau Cheng bezüglich ihres Ehemannes fielen dem Richter wieder ein: „Man kann ihm ja nicht vorwerfen, dass er seine Mittel für seine Ambitionen eingesetzt hat." Tatsächlich hatte Cheng sämtliche Mittel eingesetzt, ja, er war auf seinem Weg nach oben sogar bereit gewesen, einige Existenzen zu opfern …

Dann kam der Mord an dem Hausdiener. Dessen Schuldkonto war schwer beladen gewesen. Er hatte eine nicht unerhebliche Rolle dabei gespielt, den Wang-Brüdern beim Rauswurf der Konkubinen zu helfen. Er hatte die letzten Momente im Leben seines Herrn verdorben, indem er ihm die erfundenen Lügen seiner Söhne auftischte, um damit den Nebenfrauen zu schaden. Und er hatte versucht, ihn dazu zu bringen, gewissermaßen auf dem Totenbett eine Erklärung zu verfassen, in der er die Frauen verstieß. Schneller noch als seine Herren hatte der Hausdiener die Botschaft des Mörders begriffen: Der große Bauch und die Stellung, in der man Cheng gefunden hatte, spielten auf *Kamelie* an – die Halbschwester, die ihretwegen verstoßen worden war, trotz ihrer Schwangerschaft. Der verbindende Punkt zwischen Cheng und dem Hauptmann der Gerichtsbüttel war *Kamelie*. Der Hausdiener hatte sie also aufs Korn genommen, jedoch den verhängnisvollen Fehler begangen, beim *Blumenpalais* herumzuschnüffeln und dabei so weit zu gehen, dort einzudringen, um die Unglückliche mit seinen Verdächtigungen zu bedrängen. Doch auch hier hätte ihn wieder jedes der Mädchen potenziell umbringen können.

Souen Tsi, sein Erster Schreiber, hatte die Frauen daran gehindert, sich an die Justiz zu wenden, indem er ihre Klage nicht weiterleitete, dem Gericht jedoch die falschen Behauptungen mitteilte. Als er wiederum ebenfalls begriff, was vor sich ging, attackierte er *Tante Lia*, um sie mit Gewalt dazu zu bringen, ihm den Namen des Mörders zu nennen. Auch sie hatte alle Gründe, ihrer aller Tod zu wollen. Als sie aus dem Haus gejagt worden war, war sie mit dem heute zehnjährigen Jungen schwanger gewesen, den er, der Richter, mehrfach bei Wang Ji gesehen hatte. Der Junge war auch der Grund, weshalb sie immer wieder wie eine streunende Katze um das Haus desselben herumgeschlichen war. Es erklärte auch, weshalb die zweite Frau Wang glaubte, mehrfach ein Gespenst gesehen zu haben; aufgrund der entstellten und leichenblassen Züge der Trinkerin hatte sie sie nicht wiedererkannt.

Blasser Lotus hatte die Gelegenheit gehabt, den Sekretär während des Empfangs bei den Wang-Brüdern zu töten. Sie war während des Verbrechens dort anwesend, denn sie war *Roter Päonie* beim Umziehen behilflich gewesen. *Blasser Lotus* lebte noch immer in der Nostalgie ihres verlorenen Paradieses. Als er ihren vertraulichen Aussagen lauschte, hatte Di geglaubt, dass sie einem unerfüllbaren Traum von Glück anhing. Aber sie hatte ihm höchst leidenschaftlich von der Vergangenheit erzählt, nicht von der Zukunft; das hatte er zu spät begriffen. Doch besaß sie tatsächlich genügend starke Nerven, um diese blutigen Morde zu begehen?

Die Wahrheit stürzte auf ihn nieder wie ein Falke auf ein Wasserhuhn. Nun wusste er, wer die Schuldige war. Er hatte das Gefühl, von vorne bis hinten reingelegt worden zu sein. Eilig verließ er sein Arbeitszimmer und rannte in den Hof des

Gerichts. Eine kleine Gruppe von Trägern lungerte faul in einer Ecke herum. Di sprang in die nächste Sänfte und befahl, ihn sofort ins Weidenviertel zu bringen.

„Schneller, schneller!", rief er mehrfach auf dem Weg, auch wenn es sonst nicht seine Art war, das Personal derart zu drängen. Als die Sänfte vor dem *Blumenpalais* anhielt, sprang er auf seine Füße und eilte ins Innere. Der Pförtner öffnete ihm das Tor und verneigte sich tief, offenkundig perplex, ihn derart rennen zu sehen. Wenn die Freier sich mit bestimmten Mädchen treffen wollten, waren sie zwar ungeduldig, doch sah man sie selten ins Haus stürzen, als würden sie verfolgt vom der Hölle entstiegenen Dämon der Begierde.

Als Di den großen Salon erreicht hatte, klatschte er energisch in die Hände. „Alle sollen sofort herkommen!", rief er laut.

Als erneut die Bewohnerinnen des Hauses um ihn herumstanden, warf er einen Blick in die Runde. „Wo ist *Kamelie*?"

Man teilte ihm mit, dass sich ihr Bruder Wang Ji bereit erklärt habe, das Mädchen bei sich aufzunehmen, das sie gerade geboren hatte. Sie befände sich bei Frau Wang der Zweiten, der sie das Kind vorstellen wolle. Nur eine einzige andere der jungen Damen fehlte.

„Ich wusste es!", rief er halb verärgert, halb triumphierend aus. Die Geständnisse von Frau Yu hatten demnach den einzigen Zweck verfolgt, der eigentlich Schuldigen zu ermöglichen, sich aus dem Staub zu machen.

Di ließ sich nun sofort in das größte Zimmer des Hauses führen. Es war immer noch jener schöne Raum, in dem er sich vor einigen Tagen in Gesellschaft von *Blasser Lotus* aufgehalten hatte. Jetzt aber standen die Truhen weit offen. Einige Kleider lagen noch achtlos auf dem Bett herum, wo man sie vermutlich ausgebreitet hatte, um zu entscheiden, welche es mitzunehmen galt. Die Bewohnerin hatte, bevor sie das Haus verließ, die kostbarsten Wertsachen zusammengepackt und mitgenommen. Da bemerkte Di auf einem Kissen einen

Brief, auf dem sein Namen stand. Er faltete ihn auseinander und las aufmerksam:

„Sehr geehrter Herr Richter. Ich schreibe Ihnen dies für den Fall, dass Sie Ihre Entscheidung des heutigen Abends vor Gericht, meine *Tante Yu* für unschuldig zu erklären, widerrufen sollten. Ich zweifle nicht daran, dass Ihr Scharfsinn Ihnen dazu verhelfen wird, die wirklich Verantwortliche für die Taten, die unsere schöne Stadt in den letzten Tagen so entsetzt haben, zu finden. Ich ziehe es deshalb vor, Ihren Schlussfolgerungen zuvorzukommen und mich zu gnädigeren Horizonten aufzumachen – allerdings nicht, ohne vorher jene Person von aller Schuld reinzuwaschen, die den Mut gehabt hat, sich an meiner Stelle anzuzeigen.
Beim Verlassen unseres Hauses, aus dem man uns wie Aussätzige hinausgeworfen hat, habe ich herausgefunden, dass einem armen jungen Mädchen nichts Ehrbares möglich ist, außer allenfalls einer katastrophalen Ehe mit dem Nächstbesten. Auf der kurzen Liste der schändlichen Metiers, die sich mir eröffneten, präsentierte jenes der Kurtisane wenigstens den Vorteil, dass es einige Kenntnisse verlangte, die Respekt einflößten. Ich habe mich also aus freien Stücken auf diesen Beruf spezialisiert, um dadurch noch abstoßendere zu vermeiden. Einen Monat nach unserem Unglück ließ ich mich in einem der Freudenhäuser registrieren. Schon bei meinem Vater hatte ich eine strenge Lehre in den verschiedenen Künsten der sogenannten guten Gesellschaft durchlaufen. Meine bescheidenen Talente, meine wohlgeformten Gesichtszüge haben es mir erlaubt, den Peitschenhieben unserer *Adoptivmütter*, der Betreiberinnen dieser Etablissements, zu entgehen, die damit in der Regel nicht geizen. Ich durfte fortan das Weiden-

viertel nicht mehr verlassen, es sei denn, man mietete mich als Begleiterin für Gesellschaften oder offizielle Festessen. Das ermöglichte mir, aus nächster Nähe zu erleben, wie die Männer leben. Im Unterschied zu meinen Gefährtinnen habe ich nie das Ziel gehabt, von einem meiner vornehmen Gastgeber gekauft zu werden, um dessen Frau oder Konkubine zu werden. Diese Mädchen unternehmen ganz erbärmliche Anstrengungen, um sich auf das Niveau hochzuschwingen, das ihnen die jungen Gebildeten vorgeben, die sie gern verführen würden. Ich habe immer ein anderes Ziel verfolgt. Als ich erfuhr, dass *Tante Yu* ein *Blumenpalais* eröffnet hatte, habe ich alles darangesetzt, dorthin zu wechseln. Bei uns gibt es zwei Möglichkeiten, größere Summen zu verdienen: durch die Entjungferung oder den Loskauf. Also habe ich meine Jungfräulichkeit verkauft, die ich bis dahin sorgfältig bewahrt hatte, um mich von der Betreiberin des Hauses, in dem ich beschäftigt war, freikaufen zu können. Ich habe mich bei *Tante Yu* vorgestellt, die mich sofort mit offenen Armen aufnahm. In der Wiederherstellung unseres verlorenen Hausstandes sah ich die einzig mögliche Revanche für unser schlimmes Schicksal.
Meinen ersten Mord habe ich dann beinahe zufällig begangen. Ich konnte den Gedanken nicht ertragen, dass Hsueh Xan, dieser räudige Hund, der Ihnen als Büttel gedient hat, dieser Aussatz Ihres Gerichts, sich an meiner Schwester vergriff, die Sie unter dem Namen *Pfirsichblüte* kennen. Ich habe im Affekt gehandelt.
Seit zehn Jahren habe ich das Schwert meines Vaters aufbewahrt, freilich nicht ohne Hintergedanken. Ich hätte auf einen geeigneteren Zeitpunkt warten müssen, um dieses niederträchtige Schwein zu erlegen, aber was soll ich sagen: Man ist eben nicht immer imstande, sich unter Kontrolle zu halten. Als ich ihm den Kopf

abgeschlagen hatte, bin ich einfach durch den Garten in mein Zimmer zurückgekehrt. Erst am nächsten Tag hatte ich den Einfall, ihm den Körper zu verpassen, den er verdiente. Deshalb habe ich die Vogelscheuche fabriziert und vor der Hütte *Tante Lia*s, meiner Mutter, aufgestellt. Ich wollte ihr damit zeigen, dass sie endlich gerächt war.

Mein weiterer Weg ist mir dann in all seiner kristallklaren Einfachheit erschienen: Ich musste auch die anderen, die für unser Unglück verantwortlich waren, für ihre Schuld bezahlen lassen, so wie mir der Himmel Gelegenheit gegeben hatte, es mit dem Hauptmann der Büttel zu tun. Ich habe den fürchterlichen Cheng, den früheren Gatten meiner Schwester *Kamelie*, getötet und den abscheulichen Zhao Ding, diesen doppelzüngigen Hausdiener, und den niederträchtigen Souen Tsi, diesen gemeinen Schreiber, dem ich während des Prozesses persönlich das Geld gegeben hatte, damit er unseren Einspruch weiterleitete. Ich bedauere nichts und bin bereit, die Folgen für mein Handeln auf mich zu nehmen. Hierfür wähle ich das ewige Exil fern von all den Menschen, die ich liebe und die mir geblieben sind.

Ihre Dienerin *Rote Päonie*."

Nachdem sie ihr Geständnis unterzeichnet hatte, war der Mörderin nichts anderes mehr übriggeblieben als zu fliehen, um ein Leben des Herumirrens auf den Straßen Chinas zu beginnen; fürwahr eine harte Strafe. Sie würde ihre Familie nie mehr wiedersehen. Und für ihn dürfte es sehr schwer werden, sie je festzunehmen.

Di steckte den Brief in seinen Ärmel und verließ unter den erstaunten Augen der Mädchen ohne ein weiteres Wort mit den mechanischen Schritten eines Schlafwandlers das *Blumen-*

palais. Als er am Eingangstor stand, fragte er den Pförtner, ob er *Rote Päonie* habe vorbeigehen sehen.

„So ist es, edler Herr Richter! Sie ist etwa vor zwei Stunden aufgebrochen. Sie ließ sich ein Pferd bringen und hat mir gesagt, dass sie sich zu einem Festessen in einer Villa außerhalb der Stadt begeben müsse. Sie hatte übrigens ein riesiges Paket dabei für ihr Engagement. Ich habe mir gesagt, dass diese Villa recht entfernt sein musste, denn ich sah, wie sie ab dem Ende der Straße das Tier anspornte."

Di stieg wieder in seine Sänfte, die ihn zum Yamen zurückbrachte. Wieder zu Hause befahl er, dass man ihm die Gefangene vorführe.

Als Frau Yu steifbeinig in sein Arbeitszimmer trat, erriet er, dass ihr der mit Bambushieben malträtierte Rücken vermutlich schreckliche Schmerzen verursachte. Da er jetzt wusste, wie sehr sie ihn an der Nase herumgeführt hatte, bedauerte er noch weniger, dass er sie hatte bestrafen lassen. Er wies auf das Blatt Papier, das auf dem Tisch lag.

„Warum habe ich das Ganze bloß nicht schon früher durchschaut? Nur *Rote Päonie* konnte aufgrund ihrer privilegierten Stellung als Luxuskurtisane das Viertel jederzeit, besonders auch nachts, verlassen, ohne großartig von Ihnen kontrolliert zu werden. Insofern Sie sie überhaupt kontrollieren wollten ... Sie wussten von diesen Morden! Sie wussten, wer sie beging! Und Sie haben nichts getan, um sie zu verhindern!"

„Ach, edler Herr Richter", sagte die Matrone. „Wie soll man sich zwischen seinen Feind und die Person stellen, die sich für Sie an ihm rächt? Dafür müsste man die Ausgeglichenheit Buddhas besitzen. Ich gestehe zu meiner großen Schande, dass ich keinesfalls eine Reinkarnation des Erleuchteten bin. Wir leben in einer Männerwelt. Kann man schwachen Frauen, wirklich schwachen Frauen wie in diesem Fall, vorwerfen, dass sie ein winziges Quäntchen Recht durchgesetzt haben?"

„Sie verwechseln Recht mit Rache, Recht mit Mord!", rief Di. „Das Recht – das bin ich! Sie aber haben lediglich diejenigen für Ihr Leid bezahlen lassen, die es verursacht haben!" Ihm fiel auf, dass er damit eine ziemlich gute Definition dessen geliefert hatte, was er selbst unter dem Recht verstand, das er anstrebte. Er fühlte sich plötzlich sehr erschöpft. „Ich träume davon, eine ideale Stadt zu leiten, die inmitten von Blumenwiesen liegt, in einer glorreichen Welt, in der jeder Mensch gut und mit seinem Schicksal zufrieden ist. Dann aber wache ich hier auf – in dieser adretten Stadt, die in Wirklichkeit jedoch eine verrottete Jauchegrube ist!"

Er bedeutete Frau Yu, dass sie die Zelle verlassen könne. „Letztendlich sind Sie auch nicht schlechter als der Durchschnittsbürger dieser schönen Stadt. Sie haben in einer blutigen Schachpartie gewonnen. Ich könnte Sie vernichten, aber Sie haben Glück: Ich bin ein guter Verlierer. Gehen Sie und sorgen Sie dafür, dass ich nie wieder von Ihrem *Blumenpalais* höre!"

Frau Yu verbeugte sich und verließ hinkend das Gericht.

Im Nachhinein dachte Di, dass sie endlich die Wahrheit eingestanden hatte, wenn auch nur andeutungsweise. Er war überzeugt davon, dass die Frauen sich gegenseitig geholfen hatten, die Morde zu begehen. Wenn *Rote Päonie* der bewaffnete Arm ihres Zorns gewesen war, hatten die anderen sie gedeckt. Auch war klar, dass sie unmöglich allein Chengs Körper über die Mauer der Wang-Brüder hatte kippen können. Welche von ihnen hatte sie dabei unterstützt?

Er würde es nie erfahren, genauso wenig wie die Identität der Person, die sich unter einem Mantel versteckte, um mit Pfeilen auf die Wangs zu schießen. War das auch *Rote Päonie* gewesen? Er wollte glauben, dass sie sich genauso gut auf das Bogenschießen verstand wie auf die gesellschaftlichen Künste und auf das Führen des väterlichen Schwerts. Der Gedanke gefiel ihm nicht, dass im Weidenviertel noch eine andere, zukünftige Mörderin herumlief. Sie und *Rote Päonie* hatten sich ununterbrochen gegenseitig geholfen, ohne sich irgendetwas anmerken zu lassen, vereint durch ein gemeinsames Unglück und einen gemeinsamen Hass. Am Einfachsten war wohl der Mord am Schreiber Souen gewesen, denn *Rote Päonie* kannte das Haus der Wangs ganz ausgezeichnet, schließlich war sie darin aufgewachsen. Das hatte ihm sein Schreiber kurz vor seinem Tod während des Essens noch sagen wollen: Hinter den Zügen der Kurtisane hatte er soeben das kleine Mädchen wiedererkannt, das ihm zehn Jahre zuvor die Klageschrift seiner Mutter persönlich übergeben hatte. Wenn er sich die Mühe gemacht hätte, ihm zuzuhören, hätte der Richter diesen Mord zweifelsohne verhindert.

Di kam plötzlich ein schrecklicher Gedanke. Außer den Wang-Brüdern gab es noch eine Person, die bisher nicht für ihre Schuld bezahlt hatte: jener Wanderhausierer, der vor Gericht behauptet hatte, Frau Yus Geliebter und mit *Tante Lia* im Bunde gewesen zu sein. Der Richter war überzeugt, dass *Rote Päonie* sich aufgemacht hatte, um auch ihn ausfindig zu machen. Würde sie ihn jemals finden? In diesem Fall würde sie ihren blutigen Weg mit Sicherheit weitergehen. Wenn es dazu käme, würde zumindest dieser Mord außerhalb seines Zuständigkeitsbereiches verübt, und er hätte damit nichts zu tun.

Davon abgesehen, würde er nicht mehr viel auf die Haut der Wangs verwetten, falls *Rote Päonie* sich in ein paar Jahren entschließen sollte, wieder nach Puyang zurückzukehren, wenn er selbst erst einmal den Amtssitz gewechselt hätte. Wer wusste das schon? Sie war versessen auf Rache. Ein einziger hatte sich wohl freigekauft: Wang Ji, der *Kamelie*s Kind bei sich aufgenommen hatte, so wie er auch *Tante Lias* Kind vor zehn Jahren behalten hatte. Wog eine gute Tat ein Verbrechen wieder auf? Der Richter hoffte für ihn, dass die Mörderin dies in Erwägung ziehen würde.

Er kam zu dem Schluss, dass in diesem Fall im Grunde rein gar nichts wirklich klar war. Konnte er sich seiner eigenen Schlüsse sicher sein? Hatte *Rote Päonie* vielleicht das Gleiche getan wie Frau Yu einige Stunden vor ihr, nämlich mit ihrer Flucht alle Schuld auf sich zu nehmen, um die anderen dadurch zu schützen? Eigentlich hätte man sie alle miteinander der Folter unterziehen müssen, um auf diese Weise eine Chance zu haben, die ganze Geschichte zu durchschauen, doch dagegen sträubte er sich. Sein Durst nach Wahrheit war nicht groß genug, um diese Frauen, die ohnehin bereits genug Ungerechtigkeit zu ertragen gehabt hatten, auch noch diesen Qualen auszusetzen.

Bei der Abendaudienz trug Di seine Schlussfolgerungen vor: Die Verbrecherin sei eine Kurtisane, die sich gegenwärtig auf der Flucht befinde; er habe den Auftrag erteilt, im ganzen Land nach ihr zu fahnden. Di gab aber auch zu, dass er daran zweifelte, dass sie jemals festgenommen würde. Das Kaiserreich sei riesengroß, und eine Person mit ihren Fähigkeiten und Begabungen sei in der Lage, überall eine Beschäftigung zu finden. Sicherlich würde es in naher Zukunft in einer anderen Stadt einer entfernteren Provinz eine neue attraktive Kurtisane geben, die sich *Karminrose* oder sonst irgendwie nannte und dafür bekannt war, dass sie alle Männer mit hochnäsigen Blicken bedachte.

Kaum hatte er den Gerichtssaal verlassen, erfuhr Di, dass Bezirksrichter Lo auf der Rückkehr von seiner Reise zum Präfekten erneut seine Gastfreundlichkeit erbeten habe.

Der Richter begrüßte den alten Freund, als dieser aus seinem Gefährt stieg, und fragte dann, wie es ihm beim Präfekten ergangen sei.

„Oh! Eine Reihe von langweiligen politischen Gesprächen!“, antwortete sein Kollege mit einer Geste, die die Belastung des pflichteifrigen Beamten zum Ausdruck bringen sollte. Di bemerkte, dass er ein wenig zugenommen hatte, zweifellos war dies auf die politischen Gespräche zurückzuführen.

Seine Gemahlinnen, die seinen letzten Besuch mit schlechten Erinnerungen verbanden, weigerten sich, diesem Mann gegenüberzutreten, der es sich erlaubt hatte, ihren Ehemann zu einem Leben voller Ausschweifungen zu verführen. Kurzerhand erklärten alle drei, an Migräne zu leiden.

„Aha, es ist also eine Art Migräneepidemie ausgebrochen?", folgerte Lo scherzhaft. „Es scheint, dass dies bei Frauen, die zusammen unter einem Dach leben, öfter auftritt. Man behauptet, dass sie irgendwann sogar ihre monatlichen Unannehmlichkeiten gleichzeitig haben. Zum Beispiel in Klöstern."

Di entgegnete, dass er davon keine Ahnung habe. Obwohl er Freudenhäuser nicht mit der gleichen Leidenschaft wie sein Freund aufsuche, sei sein Haus dennoch kein Kloster.

„Übrigens!", sagte Lo. „Haben Sie diesen amüsanten Fall mit der Enthauptung schon aufgeklärt, deren Zeugen wir waren? Ein Mann von Ihren Fähigkeiten hatte damit vermutlich kaum Probleme! Sie müssen die Untersuchung im Eiltempo zu Ende gebracht haben!"

Di hoffte insgeheim, dass Lo nicht wieder den Wunsch äußern würde, mit ihm ein Bordell aufzusuchen. Bevor es dazu käme, zöge Di es eindeutig vor, Lo die erstbeste *Rote Päonie* zuzuführen, damit sie ihm den Kopf abschnitt und ihn auf eine Richtervogelscheuche steckte.

„Nun?", hakte Lo nach. „Wer war der Täter? War es ein zerlumpter Herumtreiber? Oder ein fallengelassener Liebhaber, den die Eifersucht verrückt gemacht hat?"

„Weder noch", antwortete sein Gastgeber. „Es war die anmutigste, schönste und eleganteste Kurtisane des Hauses, die diesen Mord begangen hat. Sie hat dann übrigens auch noch ein paar andere begangen, und ich habe Grund zur Annahme, dass ihr ihre Gefährtinnen mehr oder weniger geholfen haben."

Lo erstarrte. Die Vorstellung, dass zarte, junge Frauen ihren Freiern mit einem Schwert den Kopf abschlugen, ließ ihn erschauern. „Nun", sagte er schließlich irritiert, „dann lassen Sie uns doch mal sehen, was Ihr Koch für heute Abend Gutes vorbereitet hat!"

Di reichte ihm den Arm, um ihn ins Haus zu führen. An diesem Abend würde es keinen Besuch im Weidenviertel geben.

狄仁傑

Karriere des Richters Di Jen-Dsiä

630 Di wird in Taiyuan, der Hauptstadt der Provinz Shanxi, geboren. Dort besteht er seine Provinzexamina.

650 Richter Dis Vater wird zum Kaiserlichen Ratgeber in der Hauptstadt ernannt; Di wird sein Assistent. Die Eltern veranlassen, dass er Lin Erma, die Tochter eines sehr hohen Beamten zur Ehefrau nimmt. Nach dem Bestehen der literarischen Prüfung wird er zum Sekretär der Kaiserlichen Archive ernannt und nimmt sich eine zweite Ehefrau. Eine etwa um das Jahr 660 durchgeführte Ermittlung in den Archiven bringt ihn auf die Idee, sich für die Karriere eines Wander-Richters zu bewerben.

663 Di tritt seinen ersten unabhängigen Beamtenposten in Penglai, einer kleinen Küstenstadt im Nordosten in der Nähe der Mündung des Gelben Flusses an. Er heiratet ein drittes Mal, diesmal die Tochter eines verarmten Akademikers.

664 **Zehn kleine chinesische Dämonen**: Während eines Gespensterfestes werden einige Statuetten gefunden, die Zauberei betreibende Gottheiten darstellen – und zwar an den gleichen Stellen, an denen verschiedene Morde begangen worden sind. Di muss den Grund für diese Häufung an Verbrechen herausfinden und die Bevölkerung beruhi-

gen, die überzeugt davon ist, dass die Dämonen aus der Hölle geflohen sind.
Die Nacht der Richter: Di wird an die Präfektur von Pien-fou beordert, einen angenehmen Kurort, die bei allen seinen Kollegen sehr beliebt ist. Dort bittet man ihn, das Rätsel zu lösen, das sich um den Mord am örtlichen Bezirksrichter rankt.

666 Di wird nach Hanyuan versetzt, eine Stadt an den Ufern eines Sees im Nordwesten der Hauptstadt.
Dame Di leitet eine Ermittlung: Bewegungsunfähig aufgrund eines gebrochenen Beines überlässt er es seiner Ersten Dame, den Ursprung einer im Wald gefundenen Mumie sowie eines Skelettes, das im Garten eines berühmten Malers ausgegraben wurde, aufzuklären.

667 **Die heikle Kunst des Duells**: Di sieht sich konfrontiert mit einer geheimnisvollen Epidemie, die für Panik unter den Bürgern sorgt.

668 Richter Di wird nach Puyang versetzt, eine blühende Stadt am Großen Kaiserkanal, der das Reich von Norden nach Süden durchquert.
Das Wasserschloss am Tchou-An-See: Auf dem Weg zur Amtsübernahme zwingt ihn eine Überschwemmung, ein paar Tage auf einem luxuriösen Landsitz zu verbringen, in dessen Nähe ihn eine im Wasser treibende Leiche offenbar eindringlich darum bittet, ihren Tod zu bestrafen.
Das Palais der Kurtisanen: Im Frühling soll Di den Fall einer Leiche ohne Kopf aufklären, die in einem Bordell für reiche Bürger aufgefunden worden ist.

669 **Wenn Mönche morden**: Richter Di besucht ein Taoistenkloster und schickt seine Erste Dame in ein buddhistisches Nonnenkloster, um sich an einem abgelegenen Ort zu entspannen. Eine Reihe geheimnisvoller Todesfälle beunruhigt die Mönche.

676 Di ist Bezirksrichter in Pei-tscho, im äußersten Norden des Reiches, einer Gegend, die unter bedeutendem mongolischem Einfluss steht.
Tod eines Go-Meisters: Während eines Ausflugs durch die Berge macht Di in einer kleinen Grenzstadt Halt, in der dieses Spiel gerade für Furore sorgt.

677 Di wird in die Hauptstadt versetzt.
Tod eines chinesischen Kochs: Während er auf seinen neuen Einsatz wartet, wird Di beauftragt, in den Küchen der Verbotenen Stadt zu ermitteln. Von seinem Ergebnis hängt das Leben von etwa hundert Köchen ab.
Medizin für Mörder: Am Ende des gleichen Jahres soll Di einen Mörder unter den Mitgliedern des Großen Ärztlichen Dienstes entlarven, einer zentralen Einrichtung der chinesischen Medizin.

680 Di Jen-Dsiä wird zum Minister der Kaiserin Wu ernannt.

700 Nachdem ihm der Rang des Herzogs von Liang verliehen worden ist, stirbt Di in Chang'an im Alter von 70 Jahren.

Inhaltsverzeichnis